海南热带海洋学院 2016 年度科研项目
"20 世纪西方民族学英文论著汉译质量研究"
（项目编号：RHDXB201601）

# 学术翻译批评

谢国先 著

TRAUMAS TREATMENTS
FOR TREATISE TRANSLATION

社会科学文献出版社
SOCIAL SCIENCES ACADEMIC PRESS (CHINA)

# 序

　　2017 年 3 月 14 日，我有机会到海南岛旅行，专程去了位于三亚的海南热带海洋学院，拜访了谢国先教授。得知他即将完成又一部关于人类学和民俗学的翻译批评专著，我由衷地为他感到高兴。5 年前，我曾应邀为国先学兄的《人类学翻译批评初编》（中国出版集团世界图书出版公司 2013 年 11 月出版）写过一个小序，这次和国先学兄、杨超博士在一起神聊时，又说到写序之事，我再次接受了国先学兄的美意。

　　大概有三个方面的理由，使得我非常乐意为国先学兄的大作再写一些话。

　　一是我想表达对国先学兄长期以来从事艰苦的学术翻译批评这一工作的崇高敬意。作为人类学和民俗学的"学徒"，我和很多同行学者一样，主要是使用母语写作，并通过阅读译著，了解海外人类学和民俗学的动态以及人类学、民俗学学术史上那些重要的文献与学说。因此，我们大家当然应该对译者以及从事学术翻译批评的学者怀有感谢之心。国先学兄的学术翻译批评，对于提升中国人类学和民俗学的译著质量无疑是巨大的助推，我相信他的工作必然也将惠及无数读者。

　　二是我想表达对国先学兄从事这一通常无人问津、不那么容易被同行理解但又极其重要的学术翻译批评工作始终如一的坚定支持。虽然学术翻译批评听起来挺"高大上"，但很多时候是艰难、琐碎而又孤独的校读作业，对于这种既要有足够广博的学识，又要有细致耐心的态度，还要有耿直坦率的勇气的工作，"聪明"的人往往会敬而远之。说实话，我也不觉得随便什么人都能做得了这份工作，故为中国人类学和民俗学能够有国先学兄这样了不起的学者和学术翻译批评者而深感庆幸。鉴于中国学术界的

1

学术批评，包括学术翻译批评，均很难说有多么成熟，所以，我要特别表达我对国先学兄的支持。令人高兴的是，不少人类学和民俗学界的同行朋友，都对国先学兄的工作表示了敬意、理解和支持，包括被国先学兄"批评"到的一些学者，也大都能够谦逊和理性地接受批评，有的还在译著修订时尽可能地参考国先学兄的意见。

三是我在拜读国先学兄的这部大作时，深感他在不同语种之间学术翻译的本质和意义、学术翻译对于学术研究的价值、学术翻译质量的评判标准、译者的资质和责任、翻译过程中较为常见的规律性问题等很多方面的精辟归纳，都很深刻，引起我很多的共鸣，也使我深受启发。我认为，他的这部专著既是一部专门讨论人类学和民俗学著作之"英译中"的学术翻译批评的专著，也堪称一部讨论异文化之间通过翻译而实现不同语种之交流的人类学著作。在《人类学翻译批评初稿》那本书的序里，我曾经期待国先学兄的翻译批评能够进一步深入讨论翻译的人类学意义，并进一步分析广义的异文化传通过程中具有普遍性和规律性的各种问题。如今拜读国先学兄的新作，我感到他在这些方面确实做了很多努力。在我看来，他从"英译中"翻译批评的学术实践中得出的这些结论，对于"法译中"、"日译中"等学术翻译都应该是具有指导意义的。

翻译作为致力于不同语种之间的意义及思想的转换实践，首先是一个通过不同语种的习得而在异文化中探险的过程，伴随着反复的试错、艰难的斟酌以及母语辞穷的苦窘，伴随着理解的喜悦、发现的兴奋以及使用母语对得体词汇的创新。在很多时候，读者能够谅解学术译著中某些译文的别扭或生硬，正是因为其承认翻译必伴随着母语词汇的创生。处在不同语种之异文化之间的译者，应该坚信翻译是需要的、可能的、有价值的，使用母语文能够表达不同语种著述里的思想、感情和意义，但与此同时，译者也必须知晓异文化或不同语种的文献之间总有难以通约、不可译的部分。国先学兄在讨论了"可译与不可译"的相关问题之后，给出了通过译者注释予以描述、介绍或解说的建议。译者可以从观察者的角度，通过注释展开必要的解说，由此便可化解"不可译"的困境，但这些必要的译注必须以译者对原著（及其背后的异文化）的深刻及正确的理解为前提。国先学兄认为，学术翻译活动始终是学术研究工作的重要环节，阅读译著有助于研究者形成新的论题、获取新的资料，以及寻找新的学术研究方向；而翻译的进行和译著或译文的形成本身，又必须是学术研究活动的结果。作为多少也有一点翻译经验的人类学和民俗学的"学徒"，我对国先学兄的论说深以为然。

阅读本书，令我很受感动的一点，乃是国先学兄对于从事学术翻译的译者和从事学术翻译批评的批评者之间关系的理解。他指出：他们既是对手关系，又是盟友关系，两者之间的良性互动对于学界、读者才是福音，因为由此方可改善译作质量，推动知识的积累和学术的进步。国先学兄对于译著读者的同情和关照，也给我留下了深刻的印象。值得指出的是，学术译著的读者当然不限于通过译著、依赖学术翻译了解外文作品的研究者，还应该包括对译著内容感兴趣的任何读者。伴随着国民受教育水准的不断提升和母语文阅读能力的普及，学术译著的读者群迅速扩大。

我由衷地期待中国人类学和民俗学领域的学术翻译能够如国先学兄期待的那样，尽快摆脱漏译、误译过多的较低水平状态，尽快进入讨论如何表意才更为准确、精妙以及流畅等具有较高水平的阶段。我还期待国先学兄本人也能够早些进入他自己的"后学术翻译批评时代"。我相信，以他的才华和执着，在学术翻译批评之外，他将会不断地有大作贡献给我们的学术界。

周　星

2017 年 11 月 21 日

写于爱知大学研究室

# 目 录
## *Contents*

# 表目录

# 第一章　翻译的本质

翻译产生于不同语言人群之间的交流需要。因此，翻译首先是实现语际交流的一种活动。文字发明之前，交流仅存于口头，翻译亦止于口语。文字发明之后，言语得以记录，形成书面文本。被翻译的书面文本，称为原著；翻译成的书面文本，称为译本。于是，翻译既是实现语际交流的一种活动，也是这种活动的产品。原著所用语言，称为原语；译本所用语言，称为译语。翻译是译语对原语表达的内容的再现。

## 一　何为翻译

翻译的本质，借用贺麟先生的话说，就是用不同的语言文字表达同一真理。[①]

人类意识活动的结果表现为从日常话语到宗教典籍等多种形式。这些形式所体现的实质是人类的思想。任何一种意识活动均需借助具体的语言才能进行。使用同一语言的人们，可以用这种语言交流思想。使用不同语言的人们如果要交流思想，除了借助体态语言之类的非语言交流

---

[①]　贺麟：《论翻译》，见罗新璋、陈应年编《翻译论集》（修订本），商务印书馆，2009，第519页。

手段之外，还得依赖语言转换活动，即用一种语言（译语）再现另一种语言（原语）表达的思想。翻译就是用译语把原语表达的思想再现出来。原语表达的，是作者的思想；译语再现的，还是作者的思想。作者是思想的发明者、表现者，译者是思想的传达者、再现者。因为翻译是译者代替作者说作者想说的话，而不是译者借作者之口说自己想说的话，所以翻译是译者传达作者思想的一种行为。换句话说，作者可以用原语自由表达自己的思想，译者只能用译语忠实传达作者的思想。作者的思想，不论是高尚还是低俗，深刻还是肤浅，复杂还是简单，独特还是平庸，都不应因翻译而发生改变。

翻译不是投机取巧地给原文附加新意，而是将原文本身所传达的意义再现出来。郑振铎说得好：

> 我们要晓得：我们是翻译人家的东西，不是自己著作文章；译文的流利，有生气，固然是很要紧，而与原文相切合的一个条件，更是紧要中之紧要呀！"不求有功，只求无过"——只求译文之通达而切合于原意——这是译文学书的人最宜记着的格言。①

不管是翻译文学作品还是翻译学术著作，都应如此。

就此而言，刘宓庆的观点是颇为可疑的。他说："原文文本中的冗余并不是我们非译不可的部分：译者应该有取舍的斟酌权。"② 他还说："我们需要的是自己的逻辑分析，而不是唯文本论、唯原作者是从。"③

在将一些外文作品译为汉语的过程中，有人对作品名称的处理并不是翻译，而是根据某种需要另取新名。这是需要特别指出的，否则会使读者误以为翻译就该那么自由地进行创造。

埃德加·斯诺（Edgar Snow）的 *Red Star over China*（《红星照耀中

---

① 郑振铎：《译文学书的方法如何》，见罗新璋、陈应年编《翻译论集》（修订本），商务印书馆，2009，第447页。
② 刘宓庆：《翻译与语言哲学》，中国对外翻译出版公司，2001，第463页。
③ 刘宓庆：《翻译与语言哲学》，中国对外翻译出版公司，2001，第464页。

国》），有中文版题名为《西行漫记》，就属于典型的重新命名而非翻译原名。作者如果想表达"西行漫记"的意思，就不会使用 *Red Star over China* 这个名称了。译者另取新名，抹杀了作者的原意，虽属时代使然，却不值得译界效法。

至于文学界特别是当代电影界把 *Gone with the Wind* 称作《乱世佳人》，把 *Taken* 称作《飓风行动》，把 *The Replacement Killer* 称作《血仍未冷》都不是翻译，而是重新取名。重取新名可能有很好的艺术效果，如将日本电影『君よ、愤怒の川を涉れ』称作《追捕》，但这种行为不是翻译。

同样，人类学、民族学翻译中把恩伯夫妇（Carol R. Ember and Melvin Ember）的 *Cultural Anthropology*（《文化人类学》）称作《文化的变异：现代文化人类学通论》，把斯蒂·汤普森的 *The Folktale*（《民间故事》）称作《世界民间故事分类学》，把哈维兰的 *Anthropology*（《人类学》）称作《当代人类学》，等等，都不是翻译原名，而是另取新名。

## 二 可译与不可译

每一种语言都能够反映复杂的社会生活和人类思想。因此，从理论上说，一种语言所表达的内容，可以用另一种语言再现出来。不同语言群体之间的言语交流，与他们相互联系的历史一样长久。世界各地区、各民族之间的文化传播都是翻译可行性的证明。

然而，人类的每一种语言都有其特殊性。译语可以再现原语所表达的思想，但译语有时并不能再现原语所传达的全部含义。这是不同语言之间进行交流时发生的客观事实。毕竟，语言首先是为同一语言群体的人们服务的。换句话说，语言本身为族内交流而产生，而非为族际翻译而产生。任何一种语言都会在语音、词汇、语法、修辞等方面显示出自己的独特性。记录语言的文字在形体结构上也有差异。如果语言文字的形式特征成为一件作品的重要组成部分，那么这件作品往往是难以翻译的，甚至是不可翻译的。

比如，谐音这一修辞手法往往是无法翻译的，如："东边日出西边雨，道是无晴（情）却有晴（情）"，"蜘蛛结网三江口，水推不断是真丝（思）"。民间文学中，尤其是民歌、笑话中，谐音这一手法运用得极为广泛。

英国文学中同样存在这样的例子，如爱丽丝与老鼠的一段对话：

> "Mine is a long and sad tale," said the Mouse, turning to Alice, and sighing. "It is a long tail, certainly," said Alice, looking down with wonder at the Mouse's tail, "but why do you call it sad?" …

译文为：

> 那老鼠对爱丽丝叹口气说道，"唉，我的历史说来可真是又苦又长又委屈呀！"爱丽丝听了，瞧着那老鼠的尾巴，"你这尾巴是曲呀，可是为什么又叫它苦呢？"……①

老鼠说自己的故事又长又惨，爱丽丝却低头看老鼠的尾巴，并且对尾巴发表评论。因为英语中的 tale（故事/历史）与 tail（尾巴）发音相同，所以，老鼠讲故事，爱丽丝以为或故意以为它在讲尾巴。汉语的故事/历史与尾巴之间并不存在发音相同这一联系，所以汉语中老鼠讲故事而爱丽丝谈尾巴，就显得没有道理。

更为极端的例子是用字形做文章。有这么一句嘲笑拿破仑的英语歌谣：

> Able was I ere I saw Elba.

许渊冲分析说：

> 这句英语无论从左看到右，或者从右看到左，字母的排列顺序都是一样的，这种形美，很不容易甚至是不可能翻译的。至于意美，那

---

① 杨贤玉主编《英汉翻译概论》，中国地质大学出版社，2010，第106页。

却可以模仿汉语"不见棺材不落泪",把这句译成:"不到厄岛我不倒。""岛"和"倒"同韵,"到"和"倒"音似、形似,加上"不"字重复,可以说是用音美来译形美了。①

这句歌谣被如此翻译,已经是很难得了。但是,如果我们忽略字母大小写的差异,就会发现,原文字母以"r"为中轴线构成左右对称。这在汉语里恐怕找不到如此形义兼顾的再现手法。中国读者要真正欣赏这句歌谣的形义之美,只好先学英文。

汉语中的文字游戏,要译为英语,同样困难,甚至不可能。

《桂苑丛谈》记载了唐代的一则故事:一客访青龙寺,寺僧待之简慢。客怒,题诗于门而去。诗曰:

> 龛龙东去海,时日隐西斜。敬文今不在,碎石入流沙。②

诗中所含"合寺苟(狗)卒"之意如何译得出来?

还有以较为罕见的方式创造出来的文字游戏之作。明代琼州府琼山县(辖今海口市等地)南湖有石刻诗云:

> 山高水碧半岩泉,水接桃花一洞天。
> 大约辉光知九转,专寻功行满三千。③
> 十方世界人何立?一点丹砂便自然。
> 火急报君须记取,又知平地有神仙。

此诗的独特之处在于,后句首字乃取自前句末字的下半部分或后半部分,如第二句首字"水"乃前句末字"泉"之下半部分,第三句首字"大"乃前句末字"天"之下半部分,第四句首字"专"乃前句末字

---

① 许渊冲:《翻译中的几对矛盾》,见罗新璋、陈应年编《翻译论集》(修订本),商务印书馆,2009,第877页。

② (五代)严子休撰、阳羡生校点《桂苑丛谈》,见上海古籍出版社编《唐五代笔记小说大观》,上海古籍出版社,1999,第1564页。

③ (明)唐胄:《正德琼台志》卷五《山川》(上),见洪寿祥主编《海南地方志丛刊》之《正德琼台志》,海南出版社,2006,第88页。

"转"之后半部分，等等。这些汉字中被拆解出来的部分，又作为独立的汉字在诗中使用。我们只能承认没有能力将其译为外文。如果外国读者想要欣赏此诗的妙趣，我们只好先向他讲解汉字结构。

英语和汉语都有自己的字谜，以字形结构做文章，多属不可译之列。

然而，翻译中难免遇到此类不可译而译者又无权删减的例子，因为游戏本身就是人类生活的组成部分，当然会进入文学作品和学术作品。幸好，人类不同语言群体之间的交流方式，除了翻译之外，还有描述和介绍、解释和分析等。翻译是站在言语者的立场说话，是译者再现作者的思想；描述和介绍、解释和分析则是站在第三者的立场上，从观察者的角度，把作者所表达的内容传达出来。从这个意义上说，译者并不自由，而描述者和介绍者、解释者和分析者享有很大程度的自由。翻译活动中必要的注释就是出自第三者的有限度发挥。所以，不同语言群体之间的正常沟通并不会因为这些不可译的成分而受到妨碍。

而且，翻译既然是在两种或多种语言之间进行的一种交流活动，那么实现交流本身就是目的。在这个过程中，误解越少，交流也就越成功。任何翻译都无法追求两种语言表达方式的绝对等值。提到"锄头"，我们会想到英语的"hoe"，虽然两种工具在形制、质地、体积等方面可能差异很大，但它们用于锄地的功能是相同的。

最近这些年，我国教育界有一种值得注意的现象，那就是用汉语拼音翻译大学名称中的"民族"一词，如"民族大学"不再称"University for Nationalities"，而改称"Minzu University"。推测其理由，大概因为中国的"民族"与英语的"nationality"、"nationalities"并不等值。然而，翻译是为了沟通。假定一个英国人根本不懂汉语，对他说"University for Nationalities"，他也许能猜出大致意思；而对他说"Minzu University"，他恐怕会不知所云。如果我们要追求等值，则不仅"nationalities"一词不可用，而且"university"一词也不符合中国实际。中国大学实行党委领导下的校长负责制，中国大学有班主任、辅导员，中国大学里没有教堂之类的宗教场所，中国大学的课程设置与英美国家同一专业的课程设置差别较大……在某种意义上，完全可以说中国就没有与英语"university"含义

对等的"大学"。按照上述逻辑，下一步恐怕只好改用"daxue"来表示
"university"了。

## 三 翻译的本分

普遍而论，翻译是用不同语言表达同一意思。就具体活动而言，翻译
是用译语再现原语所表达的思想。中共中央马恩列斯著作编译局校审室曾
确定翻译要做到两个"必须"：必须忠实于原文，准确地表达原著的思想、
精神和风格；必须采取民族的形式，用合乎民族语言习惯的表达法，力求
通顺，使读者不致有生硬晦涩之感。① 我们认为，这两个"必须"可以概括
为内容忠实、文字通顺。它们既是翻译的任务，也是翻译的本分。就此而论，
与其说翻译需要理论来指导，还不如说翻译需要规则来约束。翻译要遵守的基
本规则就是"守本分"，也就是译文忠实于原著，且表达通顺。对此，前人已
有很好的论证：

> 莎士比亚的德国威廉·史雷格尔的译本和日本坪内逍遥的译本
> 是一向有名的，无疑是翻译的精品。但是，过去，一边在德国，一
> 边在日本，都好像有过一种说法，说他们的译本比莎士比亚的原著
> 还好，那就难令人相信。要是这样，那么它们就不是好译品了。译
> 得比原著还好，不管可能不可能（个别场合个别地方也不是不可能
> 的），也就是对原著欠忠实，既算不得创作，又算不得翻译，当然更
> 不是艺术性翻译的理想。文学作品的翻译本来容易惹动创作欲不能
> 满足的翻译者越出工作本分。实际上，只有首先严守本分，才会出
> 艺术性译品。②

一则轶事说，杜威曾经在中国某地演讲，胡适为他翻译。杜威讲了一

---

① 中共中央马恩列斯著作编译局校审室：《集体译校〈斯大林全集〉第一、二两卷的一些体验》，见罗新璋、陈应年编《翻译论集》（修订本），商务印书馆，2009，第665~666页。
② 卞之琳、叶水夫、袁可嘉、陈燊：《艺术性翻译问题和诗歌翻译问题》，见罗新璋、陈应年编《翻译论集》（修订本），商务印书馆，2009，第732页。

则笑话，很长。胡适说了一句话，听众大笑。杜威不解，问胡适何以将一则很长的笑话浓缩为一句话，而且仍有笑话的效果。胡适回答说："我说：杜威先生刚才讲了一个笑话，现在，请大家都笑吧！"

胡适发挥了学者的机智，但没有恪守翻译的本分。听众的笑声与杜威的笑话无关。

恪守本分的翻译才是好的翻译。按照董乐山所说：

> 翻译工作的首要职责，就是把原文忠实地介绍给译文的读者。在介绍的过程中，也就是在翻译的过程中，不能稍许掺杂个人主观的成分。他既不能嫌原文表达太多样而任意简化（说得不客气一些，这是偷懒），也不能因原文用词晦涩而擅自解释（这是把读者当阿斗），更不能把平淡的原文译得辞藻华丽（这是卖弄自己）。[1]

《家庭、私有制和国家的起源》中有这么两句译文：

> 我们已经根据希腊人、罗马人和德意志人这三大实例，探讨了氏族制度的解体。最后，我们来研究一下那些在野蛮时代高级阶段已经破坏了氏族社会组织，而随着文明时代的到来又把它完全消灭的一般经济条件。[2]

英文为：

> We have now traced the dissolution of the gentile constitution in the three great instances of the Greeks, the Romans and the Germans. In conclusion, let us examine the general economic conditions which already underminedthe gentile organization of society at the upper stage of barbarism and with the coming of civilization overthrew it completely. [3]

---

[1] 董乐山：《翻译五题》，见刘靖之主编《翻译论集》，生活·读书·新知三联书店香港分店，1981，第177页。

[2] 恩格斯：《家庭、私有制和国家的起源》，人民出版社，1999，第164页。

[3] Frederick Engels, *The Origin of the Family*, *Private Property and the State*, Foreign Languages Press, 1978, p. 190.

英文本译自德文，但不知中文本译自德文、英文还是俄文。奇妙的是，就上引这段汉文和英文而言，如果要说汉文译自英文，或者说英文译自汉文，大概都说得通。就以英译汉来评判，这段汉译可谓内容忠实、文字通顺的典范，不仅字字有着落，而且名词的复数与动词的时态在译文中得到了体现。

茅盾曾引用《文心雕龙》对作文的论述，强调翻译应当做到"字不妄"[1]，即单字翻译正确。傅斯年则主张"一句以内，最好是一字不漏"[2]。这是对翻译恪守本分的具体要求。

有人认为："翻译中的有意误译、删改等'创造性叛逆'现象，往往正是为了适应译入语文化的要求。"[3] 这类说法在学术翻译中是没有道理的。

误译与漏译都会妨碍译本恪守本分。本书所谓误译，是指因为单词和语法理解错误而导致的译文错误，也就是通常所说的硬伤；所谓漏译，则是某些词语、句子甚至段落的内容在译本中完全丧失。误译是译而有误，漏译是根本未译，二者形式不同，为害相同：减少译本对原著的忠实程度，从而降低译本质量。

最近几十年的学术翻译中，存在不少不守本分的译本。

美国民俗学家斯蒂·汤普森（Stith Thompson）所著 The Folktale，虽然出版于半个多世纪以前，但作为民间故事历史–地理学研究的名著，至今仍然具有重要的参考价值。作者介绍欧亚民间故事和北美印第安人的民间故事，重在考察故事的起源和传播、书面文本和口头文本的关系，等等，对我们不无启发意义。

该书汉译本题为《世界民间故事分类学》，1991 年由上海文艺出版社出版，是民间故事研究的重要参考书。然而，译本中错漏较多，与译者无

---

① 茅盾：《译文学书方法的讨论》，见罗新璋、陈应年编《翻译论集》（修订本），商务印书馆，2009，第 409 页。

② 傅斯年：《译书感言》，见罗新璋、陈应年编《翻译论集》（修订本），商务印书馆，2009，第 438 页。

③ 董晓波：《翻译概论》，对外经济贸易大学出版社，2012，第 126 页。

视翻译的本分不无关系。

【例1】谈到简单故事和复合故事之间的区分，原著为：

> It will, however, be convenient for our present purpose to make this distinction. We shall therefore postpone all notice of simple anecdotes and first direct our attention entirely to those tales of Europe and western Asia which show complexity in their structure.[①]

《世界民间故事分类学》译文为：

> 然而无论如何我们现在的目标是分析这种差别，便当的途径是我们将延缓对于单纯轶事的关注，而首先全力以赴于欧洲和西亚的结构上显得错综复杂的那些故事。[②]

原文第一句说为何要做出区分，第二句说现在该怎么做，而译文将原文两句话任意拼接，曲解原意。

可以翻译为：不过，为了眼前目的而做出这种区分是简便可行的。因此，我们将暂且不管简单轶事，而首先关注欧洲和西亚那些结构复杂的故事。

【例2】谈到搜集故事时边听边记的困难，原著为：

> Even with the use of frequent abbreviations such recording slows the narrative so much that many story-tellers are loath to tell the tale at full length, for they can hardly imagine writing down a complete folktale. Or else a teller with an animated style, especially a rapid speaker, feels himself hampered, and does scant justice to himself or his audience.[③]

《世界民间故事分类学》译文为：

---

① Stith Thompson, *The Folktale*, Holt, Rhinehart and Winston, 1947, p. 23.
② 〔美〕斯蒂·汤普森：《世界民间故事分类学》，郑海等译，郑凡译校，上海文艺出版社，1991，第26页。
③ Stith Thompson, *The Folktale*, Holt, Rhinehart and Winston, 1947, p. 409.

很多故事讲述者不愿详细地讲述故事，尤其一个说话速度较快的讲述者，只要他感到自己受到妨碍，就不能公正对待他自己或者他的听者。①

原文 "Even with the use of frequent abbreviations such recording slows the narrative so much" 和 "for they can hardly imagine writing down a complete folktale" 被漏译，"so … that …" 结构被忽略。

可以翻译为：就算常用缩写速记，这种记录也会大大减缓叙事，所以许多故事家不愿详细讲述，因为他们实在难以想象要把整个民间故事都记下来。还有另外一种情形是：叙事生动的故事家，特别是语速快的故事家，觉得自己受了妨碍，就发挥欠佳，或对听众敷衍了事。

【例3】谈到克里印第安人一则民间故事的情节，原著为：

He finds that there is to be a contest to see who is to marry his wife. ②

《世界民间故事分类学》译文为：

他接受了这样一个考验，要一眼认出他的妻子是谁。③

此处漏译了 " to marry"（娶），导致对内容的严重曲解。如果不是从上下文确定译文出处，我们简直怀疑译文跟原文无关。

可以翻译为：他发现正要进行一场竞赛，以决定谁将娶他妻子。

【例4】谈到两位研究者的不同，原著为：

Anderson makes a very careful study of just which of the oral variants show influence of the written. These are by no means so many as Wesselski

---

① 〔美〕斯蒂·汤普森：《世界民间故事分类学》，郑海等译，郑凡译校，上海文艺出版社，1991，第491页。

② Stith Thompson, *The Folktale*, Holt, Rhinehart and Winston, 1947, p. 350.

③ 〔美〕斯蒂·汤普森：《世界民间故事分类学》，郑海等译，郑凡译校，上海文艺出版社，1991，第420页。

would suppose. ①

《世界民间故事分类学》译文为：

> 安德森恰恰十分细致地研究了口头变体所显示的书面文本的影响。这一切情况都决不是威索斯基的推测所能说明的。②

"just" 意为 "究竟"。"which" 指 "哪些口头异文"。"These" 重复 "which" 所指代的对象，可译为 "这些口头异文"。两句话互相照应。

可以翻译为：安德森仔细研究了到底是哪些口头异文显示出它们受到了书面文本的影响。这些受书面文本影响的口头异文绝不像维塞尔斯基所想象的那么多。

【例5】谈到电影对民间故事的利用及影响，原著为：

> Many adults who had long ago dropped their interest in the fairy tale un-expectedly found great pleasure in this old product of the folk imagination. ③

《世界民间故事分类学》译文为：

> 许多早先迷恋过童话故事的成年人，在对民间幻想作品的这种创造中意外地找到了大乐趣。④

"had long ago dropped" 意为 "很久以前就已经抛弃"。"this old product" （这一古老作品）指《白雪公主和七个小矮人》。

可以翻译为：很久以前就已经不再对童话感兴趣的许多成年人，不料却在民间想象的这一古老作品中获得了很大乐趣。

《世界民间故事分类学》虽说是翻译，却并不完整再现原著表达的意

---

① Stith Thompson, *The Folktale*, Holt, Rhinehart and Winston, 1947, p. 442.
② 〔美〕斯蒂·汤普森：《世界民间故事分类学》，郑海等译，郑凡译校，上海文艺出版社，1991，第530页。
③ Stith Thompson, *The Folktale*, Holt, Rhinehart and Winston, 1947, p. 461.
④ 〔美〕斯蒂·汤普森：《世界民间故事分类学》，郑海等译，郑凡译校，上海文艺出版社，1991，第552页。

思。要在此种译著中寻找翻译的本分，当然难以找到。

玛格丽特·米德（Margaret Mead）的 *Coming of Age in Samoa: A Psychological Study of Primitive Youth for Western Civilization* 是一本写法比较特殊的民族志，概括叙述多而细节描写少。这本书的中译本题为《萨摩亚人的成年——为西方文明所作的原始人类的青年心理研究》（以下简称为《萨摩亚人的成年》），从中亦可见到译者对翻译本分的忽视。

【例1】谈到萨摩亚人的相互关系，原著为：

> They have invented an elaborate courtesy language which must be used to people of rank; …. ①

《萨摩亚人的成年》译文为：

> 他们创造了一种只能由等级较高的人运用的复杂的礼节性用语；……②

"be used to…" 意为 "对……使用"。"to" 引出使用的对象，而不是使用者。"people of rank" 意为 "有等级的人"，而没有说到等级的高低。

可以翻译为：他们发明出一种必须对有等级的人使用的煞费苦心的礼貌用语。

【例2】谈到小姑娘和小伙子的群体关系，原著为：

> Girls also followed passively the stronger allegiance of the boys. ③

《萨摩亚人的成年》译文为：

---

① Margaret Mead, *Coming of Age in Samoa: A Psychological Study of Primitive Youth for Western Civilization*, William Morrow & Company, 1972, p. 38.
② 〔美〕玛格丽特·米德：《萨摩亚人的成年——为西方文明所作的原始人类的青年心理研究》，周晓虹、李姚军、刘婧译，商务印书馆，2008，第48页。
③ Margaret Mead, *Coming of Age in Samoa: A Psychological Study of Primitive Youth for Western Civilization*, William Morrow & Company, 1972, p. 50.

姑娘们也开始向往能够得到小伙子们的强烈倾慕。①

"followed" 意为 "顺从，模仿"。该词的这个用法在小学英语中就已经不算难点了。"allegiance" 意为 "忠诚"。

可以翻译为：姑娘们也被动地模仿男孩们之间那种较强的忠诚。

【例3】谈到玛泰与年轻男子日常活动的差别，原著为：

The matais meet more formally and spend a great deal of time in their own households, but the young men work together during the day, feast beforeand after their labours, are present as a serving group at all meetings of the matais, and when the day's work is over, dance and go courting together in the evening. ②

《萨摩亚人的成年》译文为：

玛泰们的聚会过于正式，而且要占去本户的大量时间，而年轻男子们却是白天在一起劳动，劳动之前和劳动之后在一起聚餐（在玛泰们的聚会上，他们只是作为侍从群体而出现的）。白天的工作结束以后，他们又相聚在月光皎洁的夜晚纵情歌舞。③

"meet"（聚会）和 "spend"（花费）的主语都是 "The matais"（玛泰们），意思是 "玛泰们聚会，玛泰们花时间……"。"go courting" 意为 "求爱"。

《萨摩亚人的成年》的这句译文并非大错特错，但东拉西扯、丢三落四，还胡乱添加 "月光皎洁的" 和删减 "go courting"，是翻译不守本分的典型表现。

---

① 〔美〕玛格丽特·米德：《萨摩亚人的成年——为西方文明所作的原始人类的青年心理研究》，周晓虹、李姚军、刘婧译，商务印书馆，2008，第57页。

② Margaret Mead, *Coming of Age in Samoa: A Psychological Study of Primitive Youth for Western Civilization*, William Morrow & Company, 1972, p. 53.

③ 〔美〕玛格丽特·米德：《萨摩亚人的成年——为西方文明所作的原始人类的青年心理研究》，周晓虹、李姚军、刘婧译，商务印书馆，2008，第60页。

可以翻译为：玛泰们要更正式地聚会，要在他们自己的大家庭中花费大量时间。年轻男子白天一起干活，劳动前后又一起吃喝，玛泰们开会时他们集体到场服务。白天的工作结束以后，晚上他们在一起跳舞，一起追姑娘。

【例4】谈到小伙子和小姑娘过夜方式的不同，原著为：

Many of the young men sleep in their friends' houses, a privilege but grudgingly accorded the more chaperoned girls. ①

《萨摩亚人的成年》译文为：

大多数年轻男子夜里都睡在自己好朋友的住所中，和有那么多的年长妇女相伴左右的姑娘们比起来，他们既是幸运的，又多少显得迫不得已。②

"a privilege" 意为 "一种特权，一种优待"。"but" 意为 "仅仅"。"accord" 意为 "给予"。"the more chaperoned" 意为 "较多受到看管的"。原著想表达的意思是小伙子睡觉自由，小姑娘睡觉不自由。

可以翻译为：许多年轻男子睡在朋友的房子里，这个优待仅仅是在不得已时才勉强给予较多受到年长妇女看管的姑娘。

【例5】谈到不受姑娘喜欢的男子，原著为：

Often partially satisfactory solutions are relationships with men. ③

《萨摩亚人的成年》译文为：

较为常见的解决办法是和男人们加强联系。④

---

① Margaret Mead, *Coming of Age in Samoa*: *A Psychological Study of Primitive Youth for Western Civilization*, William Morrow & Company, 1972, p. 53.
② 〔美〕玛格丽特·米德:《萨摩亚人的成年——为西方文明所作的原始人类的青年心理研究》，周晓虹、李姚军、刘婧译，商务印书馆，2008，第60页。
③ Margaret Mead, *Coming of Age in Samoa*: *A Psychological Study of Primitive Youth for Western Civilization*, William Morrow & Company, 1972, p. 72.
④ 〔美〕玛格丽特·米德:《萨摩亚人的成年——为西方文明所作的原始人类的青年心理研究》，周晓虹、李姚军、刘婧译，商务印书馆，2008，第74页。

译文含义不明确，"partially satisfactory"的意思也没有体现出来。"re-lationships"指"恋爱关系，性关系"，说的是被女性拒绝的男人只得搞同性恋。

可以翻译为：通常，差强人意的解决办法是跟男人发生性关系。

【例6】谈到一位小姑娘，原著为：

All this had a profound effect upon Sona, the ugly little stranger over whose lusterless eyes cataracts were already beginning to form. ①

《萨摩亚人的成年》译文为：

所有这一切对索娜产生了十分深刻的影响。索娜，这位其貌不扬的小陌生人，已经开始着意寻觅情郎了。②

"cataracts"是"白内障"。下文有"her failing eyesight"③（她衰退的视力）与之照应。实在不知道译者从哪里发掘出"着意寻觅情郎"的含义。

可以翻译为：这一切对来自外村的、难看的小姑娘索娜具有深远影响，她黯淡无光的双眼已经开始出现白内障。

一些影响更大的译本，也存在不守翻译本分的情况。

英国人类学家弗雷泽（James George Frazer）所著 The Golden Bough 在我国大陆地区有多种版本，都名为《金枝》。其中，由徐育新、汪培基、张泽石翻译，汪培基审校，中国民间文艺出版社1987年出版的《金枝》④是最先出版的中文译本。后来出现的《金枝》，往往以它为基础，或是对

---

① Margaret Mead, *Coming of Age in Samoa*: *A Psychological Study of Primitive Youth for Western Civilization*, William Morrow & Company, 1972, p. 125.

② 〔美〕玛格丽特·米德：《萨摩亚人的成年——为西方文明所作的原始人类的青年心理研究》，周晓虹、李姚军、刘婧译，商务印书馆，2008，第117页。

③ Margaret Mead, *Coming of Age in Samoa*: *A Psychological Study of Primitive Youth for Western Civilization*, William Morrow & Company, 1972, p. 126.

④ 〔英〕J. G. 弗雷泽：《金枝》，徐育新、汪培基、张泽石译，汪培基校，中国民间文艺出版社，1987。

它的"修订"①，或是对它的抄袭②。然而，这个被利用和被滥用的"母本"，其实也存在误译。

【例1】谈到巫师与宗教的关系，原著为：

Meanwhile the magicians, who may be repressed but cannot be extirpated by the predominance of religion, still addict themselves to their old occult arts in preference to the newer ritual of sacrifice and prayer. ③

《金枝》译文为：

与此同时，宗教的优势只能抑制，却不能根除。那些巫师仍然沉溺于古老玄秘的巫术，偏爱新近的祭祀祈祷仪式。④

译文既没说明宗教与巫师的关系，也没说明巫师对古老秘术与较新仪式的不同态度。漏译"the magicians"（巫师），第一句译文因无宾语而容易产生歧义（既可以理解为宗教的优势只能被抑制，却不能被根除，也可以理解为宗教的优势只能抑制巫术，却不能根除巫术）。"in preference to"这个短语后的宾语部分与短语前的部分相比较，是不被看好、不受喜欢的部分，译文与之含义正好相反。

可以翻译为：同时，巫师们可能会被宗教的支配地位所压制，却不会被它所消灭；他们仍然沉溺于古老秘术，而不青睐较新的献祭和祈祷仪式。

【例2】谈到人的性生活对农作物的影响，原著为：

In some parts of Java, at the season when the bloom will soon be on the

---

① 谢国先、谭肃然：《评〈金枝〉两个中文版本的翻译质量》，《民族论坛》2016年第3期。
② 谢国先：《"伪译"指证：安徽版〈金枝〉译本对民间版〈金枝〉译本的抄袭式改写》，《外国语文研究》2017年第2期。
③ James George Frazer, *The Golden Bough*, China Social Sciences Publishing House, 1999, p. 106.
④ 〔英〕J. G. 弗雷泽：《金枝》，徐育新、汪培基、张泽石译，汪培基校，中国民间文艺出版社，1987，第159~160页。

rice, the husbandman and his wife visit their fields by night and there engage in sexual intercourse for the purpose of promoting the growth of the crop. ①

《金枝》译文为：

> 爪哇一些地方，在稻秧孕穗开花结实的季节，农民总要带着自己的妻子到田间去看望，并且就在地头进行性交。这样做的目的是为了促进作物成长。②

漏译"by night"（夜间）。农民夫妇并非大白天在稻田里性交。这个漏译使得一项本来就奇特的风俗变得更加骇人听闻。

可以翻译为：在爪哇的某些地方，在稻子即将开花的时节，农夫和他妻子晚上去自家田里性交，目的是促进作物生长。

【例3】谈到猎人的风俗，原著为：

> Hence the hunter prayed to the sylvan deities, and vowed rich offerings to them if they would drive the game across his path. ③

《金枝》译文为：

> 因此，猎人如要打猎，都得向森林的神祇祷告许愿，奉献丰厚的牺牲。④

此处属细节遗漏，原著所言献祭条件（if…）被译文省略。

可以翻译为：因此，猎人向森林神祈祷，并发誓说，如果森林神驱赶猎物从猎人狩猎的路上穿过，猎人就给森林神奉献丰厚的贡品。

---

① James George Frazer, *The Golden Bough*, China Social Sciences Publishing House, 1999, p. 136.
② 〔英〕J. G. 弗雷泽：《金枝》，徐育新、汪培基、张泽石译，汪培基校，中国民间文艺出版社，1987，第207页。
③ James George Frazer, *The Golden Bough*, China Social Sciences Publishing House, 1999, p. 141.
④ 〔英〕J. G. 弗雷泽：《金枝》，徐育新、汪培基、张泽石译，汪培基校，中国民间文艺出版社，1987，第214页。

【例4】谈到毛利人酋长的习俗，原著为：

For a similar reason a Maori chief would not blow a fire with his mouth; for his sacred breath would communicate its sanctity to the fire, which would pass it on to the pot on the fire, which would pass it on to the meat in the pot, which would pass it on to the man who ate the meat, which was in the pot, which stood on the fire, which was breathed on by the chief; so that the eater, infected by the chief's breath conveyed through these inter-mediaries, would surely die. [1]

《金枝》译文为：

由于同样的理由，毛利人的酋长不用嘴吹火，因为他的神气会将神性传到火上，由火上传到做饭的罐子，罐子又传到里面煮的肉上，又会传给吃那肉的人，那人由于这些媒介传染就肯定要丧命。[2]

译文未将原文完整译出。原文看似重复，但重复的目的在于强调土人的思维逻辑。

可以翻译为：出于类似理由，毛利酋长不会用嘴吹火。因为他的神圣气息会将其神圣传给火，火又会将它传给火上的锅，锅又会将它传给锅里的肉，肉又会将它传给吃肉的人，而肉在锅里，锅在火上，火被酋长吹。于是，吃肉的人通过这些中介感染了酋长的气息，一定会死亡。

【例5】谈到奥西里斯的儿子贺鲁斯，原著为：

The infant was the younger Horus, who in his youth bore the name of Harpocrates, that is, the child Horus. [3]

---

[1] James George Frazer, *The Golden Bough*, China Social Sciences Publishing House, 1999, p. 205.

[2] 〔英〕J. G. 弗雷泽：《金枝》，徐育新、汪培基、张泽石译，汪培基校，中国民间文艺出版社，1987，第308页。

[3] James George Frazer, *The Golden Bough*, China Social Sciences Publishing House, 1999, p. 364.

《金枝》译文为：

> 这个婴儿就是年轻的贺鲁斯，他小时候叫做哈波克雷特斯，意即群山之子。①

"the child Horus"指"童年贺鲁斯"，无"群山之子"的含义。

可以翻译为：这个婴儿是贺鲁斯，他年轻时名叫哈波克雷特斯，即童年贺鲁斯。

【例6】谈到收割习俗，原著为：

> When a reaper in the middle has not finished reaping his piece after his neighbours have finished theirs, they say of him, "He remains on the island."②

《金枝》译文为：

> 收割中如果别人都割完了自己的一片，而某人还未割完，别人就说他"留在孤岛上了"。③

漏译"in the middle"（在田地中间），译文"孤岛"无从形成。

可以翻译为：如果田地中间的人还没割完自己的那一片，而他周围的人都割完了他们各自的那一片，人们就这样说他："他留在孤岛上了。"

【例7】谈到钻木取火的具体方式，原著为：

> In some places three times three persons, in others three times nine, were required for turning round by turns the axle-tree or wimble.④

---

① 〔英〕J. G. 弗雷泽：《金枝》，徐育新、汪培基、张泽石译，汪培基校，中国民间文艺出版社，1987，第529页。

② James George Frazer, *The Golden Bough*, China Social Sciences Publishing House, 1999, p. 454.

③ 〔英〕J. G. 弗雷泽：《金枝》，徐育新、汪培基、张泽石译，汪培基校，中国民间文艺出版社，1987，第656页。

④ James George Frazer, *The Golden Bough*, China Social Sciences Publishing Hous, 1999, p. 618.

《金枝》译文为：

> 有些地方要几个人，有些地方是二十七人轮流推转轴干或螺旋钻。①

"几"是"九"之误。"three times three"意为"三人一组，共三组"，"three times nine"意为"三人一组，共九组"。光说总人数，不能表明如何轮流钻木取火。

可以翻译为：有些地方需要三人一组，共三组，轮流转动轮轴或钻孔器，有些地方需要三人一组，共九组，来做这件事情。

1984年，美国民俗学家阿兰·邓迪斯（Alan Dundes）所编的 *Sacred Narrative：Readings in the Theory of Myth* 出版。该文集所收 22 篇文章的作者包括世界人类学、神话学界权威，如弗雷泽、马林诺夫斯基、列维-斯特劳斯等。原书出版 10 年后，1994 年出版汉译本，题为《西方神话学论文选》②。2006 年，该汉译本再版，改题为《西方神话学读本》③。《西方神话学读本》中，有不少例子可以证明译者并未切实遵守翻译本分。

【例1】谈到神话中的主要角色，原著为：

> …they are animals，deities，or culture heroes，….④

《西方神话学读本》译文为：

> 他们是动物、神祇或高尚的英雄。⑤

"culture heroes"是"文化英雄"。"文化英雄"一词在人类学和民俗学中沿用已久，含义明确。译者译为"高尚的英雄"，与学术界所谈的

---

① 〔英〕J. G. 弗雷泽：《金枝》，徐育新、汪培基、张泽石译，汪培基校，中国民间文艺出版社，1987，第 877 页。

② 〔美〕阿兰·邓迪斯编《西方神话学论文选》，朝戈金、尹伊、金泽、蒙梓译，上海文艺出版社，1994。

③ 〔美〕阿兰·邓迪斯编《西方神话学读本》，朝戈金等译，广西师范大学出版社，2006。

④ Alan Dundes（ed.），*Sacred Narrative：Readings in the Theory of Myth*，University of California Press，1984，p. 9.

⑤ 〔美〕阿兰·邓迪斯编《西方神话学读本》，朝戈金等译，广西师范大学出版社，2006，第 10 页。

"文化英雄"恐难等同。这类文化英雄跟高尚与否无关。北美印第安人的文化英雄郊狼科约特（Coyote）有时是一个骗子。

【例2】谈到神祇故事与世俗故事的区分，原著为：

> They are distinguished from secular narrative not by name, but by manner of telling. ①

《西方神话学读本》译文为：

> 它们与世俗的叙事之间的不同不仅在名称上，也在讲述方式上。②

"not …, but …"表示选择关系而非并列关系，意为"不是……而是……"。

可以翻译为：（人们）不是根据名称而是根据讲述方式将它们与世俗叙事区分开。

"not …, but …"结构在《西方神话学读本》中多次被误译，所以很可能不是偶然的笔误。

【例3】谈到神话的定义，原著为：

> Is belief a necessary criterion for the strict definition of myth?③

《西方神话学读本》译文为：

> 是否有一必然的标准，可以作为严格衡量神话的定义？④

漏译"belief"。是否有标准和以什么作为标准，含义大不相同。

---

① Alan Dundes (ed.), *Sacred Narrative：Readings in the Theory of Myth*, University of California Press, 1984, p. 17.

② 〔美〕阿兰·邓迪斯编《西方神话学读本》，朝戈金等译，广西师范大学出版社，2006，第21页。

③ Alan Dundes (ed.), *Sacred Narrative：Readings in the Theory of Myth*, University of California Press, 1984, p. 98.

④ 〔美〕阿兰·邓迪斯编《西方神话学读本》，朝戈金等译，广西师范大学出版社，2006，第119页。

可以翻译为：信仰是对神话进行严格定义的必要标准吗？

【例4】谈到讲述神话的情景，原著为：

Among the Berbers on the other hand it is the（old）women who tell the tales，and men are never among the listeners；….①

《西方神话学读本》译文为：

另一方面，在柏柏尔人中，那些能够给听众讲故事的老头和老太太已不复存在。②

两句话各有主语。译文将其拼接在一起，导致原意尽失。

可以翻译为：另一方面，在柏柏尔人中，讲故事的是（老年）妇女，而男人从不听她们讲故事；……。

【例5】谈到故事与梦境的区分，原著为：

Nor is the analogy of *dreams* by any means so sound as it looks. For the phantasmata of dreams are produced not by an innocence of logic，but by a confusion of it ….③

《西方神话学读本》译文为：

梦境的类比绝非像它听起来那么可靠，因为梦境中的幻觉不仅是非逻辑的产物，而且是逻辑混乱的产物。④

"not by …，but by …" 不是 "不仅……，而且……"，而是 "不

---

① Alan Dundes（ed.），*Sacred Narrative：Readings in the Theory of Myth*，University of California Press，1984，p. 101.

② 〔美〕阿兰·邓迪斯编《西方神话学读本》，朝戈金等译，广西师范大学出版社，2006，第124页。

③ Alan Dundes（ed.），*Sacred Narrative：Readings in the Theory of Myth*，University of California Press，1984，p. 130.

④ 〔美〕阿兰·邓迪斯：《西方神话学读本》，朝戈金等译，广西师范大学出版社，2006，第159页。

是……，而是……"。"an innocence of logic"意为"对逻辑无知"。

可以翻译为：梦的类比也远不像它看上去那么贴切，因为梦中的幻象不是由于对逻辑无知而产生的，而是由于逻辑混乱而产生的。

【例6】谈到故事中的通天树，原著为：

The ideas about the celestial strata can be found most completely in the type of folktales about the Sky-High Tree. ①

《西方神话学读本》译文为：

在关于"通天树"的民间故事类型中，可以最完整地找到天地分层的概念。②

"celestial"指"天的，天上的"。上下文也表明这里没有涉及"地"的分层。作者没有说"地"，译者随意加上"地"，是不负责任的做法。

可以翻译为：在关于"通天树"这一民间故事类型中，可以完整地见到数重天的思想。

英国人类学家阿兰·巴纳德（Alan Barnard）所著 History and Theory in Anthropology，汉译本题为《人类学历史与理论》，2006年由华夏出版社出版，收入"西方人类学新教材译丛"。

巴纳德的这本著作简明扼要，与相同性质的其他大部头作品相比，更容易通读。其中的一些误译，与译者不守翻译本分有关。

【例1】谈到小理论时，原著为：

When smaller theories no longer make sense of the world, then a crisis occurs. ③

---

① Alan Dundes（ed.），*Sacred Narrative: Readings in the Theory of Myth*, University of California Press, 1984, p. 331.
② 〔美〕阿兰·邓迪斯编《西方神话学读本》，朝戈金等译，广西师范大学出版社，2006，第400页。
③ Alan Barnard, *History and Theory in Anthropology*, Cambridge University Press, 2000, p. 7.

《人类学历史与理论》译文为：

当小理论不再具有世界意义，那么危机就会出现。[①]

"make sense of⋯"是"理解⋯⋯，认识⋯⋯"。

可以翻译为：当小理论不再能够理解世界，就会出现危机。

【例2】谈到社会结构，原著为：

The anthropologist observes the two chiefs in action, and the relation between each chief and his people constitutes an example of social structure. [②]

《人类学历史与理论》译文为：

人类学家观察实际生活中的这两位酋长，观察这两个酋长与民族成员间的关系，这些构成一个社会结构的实例。[③]

"the relation"（关系）不是"observes"（观察）的宾语，而是"constitutes"（构成）的主语。原文是并列的两句话，各有其主语、谓语和宾语。动词"constitutes"也表明其主语是单数名词而非复数名词。

可以翻译为：人类学家观察实际生活中的两位酋长；每位酋长与其民众的关系就是社会结构的一个实例。

【例3】谈到人类学家拉德克里夫－布朗，原著为：

He objected most strongly to being put in the "functionalist" box with Malinowski, ⋯. [④]

《人类学历史与理论》译文为：

---

① 〔英〕阿兰·巴纳德：《人类学历史与理论》，王建民、刘源、许丹译，华夏出版社，2006，第8页。

② Alan Barnard, *History and Theory in Anthropology*, Cambridge University Press, 2000, p. 72.

③ 〔英〕阿兰·巴纳德：《人类学历史与理论》，王建民、刘源、许丹译，华夏出版社，2006，第77页。

④ Alan Barnard, *History and Theory in Anthropology*, Cambridge University Press, 2000, p. 78.

他也强烈反对将马林诺夫斯基归入"功能主义者"。①

"being put in"意为"被放入"。"with Malinowski"意为"和马林诺夫斯基一起"。译文既无视被动态标志"being",也不管介词"with"有什么语法意义,其翻译态度可想而知。

可以翻译为:他强烈反对把他和马林诺夫斯基一同列入"功能主义者"这个群体。

【例4】谈到功能主义,原著为:

Functionalism, like diffusionism, is a word few anthropologists would be associated with today. ②

《人类学历史与理论》译文为:

像传播主义一样,功能主义是一个很少人类学家会把它与今天联系在一起的一个词。③

"be associated with"(被联系在一起)是一个被动态,其主语是"few anthropologists"。"today"(今天,现在)不是"be associated with"的介词宾语,而是全句的状语。

可以翻译为:今天,像传播主义一样,功能主义是极少人类学家愿意与之有牵连的一个词。

【例5】谈到女权主义人类学家,原著为:

In short, feminist anthropology should rely on ethnography and not on bland but bold assumptions. ④

---

① 〔英〕阿兰·巴纳德:《人类学历史与理论》,王建民、刘源、许丹译,华夏出版社,2006,第83页。

② Alan Barnard, *History and Theory in Anthropology*, Cambridge University Press, 2000, p. 183.

③ 〔英〕阿兰·巴纳德:《人类学历史与理论》,王建民、刘源、许丹译,华夏出版社,2006,第197页。

④ Alan Barnard, *History and Theory in Anthropology*, Cambridge University Press, 2000, p. 146.

《人类学历史与理论》译文为：

> 简单地说，女性人类学家应该依据人类学而进行大胆的，而不是盲目的假设研究。①

这句话的结构极为简单，一个主语带两个谓语"rely on … and not on …"，即"依赖于……，而不依赖于……"。"ethnography"是"民族志"而不是"人类学"。"bland but bold"都是"assumptions"（假设）的定语，其中"bold"的意思确实是"鲁莽放肆的，胆大妄为的"，但"bland"不是"盲目的"，而是"满不在乎的，随心所欲的"。"bland but bold"都是"and not on …"即"不（依赖于）"的宾语，而不是"rely on …"（依赖于）的宾语。译者胡乱拼接，显然没有遵守翻译的本分。

可以翻译为：简而言之，女权主义人类学应依赖于民族志，但不应依赖于随心所欲而又胆大妄为的假设。

不守本分的翻译林林总总，但都有一个共同点：违背原著含义。

美国学者哈维兰的 *Anthropology*（《人类学》）是一本有名的大学教材，已出多版。该书第 3 版于 20 世纪 80 年代译为中文出版，题为《当代人类学》。《当代人类学》这一译名本身，就说明译者已经突破翻译本分了。我想，作者威廉·哈维兰对自己的著作该如何命名，一定有自己的看法。他就是要给自己的这部教材命名为 *Anthropology*（《人类学》），而不是其他。

【例 1】谈到人类的出现，原著为：

> For example, the Nez Perce Indians of the American Northwest believe that humanity is the creation of Coyote, one of the animal people that inhabited the earth before humans. ②

《当代人类学》译文为：

① 〔英〕阿兰·巴纳德：《人类学历史与理论》，王建民、刘源、许丹译，华夏出版社，2006，第 158 页。

② William A. Haviland, *Anthropology*, CBS College Publishing, 1982, p. 8.

譬如，美国西北部的内兹佩尔塞印第安人相信在人类出现之前地球上居住着一只野狼，而人类即是生自于该野狼。①

"Coyote" 意为"郊狼"，是北美印第安人神话中的一个英雄，也可音译为"科约特"。"the animal people" 指"动物形人，兽形人"。"the creation" 是神话中的一个重要概念，意为"创造"。关于人类起源，世界各民族神话中有多种说法，神造人是其中之一。《当代人类学》用"生自于"翻译"the creation of"，是用主观想象代替原文客观含义。原文接着详细讲述郊狼如何用海狸身体的不同部分创造生活于不同地方的印第安人。

可以翻译为：例如，美国西北的内兹佩尔塞印第安人相信人类是郊狼创造出来的。郊狼是先于人类住在地球上的兽形人之一。

【例2】谈到郊狼追捕海狸，原著为：

Coyote chased the giant beaver monster, Wishpoosh, in an epic chase whose trail formed the Columbia River. ②

《当代人类学》译文为：

传说中，野狼追逐一只叫威徐普徐的河狸怪，在追逐中，它的尾巴变为哥伦比亚河。③

"an epic chase" 意为"一场漫长而艰巨的追捕"。"trail" 指郊狼追捕海狸时踩出的"痕迹、小径"，与"尾巴"毫无关系。

可以翻译为：郊狼长途跋涉追捕海狸巨怪威西普西，郊狼的足迹形成了哥伦比亚河。

【例3】谈到郊狼用海狸巨怪造人的过程，原著为：

From the lower part of the animal's body, Coyote made the people who

---

① 〔美〕威廉·A. 哈维兰：《当代人类学》，王铭铭等译，上海人民出版社，1987，第6页。
② William A. Haviland, *Anthropology*, CBS College Publishing, 1982, p. 8.
③ 〔美〕威廉·A. 哈维兰：《当代人类学》，王铭铭等译，上海人民出版社，1987，第6页。

were to live along the coast. ①

《当代人类学》译文为：

于是，野狼用这河狸怪身躯的下部，创造出生活在河岸上的人们。②

"the coast" 指 "海岸"，而非河岸。

可以翻译为：郊狼用这个动物身体的下半部分创造出将要住在海岸上的人们。

【例4】谈到郊狼继续造人，原著为：

"You shall live along the coast," he said to others. "You shall live in villages facing the ocean and shall get your food by spearing salmon and dig-ging clams."③

《当代人类学》译文为：

它对另一些人说："你们将生活在河岸边，你们的村落面向大海，以捕取鲑鱼蛤子为生。"④

"the coast" 指 "海岸"。原文随后的村落朝向与生活方式都说明他们住在海岸而非河岸。

可以翻译为："你们将生活在海岸，"郊狼对其他人说，"你们将住在面朝海洋的村子里，靠叉鲑鱼、挖蛤蚌取食。"

【例5】谈到郊狼创造克利基塔特人，原著为：

From the legs of the beaver monster he made the Klickitat Indians. "You shall live along the rivers that flow down from the big white mountain

---

① William A. Haviland, *Anthropology*, CBS College Publishing, 1982, p. 8.
② 〔美〕威廉·A. 哈维兰：《当代人类学》，王铭铭等译，上海人民出版社，1987，第6页。
③ William A. Haviland, *Anthropology*, CBS College Publishing, 1982, p. 8.
④ 〔美〕威廉·A. 哈维兰：《当代人类学》，王铭铭等译，上海人民出版社，1987，第6页。

north of Big River. "①

《当代人类学》译文为：

> 它用河狸怪的脚创造出克利基塔特印第安人，并对他们说："发源于这条大河北边的大白山有另一条河流，这条河的两岸将是你们的居住地。"②

"the legs" 指 "双腿"，不指 "脚"。"the rivers" 意为 "多条河流"，而不是 "另一条河流"。译文说 "发源于……的大白山"，甚无道理。

可以翻译为：郊狼用海狸巨怪的双腿创造出克利基塔特印第安人，并说："你们将生活在大河以北的大白山上流下的那些河流的两岸。"

以上 5 例，出自译本同一页。误译之处，亦非难点。如果译者具备了基本翻译能力而不能译好，就只能归咎于态度问题了。

可以再看这本译著中的另外一些例子。

原著介绍一位人类学家对大猩猩可可的研究，特别提到可可的记忆能力。

【例6】原著先说人的记忆能力：

> A cardinal characteristic of human language is displacement, the ability to refer to events removed in time and place from the act of communication. ③

《当代人类学》译文为：

> 人类语言的基本特征是取代，即有着一种通过传播行为来表达在时间和地点上都各有不同的事件的能力。④

"removed in time and place from …" 意为 "在时空上离开……"，"from" 的宾语是 "the act of communication"（交流行为）。因为事件既不

---

① William A. Haviland, *Anthropology*, CBS College Publishing, 1982, p. 8.
② 〔美〕威廉·A. 哈维兰：《当代人类学》，王铭铭等译，上海人民出版社，1987，第 6 页。
③ William A. Haviland, *Anthropology*, CBS College Publishing, 1982, p. 45.
④ 〔美〕威廉·A. 哈维兰：《当代人类学》，王铭铭等译，上海人民出版社，1987，第 47 页。

是在交流现场发生的，也不是跟交流行为同时发生的，所以，指称该事件就需要有记忆能力才行。

可以翻译为：人类语言的根本特征是替代，即有能力指称既不与当前交流行为同时，也不与当前交流行为同地的事件。

【例7】谈到人类学家与大猩猩可可就一次"咬"的事件而进行的交流，原著为：

Me："What did you do to Penny？"

Koko："Bite."（Koko，at the time of the incident，called it a scratch.）①

《当代人类学》译文为：

我："你对一便士硬币做了什么？"

可可："咬。"（此时可可称之为抓伤）②

"Penny"不是"一便士硬币"，而是研究者彭妮。这个单词的首字母大写已经表明它所指的不是"便士"。原著中，就在印有这句话的那一页的下页，是一个女子和一只大猩猩的图片，其文字说明是"Penny Patterson working with Koko"（对可可进行研究的彭妮·帕特森）。也就是说，彭妮就是这段对话中的"我"（Me），她的全名叫 Penny Patterson。

原文同页交代，交谈行为是在"咬"这一事件发生三天之后进行的。括号内的部分是作者对交谈情形的回忆。"at the time of the incident"意为"发生事件的时候"，"called it a scratch"动词用一般过去时态，意为"当时称之为抓"。

可以翻译为：

我："你那时对彭妮做了什么？"

可可："咬"。（这次事件发生的时候，可可称之为抓）

【例8】谈话继续进行，原著为：

① William A. Haviland, *Anthropology*, CBS College Publishing, 1982, p.45.
② 〔美〕威廉·A. 哈维兰：《当代人类学》，王铭铭等译，上海人民出版社，1987，第47页。

Me："You admit it?"

Koko："Sorry bite scratch."

(At this point I showed Koko the mark on my hand—it really did look like a scratch.)①

《当代人类学》译文为：

> 我："你承认了？"
>
> 可可："对不起，我把它咬伤了。"（这时我把有伤痕的钱拿在手上给可可看，上面的伤痕实在很象抓伤的样子）②

"the mark on my hand"意为"手上的伤痕"。译者因为错把"Penny"当成了一枚硬币，就只好把"the mark on my hand"译成"把有伤痕的钱拿在手上"。

可以翻译为：

我："你承认了？"

可可："对不起，咬抓。"

（这时我把手上的伤痕给可可看，伤痕看上去确实像抓痕。）

人类学家的名字被误译为货币单位，但这个明显的误译其实并不难避免。《当代人类学》还将刊物名称译为研究者的名字。

【例9】谈到一份刊物《人类学通讯》（*Anthropology Newsletter*）对研究者的采访，原著为：

> In this interview with *AN*, she discussed the uses to which she has put anthropology and her reasons for pursuing a business degree. ③

《当代人类学》译文为：

> 在与安（An）的交谈中，她谈了她的人类学应用及她追求商学学

---

① William A. Haviland, *Anthropology*, CBS College Publishing, 1982, p. 45.

② 〔美〕威廉·A. 哈维兰:《当代人类学》，王铭铭等译，上海人民出版社，1987，第47页。

③ William A. Haviland, *Anthropology*, CBS College Publishing, 1982, p. 667.

位的原因。①

"*AN*"是"*Anthropology Newsletter*"的简称,"*A*"和"*N*"均大写,分别代表"*Anthropology*"和"*Newsletter*"两个单词。而且,不论是全称的"*Anthropology Newsletter*"还是简称的"*AN*",原文均用斜体,表明是刊物名而非人名。《当代人类学》把这个简称译为"安",而且"安"后括注的"*An*"也仅大写第一个字母而小写第二个字母,说明译者确实是把它当作人名了。

可以翻译为:在接受《人类学通讯》采访时,玛格丽特·奈特讨论了她对人类学的应用以及她攻读工商管理学位的理由。

是否遵守翻译本分,既跟译者的翻译能力有关,也跟译者的翻译态度有关。

翻译有多种层次,有作为学生练习的翻译,也有作为文化产品的翻译。作为学生练习的翻译,错误再多,也有存在的理由;作为文化产品的翻译,错误越多,为害越大。20世纪30年代,林语堂曾尖锐地指出:

> 然翻译固未尝是易事,与其视之太易,毋宁视之太难。若为私人之练习,固不妨时作尝试,但是此种私人或课堂上的练习,固不必刊出行世或列入某某丛书之中,以钩利求名为目的。因为译者至少须有对原著者之责任心,叫读者花些冤枉钱事小,将一个西洋美术作品戕贼毁伤,不使复留本来面目,而美其名为介绍,这却是何必呢?②

看看今天的学术翻译,就知道林语堂当初的中肯劝告并不过时。

---

① 〔美〕威廉·A. 哈维兰:《当代人类学》,王铭铭等译,上海人民出版社,1987,第630页。
② 林语堂:《论翻译》,见罗新璋、陈应年编《翻译论集》(修订本),商务印书馆,2009,第500页。

# 第二章  学术翻译与学术研究

---

学术翻译与学术研究之间的关系本来很明确：学术翻译是
学术研究的组成部分。我国学术评价过程中对于翻译是否算作
科研成果的争论，使学术翻译与学术研究之间的关系受人误
解。学术翻译是学术研究的基础工作，学术研究是学术翻译的
必要前提。没有学术翻译，学术研究难以实现真正创新；没有
学术研究，学术翻译不可能提高质量。学术研究与学术翻译有
机结合，共同服务于学术事业的健康发展。

---

## 一  学术研究需要学术翻译

学术研究是在已有研究成果基础上的创新活动。迄今为止，不同国家
和民族已经积累了用不同语言文字形成的研究成果（文本）。任何一项研
究如果要具有真正意义上的创新价值，就必须建立在全面认识和吸收全世
界已有研究成果的基础之上。没有人可以宣称他能够阅读所有语言文字的
原著。于是，译本就成为研究者全面认识和吸收已有研究成果的必要
媒介。

某些研究者通晓数种语言文字，如果需要从这几种语言文字的文本获
取资料，这些研究者就直接阅读原著。这时，研究者将翻译活动和研究活
动集于一身，翻译的重要性似乎被淡化。然而，对大多数研究者而言，通

过译本认识和吸收其他语言文字的研究成果，从古至今一直是惯常做法。一方面，从古至今都有通晓多种语言文字的研究者，这些研究者的研究活动可以在一定程度上独立于译本而进行；另一方面，随着全球化进程的加快和不同国家、不同民族之间各种联系的加强，更多的研究者需要借助译本才能进行研究，更多的研究活动需要借助译本才能进行。我们也可以说，学术翻译是学术研究的组成部分。任何一项学术研究都要经历多个阶段，包括在已有成果基础上形成论题，搜集和理解资料，分析资料，得出结论并加以系统表述，等等。如果我们把世界各民族的文化当作一个有机联系的整体加以考察，那么，可以说，学术翻译活动贯穿于学术研究活动的各个阶段。中国的古生物学家研究恐龙的产生和灭绝需要跟世界上其他国家的古生物学家交流、沟通；中国的民俗学家研究汉族和彝族、白族等少数民族的"坐月子"习俗，也要知道欧洲、非洲、美洲以及大洋州的不同民族妇女分娩之后的类似或不同的习俗。否则，中国学者的研究就难免出现盲人摸象、坐井观天的问题。

学术研究要吸取已有研究成果，就需要学术翻译。已有研究成果的存在形式是文本，而文本总是以特定语言表达出来。不论一位研究者实际上掌握的语言文字种类有多少，他不能直接阅读而要依靠译本帮助的语言文字总是数以十计乃至数以百计。总体而言，没有学术翻译就没有学术借鉴，研究者也就难以进行具有创新价值的学术研究。一项缺乏世界眼光的研究，看起来可能是创新，实际上更可能是在不知不觉地重复他人。

随着世界各民族文化联系的不断扩大和加深，学术研究对学术翻译的依赖变得越来越明显。

## 二 学术研究是学术翻译的基础

学术翻译是学术研究的组成部分。译本在研究者形成论题、获取论证材料、寻找结论的过程中发挥重要作用。从这个意义上说，翻译活动是研究活动的一部分，译本则充当研究的工具。但是，翻译活动的进行与译本的形成，本身又是研究活动的结果。因此，生产合格的译本本身就是研究活动的目的。大量翻译实践证明，没有充分的研究，就没有合格的译本，译本是研究的产物。

所谓研究，既包括一般的学术研究，也包括对特定原著本身的研究。翻译一本民族志著作，就要在掌握民族学基本原理和民族发展基本规律的基础上，研究原著中特定的自然生态和人文生态，研究特定民族的文化事象。

近几十年我国学术翻译中的许多误译都是因为译者对原著涉及的内容缺乏必要的、基本的研究。现以部分译本中的一些误译略作说明。

前文已介绍过，《当代人类学》误译较多。我们已经谈到该书中一些本来容易避免的简单误译，如将人名"彭妮"误译为货币名称"便士"、将《人类学通讯》误译为人名"安"之类。现在看看该书中其他一些较为复杂的误译。这些误译证明研究工作在翻译过程中有多么重要。

【例1】在分析社会学家和文化人类学家研究方法的差异时，原著为：

However, sociologists have concentrated so heavily on studies of people living in modern, or at least recent, North American and European societies that their theories of human behavior tend to be culture bound; that is, they are based on assumptions about the world and reality which are part of their own Western culture, usually the middle-class version most typical of professional people. Cultural anthropologists, by contrast, seek to minimize the problem of culture-bound theory by studying the whole of humanity and do not limit themselves to the study of Western peoples: anthropologists have concluded that to fully understand human behavior, all humans must be studied. ①

《当代人类学》译文为：

但是，社会学家更偏重于集中研究生活于现代或至少是晚近的北

---

① William A. Haviland, *Anthropology*, CBS College Publishing, 1982, p. 12.

美和欧洲的社会，所以他们关于人类的理论倾向于界内文化，就是说，他们是以西方文化本身，尤其是中产阶级及专职人员的角度来理解世界及现实。相比之下，文化人类学不重视界内文化理论而重视研究整个人类，并不把自己限定在西方民族的范围之内：人类学家认为若要全面理解人类行为，则必须对人类各种族都进行研究。①

原著介绍人类学家与社会学家的不同之处，虽然也指出二者研究对象的不同，但更强调社会学家用自己的社会观点来归纳理论，人类学家则尽量减少自己的社会观点对理论的影响。《当代人类学》将这段话中的关键词语"culture bound"译为"界内文化"，并不正确。"culture bound"意为"受文化束缚的"。

可以翻译为：但是，社会学家潜心研究生活于现代或至少是近代北美社会和欧洲社会的人们，所以，他们关于人类行为的理论往往受文化束缚，即是说，这些理论的基础是关于世界和现实的种种假设，而这个世界和现实原本就是社会学家的西方文化的一部分，通常是以职业人士为代表的中产阶级文化的一部分。相比之下，文化人类学家研究全人类，从而努力把受文化束缚的理论所存在的问题降低到最小程度，文化人类学家也不限于研究西方民族：人类学家总结说，如果要全面、透彻地理解人类行为，就得研究全人类。

"culture bound"也可写作"culture-bound"，意思是"受文化束缚的"。原著在介绍文化丧失理论时说：

Although still supported in some quarters, this theory is culture-bound. ②

《当代人类学》译文为：

即使文化丧失理论仍受一些人支持，但它可说是一种界内文化。③

---

① 〔美〕威廉·A. 哈维兰：《当代人类学》，王铭铭等译，上海人民出版社，1987，第11页。
② William A. Haviland, *Anthropology*, CBS College Publishing, 1982, p.16.
③ 〔美〕威廉·A. 哈维兰：《当代人类学》，王铭铭等译，上海人民出版社，1987，第16页。

原著认为，20 世纪 60 年代出现的文化丧失理论本身是研究者受自己的文化束缚而形成的一种理论。因为作为研究对象的少数民族群体，如美国印第安人、美国黑人、墨西哥裔美国人等，并没有丧失他们自己的文化，他们只是没有熟练掌握英裔美国人的文化而已。说他们丧失了文化，其实是说他们丧失了研究者拥有的"英裔美国人的文化"。所以，文化丧失理论是研究者在欧洲文化中心论的基础上形成的一种观点。

可以翻译为：尽管文化丧失理论仍受到某些人拥护，但这一理论是受文化束缚的理论。

与"culture bound"对应，哈维兰在书中还用了"culture free"（意为"不受文化束缚的"），但"culture free"也被《当代人类学》误译。

【例 2】谈到文化人类学研究的困难，原著为：

> In the fields of cultural anthropology, there is a further difficulty: in order to arrive at useful theories concerning human behavior, one must begin with hypotheses that are as objective and culture-free as possible. And here lies a major—some people would say insurmountable—problem: it is difficult for someone who has grown up in one culture to frame objective and culture-free hypotheses about another culture. [1]

《当代人类学》译文为：

> 在文化人类学领域中，有个更大的困难，就是为了得出对于人类行为有用的理论，人类学家必须尽可能从客观的和文化自由的前提出发。而在这里就有一个某些人会认为是不可克服的最大问题：对于一个在某文化环境中成长起来的人来说，他很难从客观的、文化自由的前提去构想另一种文化的理论。[2]

---

[1]  William A. Haviland, *Anthropology*, CBS College Publishing, 1982, p. 20.

[2]  〔美〕威廉·A. 哈维兰：《当代人类学》，王铭铭等译，上海人民出版社，1987，第 20 页。

"culture-free"意为"不受文化束缚的"。此词含义正与"culture-bound"（受文化束缚的）相反。

可以翻译为：

在文化人类学领域还有一个困难：为了总结出关于人类行为的有用理论，研究者首先必须提出尽可能客观、尽可能不受文化束缚的假设。但是，这里存在一个主要的、有人甚至会说是不可超越的问题：在一种文化中长大的某个人，难以对另一种文化形成客观的、不受文化束缚的假设。

对"culture bound"和"culture-free"的误译，说明译者并未真正理解作者哈维兰的看法：文化人类学家在对其他文化进行研究时，难以完全摆脱自己文化的影响。

【例3】谈到新大陆的猴子，原著为：

Monkeys are highly arboreal, and New World species have prehensile tails that wrap around a tree branch, freeing the forelimbs to grasp food. Some New World monkeys brachiate; Old World monkeys almost never do. ①

《当代人类学》译文为：

猴子在树上的本领很高，新大陆猴子有个能抓握用的尾巴用来抓住树枝，这样就方便了前肢抓取食物。一些新大陆猴子能这样做，但旧大陆猴子几乎从来没有用尾巴来抓握树枝的情况。②

两句话描述猴子的两个特点，分别涉及尾巴和前肢，不可混为一谈。猴子能干什么、不能干什么，是比较专业的知识。就算没有条件查阅专业书籍，但至少可以借助英汉词典弄清原著中出现的陌生单词的含义。"brachiate"意为"用臂吊荡树枝前行"。《当代人类学》误译这个词，导致两句话都被误译。

---

① William A. Haviland, *Anthropology*, CBS College Publishing, 1982, p. 36.
② 〔美〕威廉·A. 哈维兰：《当代人类学》，王铭铭等译，上海人民出版社，1987，第36～37页。

可以翻译为：猴子是典型的树栖动物。新大陆猴子长着可以卷在树枝上的适于抓握的尾巴，这样就腾出前肢来抓取食物。一些新大陆猴子能够用臂吊荡树枝前进，旧大陆猴子几乎从不用臂吊荡树枝前行。

【例4】谈到突变基因的作用，原著为：

> The presence of these mutator genes has been likened to a fail-safe mechanism for preserving the variability of the gene pool; even if offspring with the mutator gene are selected against, the mutation will not disappear from the gene pool but will simply recur, as a result of the mutator gene's action. ①

《当代人类学》译文为：

> 人们把这些突变基因比作保持因子池恒定性的具有自动防止故障特性的机制；即使具有突变基因的后代选择相反，突变不但不会在因子池中消失，而且简直会复发，这是由于突变基因作用的后果。②

基因由于突变而发生变异。因为有突变，所以基因库才有变异性（variability）。《当代人类学》将"variability"译为"恒定性"，正与原意相反。将"even if offspring with the mutator gene are selected against"译为"即使具有突变基因的后代选择相反"，亦属不通。"are selected against"意为"未被选中"。

可以翻译为：这些突变基因的存在被比作一种自动防止故障的装置，用于维持基因库的变异性。就算带有突变基因的后代未被选中，突变也不会从基因库中消失，相反，由于突变基因的作用，突变仍会反复出现。

【例5】引用一位人类学家对其田野作业经验的自我介绍，原著为：

> I knew him well enough to avoid him for the time being, and when he

---

① William A. Haviland, *Anthropology*, CBS College Publishing, 1982, p. 64.

② 〔美〕威廉·A. 哈维兰：《当代人类学》，王铭铭等译，上海人民出版社，1987，第65页。

and the others assembled for their daily ebene party, I was well advised to stay at a distance. ①

《当代人类学》译文为：

> 我很了解他的为人，但还是暂时避开他为好。而且，当他与其他人被召去开每日埃宾会时，人们总劝我呆得远些儿。②

"assembled" 意为 "集合，聚集"。此处并未使用被动时态，故不可译为 "被召"。"开每日埃宾会" 也是误译，因为 "ebene party" 指 "聚会"，而不是 "开……会"。这句话中的其他部分都可以凭借语言常识和生活常识去处理，但 "ebene" 不可简单地音译为 "埃宾"。

"ebene" 是一种树的名称。雅诺玛莫印第安人将其湿润的内层树皮刮下来，拌以木灰、唾液等，糅成糊状，焙干，碾成具有致幻作用的粉末。每日聚会时，男人请别人用细管将这种绿色粉末吹入自己的鼻孔。一般每日吹两次，一次吹入一个鼻孔。用药者吸入粉末后会呕吐、流泪、流鼻涕，眼睛看不清，行动有醉态。③ 因此，"ebene party" 指的是一种吸毒聚会。可将 "ebene" 音译为 "厄树"，而将 "ebene party" 这个短语音义兼顾地译为 "服用厄树致幻药的聚会"。

可以翻译为：我对他很了解，知道应该暂时躲开他。尤其是他跟别人聚在一起享受天天都用的厄树致幻药时，人们都叫我离他远些。

【例6】论及尼安德特人，原著为：

Talking Neanderthals make a good deal of sense when it is realized that their way of life (described in Chapter 6) seems to have been comparable to those of some hunting and gathering peoples known from historic time. In short, we can be reasonably sure that Neanderthals had some sort of spoken

---

① William A. Haviland, *Anthropology*, CBS College Publishing, 1982, p. 280.
② 〔美〕威廉·A. 哈维兰：《当代人类学》，王铭铭等译，上海人民出版社，1987，第255页。
③ Napoleon A. Chagnon, *Yanomamo*: *The Fierce People*, Holt, Rinehart and Winston, 1977, pp. 23 – 24.

language. But we know nothing about that language, nor do we know how primitive it may have been. ①

《当代人类学》译文为:

> 当人们认识到尼安德特人的生活方式(在第六章描述)似已可以与从有史时期所知的某些狩猎和采集民族的生活方式相比较时,那谈论尼安德特人就成了很有意义的事了。简言之,我们有理由肯定尼安德特人已经有某种口头语言了。②

这几句话及其上下文都在讨论语言的起源。"Talking Neanderthals"不是"谈论尼安德特人",而是"会说话的尼安德特人"。"会说话"即产生了口头语言。对尼安德特人的这个特征的描述,可以使整段话前后连贯。而且,原著用"make",说明其主语是复数名词"Neanderthals","Talking"(会说话的)充当该复数名词的定语。

另外,上述原文3句相连,第3句被《当代人类学》漏译。

可以翻译为:既已认识到尼安德特人的生活方式(第六章中描述过)似乎与有史时期狩猎-采集者的生活方式存在相似之处,那么,会说话的尼安德特人就相当重要了。简言之,我们有理由确信尼安德特人掌握了某种口头语言。但是,我们对这种语言一无所知,也不知道它到底会有多么原始。

【例7】谈到原始语言不完善而要用手势做补充,原著为:

What was "missing" verbally seems to have been supplied visually. ③

《当代人类学》译文为:

> 口头上讲的"失去的"意思,看来是用看得见的动作来表示的。④

---

① William A. Haviland, *Anthropology*, CBS College Publishing, 1982, pp. 319 - 320.
② 〔美〕威廉·A. 哈维兰:《当代人类学》,王铭铭等译,上海人民出版社,1987,第292页。
③ William A. Haviland, *Anthropology*, CBS College Publishing, 1982, p. 320.
④ 〔美〕威廉·A. 哈维兰:《当代人类学》,王铭铭等译,上海人民出版社,1987,第293页。

口头表达不能尽意时借助手势语言作为辅助的表达手段，这在全世界各民族中都是常用做法。《当代人类学》译文径直说用动作"代替"口语，属于误译。

可以翻译为：口语所"失"，视觉弥补。

【例8】谈到利比亚克贝勒人男女成年过程的差异，原著为：

The Kpelle of Liberia maintain initiation or "bush" schools for both young men and women; women also alternate with men in ritual supremacy of a chiefdom. The cycle of instruction and rule (four years for males, three for females) that marks these periods derives from the Kpelle's association of the number four with maleness and three with femaleness rather than from a notion of sexual superiority. ①

《当代人类学》译文为：

利比里亚的克贝勒人为青年男女保存成年或"蓬头"学校；在仪式上至高的酋长也是妇女和男人互相轮着当。男性有四年的训导与管理期，而女性只有三年。但这并不意味着男尊女卑，而只是因为男性的社团编号为第四，女性社团编号为第三。②

"'bush' schools"指"丛林"学校。一些民族成年仪式的内容之一是当事人离开村落到丛林中接受分性别的隔离教育。这种教育场所就被称为"丛林"学校。上下文介绍"associations"（会社，社团），本句中的"'bush' schools"即为社团之一种，但本句中"association"的含义不是"社团"，而是"联系，联想"，与"with"连用。"Kpelle's association of the number four with maleness and three with femaleness"意为"克贝勒人认为男人与数字4有关，女人与数字3有关"。

可以翻译为：利比里亚克贝勒人男女都有成年学校或"丛林"学校；

---

① William A. Haviland, *Anthropology*, CBS College Publishing, 1982, p. 459.
② 〔美〕威廉·A. 哈维兰：《当代人类学》，王铭铭等译，上海人民出版社，1987，第427页。

女人还与男人轮流行使仪式性的酋长权力。作为这些阶段标志的教育和掌权周期是男人 4 年、女人 3 年,这是因为克贝勒人认为男人与数字 4 有关、女人与数字 3 有关,而不是因为两性尊卑观念。

【例 9】谈到口头艺术的类型,原著为:

> The term tale is a nonspecific label for a third category of creative narratives, those that are purely secular, nonhistorical, and recognized as fiction for entertainment, though they may as well draw a moral or teach a practical lesson. ①

《当代人类学》译文为:

> 第三种叙事体是故事,但故事一词并不特指某一种文体。这种叙事文带有某些寓意或给人以实际的教训,但它们是纯世俗的、非历史的,而且常被认为是只提供娱乐的小说。②

"fiction" 表示与写实相对应的 "虚构"。汉语中的 "小说" 一词,用于作家文学而不用于民间文学或口头艺术。

可以翻译为:"故事" 一词是用来表示第三类叙事创作的一个宽泛标签。这类叙事创作虽然也可得出道德寓意或实用教训,但它们纯属世俗,且非历史,并被当成供娱乐的虚构作品。

《当代人类学》由硕士研究生翻译。如果当成学生的翻译练习,自然有许多值得肯定的闪光之处。然而,作为出版物来评价,译著中不乏因译者对原著缺乏研究而出现的误译。

另一本由研究生参与翻译的著作,同样暴露出研究不够的缺陷。这就是前面提到过的玛格丽特·米德作品的中译本《萨摩亚人的成年》。现略举数例加以说明。

【例 1】原著回忆作者时隔 47 年之后再访萨摩亚人时说:

---

① William A. Haviland, *Anthropology*, CBS College Publishing, 1982, p.575.
② 〔美〕威廉·A. 哈维兰:《当代人类学》,王铭铭等译,上海人民出版社,1987,第 540 页。

I could not have prophesied that forty-seven years later there would be over 20000 American Samoans living in the United States；…；and yet that I would be greeted on my arrival with flower leis even more beautiful than the garlands of 1928，and farewelled with shell garlands——as botanical objects are forbidden on airplanes——and a plastic bag to carry them in when the plane touched down.①

《萨摩亚人的成年》译文为：

> 我不可能想到，47 年后会有 20000 名以上的萨摩亚裔美国人生活在美利坚合众国；……而我更不可能想到，在我到达的时候欢迎的鲜花会扑面而来，那要比 1928 年时的花环更加美丽，而当我告别的时候人们则献上了缀满贝壳的花环——这是飞机上禁止的植物——当飞机降落后，我找了一个塑料袋将它们装回去。②

作者将初次到达萨摩亚群岛和再次到达该群岛的情形进行比较。《萨摩亚人的成年》对第二次离开时的情形的翻译，是不顾事实与常识的误译。常识是客机上禁止携带活体植物，事实是玛格丽特·米德没有携带活体植物坐飞机。译文说"……而当我告别的时候人们则献上了缀满贝壳的花环——这是飞机上禁止的植物——当飞机降落后，我找了一个塑料袋将它们装回去"。我们不禁要问：既然是飞机上禁止的植物，玛格丽特·米德带它们乘飞机怎么能够不被禁止？

"farewelled with shell garlands" 意为"用贝壳花环送行"，是一个被动态，受事者是玛格丽特·米德，施事者是萨摩亚人。"shell garlands" 表明所谓的"garlands"（花环）其实是"贝壳串成的花环一样的连环"，而不是真正的植物花朵串成的花环。为什么要送这样一个"花环"？"as botanical

---

① Margaret Mead，*Coming of Age in Samoa：A Psychological Study of Primitive Youth for Western Civilization*，William Morrow & Company，1972，p. xiv.

② 〔美〕玛格丽特·米德：《萨摩亚人的成年——为西方文明所作的原始人类的青年心理研究》，周晓虹、李姚军、刘婧译，商务印书馆，2008，第 16 页。

objects are forbidden on airplanes"交代了原因——"因为飞机上禁止带植物性的东西"。

"farewelled with"（用……送行）带有两个宾语，一个是"shell garlands"，另一个是"a plastic bag"（一个塑料袋）。萨摩亚人为玛格丽特·米德送行时，考虑得非常周到：他们知道飞机上不能带植物性物品，所以没送她真正的花环，而送她贝壳串成的"花环"；他们担心她下飞机之后不便携带，于是又替她准备了一只可以将贝壳花环装进去的塑料袋。

1983 年，赵嘉文曾将这部分内容正确地翻译为"……我离开时则赠我以贝环——由于飞机禁止携带植物——和一个塑料袋让我在飞机着陆时用来装贝环"①。

可以翻译为：我不可能预见到，47 年后会有 20000 名以上的美籍萨摩亚人生活在美国；……；我同样不可能预见到，我到达时人们用比 1928 年的花环还要漂亮的花环来迎接我，我离开时他们又用贝壳花环和一个塑料袋来为我送行；送我贝壳花环是因为飞机上禁止携带植物性东西，给我一个塑料袋是让我在飞机降落后好把贝壳花环装进去。

【例2】谈到最年长的女性在亲属群体内的地位，原著为：

> Her curse is the most dreadful a man can incur for she has the power to "cut the line" and make the name extinct. If a man falls ill, it is his sister who must first take the formal oath that she has wished him no harm, as anger in her heart is most potent for evil. ②

《萨摩亚人的成年》译文为：

> 她的咒骂是一个人所可能遭受的最可怕的灾难，因为她有权剥夺

---

① 〔美〕玛格丽特·米德：《在萨摩亚成长》，赵嘉文译，见《民族研究译丛》（2），云南省民族研究所编印（未公开出版），1983，第 68 页。

② Margaret Mead, *Coming of Age in Samoa: A Psychological Study of Primitive Youth for Western Civilization*, William Morrow & Company, 1972, p. 61.

他人的继承权，取消其名分。如果一个男人生了病，第一个发愿希望他不致遭难的也正是他的姐姐，因为她心中的愤怒最能够扼制邪恶的侵害。①

"cut the line"（割断家系）和 "make the name extinct"（使名字消亡）都是 "致人死亡" 的委婉说法。"take the formal oath" 意为 "郑重其事地赌咒发誓"。"she has wished him no harm" 意为 "她不曾咒他受害"。"has wished"（已经发愿）表明姐姐的这一行为发生在男子生病之前。"harm"（受害）指的是生病本身，而不是疾病的后果。换句话说，因为老女人的诅咒对男人来说很可怕，所以男子生病后，他姐姐赶紧发誓，证明自己不曾诅咒他。也就是说，女人要表明她弟弟生病不是因为她的诅咒。第二个 "for" 表示易于造成某种后果。译者没有理解以上逻辑关系，故其译文似是而非。

可以翻译为：受姐姐诅咒，算是男人闯了大祸，因为她有魔力 "割断家系" 并使名字消亡。如果一个男人病了，他的姐姐首先就得郑重其事地发誓，说她并不曾咒他倒霉。要知道，如果她心里对兄弟怀有愤怒之情，那就最容易造成罪恶。

【例3】谈到萨摩亚人的一种求爱方式，原著为：

This type of courtship varies from occasional calls to daily attendance. The food gift need not accompany each visit, but is as essential at the initial call as is an introduction in the West. ②

《萨摩亚人的成年》译文为：

这种求爱方式和那种日常的偶然性的拜访不同。在日常的拜访中，你不必每一次都带一些食品作为礼物，尽管在西方进行初次拜访

---

① 〔美〕玛格丽特·米德：《萨摩亚人的成年——为西方文明所作的原始人类的青年心理研究》，周晓虹、李姚军、刘婧译，商务印书馆，2008，第66页。

② Margaret Mead, *Coming of Age in Samoa: A Psychological Study of Primitive Youth for Western Civilization*, William Morrow & Company, 1972, p. 73.

时，那是最基本的见面礼。①

第一句中，"vary from …to…"意为"包括从……到……"，表示范围，此处用以说明"This type of courtship"（这种类型的求婚）包括哪些具体做法。第二句中，"The food gift"（食物礼品）与"an introduction"（介绍）相提并论，前者流行于萨摩亚人中间，后者是西方习俗。

可以翻译为：这种类型的求婚既有偶尔拜访，也有天天拜访。不必每次拜访都带食物礼品，但在萨摩亚人中初次拜访时的食物礼品就跟西方的自我介绍一样要紧。

【例4】谈到萨摩亚人对贞操的态度，原著为：

> Christianity has, of course, introduced a moral premium on chastity. The Samoans regard this attitude with reverent but complete scepticism and the concept of celibacy is absolutely meaningless to them. ②

《萨摩亚人的成年》译文为：

> 当然，基督教对贞洁一直是从道德上予以嘉奖的。尽管萨摩亚人对基督教的态度始终怀着恭敬的心情，但是彻底的怀疑主义和禁欲观念对他们毫无价值。③

第一句译文无误。第二句包括两个分句，主语分别是"The Samoans"（萨摩亚人）和"the concept"（观念），谓语分别是"regard"（看待）和"is"（是）。"reverent but complete"共同充当"scepticism"的定语，构成偏正词组"reverent but complete scepticism"（恭敬而又彻底的怀疑）。《萨摩亚人的成年》误解原文结构，导致译文自相矛盾。"彻底的怀疑主义和

---

① 〔美〕玛格丽特·米德：《萨摩亚人的成年——为西方文明所作的原始人类的青年心理研究》，周晓虹、李姚军、刘婧译，商务印书馆，2008，第75页。

② Margaret Mead, *Coming of Age in Samoa: A Psychological Study of Primitive Youth for Western Civilization*, William Morrow & Company, 1972, p. 74.

③ 〔美〕玛格丽特·米德：《萨摩亚人的成年——为西方文明所作的原始人类的青年心理研究》，周晓虹、李姚军、刘婧译，商务印书馆，2008，第76页。

禁欲观念对他们毫无价值"是说不通的，因为他们实际上奉行彻底的怀疑主义，反对禁欲观念。

可以翻译为：当然，基督教已经向人们灌输说，贞洁是高尚道德。萨摩亚人对这种态度敬而远之，却又全盘怀疑，而且禁欲观念对他们来说毫无意义。

【例5】谈到一个姑娘的日常活动，原著为：

> But her easy good nature did not fail her as she tried to weave a fine mat on some blazing afternoon，while the baby played with the brittle easily broken pandanus strands，and doubled her work. ①

《萨摩亚人的成年》译文为：

> 但她本性善良，为人随和。下午的太阳是非常灼人的，但她却能经常在这样似火的骄阳下编织着草席，孩子们在一边玩着脆而易断的露兜树棕。她平和的性格与孩子们欢乐的玩耍结合在一起，使她干得更欢喜。②

萨摩亚群岛是热带岛屿，除非是户外劳动，否则人们不会愿意"在这样似火的骄阳下"做事情；露兜树叶就是编织席子的材料，小孩把编织材料弄断了、弄乱了，她怎么会干得更欢喜？

"on some blazing afternoon"意为"某个炽热的下午"，而不是"在这样似火的骄阳下"。"while"从句中，主语是"the baby"（那个婴儿），谓语是"played with"（玩弄）和"doubled her work"（使她的工作增加了一倍）。原因很简单，婴儿在玩弄容易折断的编织原料，姑娘不得不既要编织，又要留心别让婴儿把原料搞坏了。

可以翻译为：某个灼热的下午，她要用露兜树纤维编一张好席子，婴

---

① Margaret Mead，*Coming of Age in Samoa*：*A Psychological Study of Primitive Youth for Western Civilization*，William Morrow & Company，1972，p. 107.

② 〔美〕玛格丽特·米德：《萨摩亚人的成年——为西方文明所作的原始人类的青年心理研究》，周晓虹、李姚军、刘婧译，商务印书馆，2008，第102页。

儿却在玩那些容易折断的露兜树纤维，让她顾了这头顾不了那头，但她还是不改她那随和的好脾气。

学生参与翻译的译著中因研究不够而出现误译的情况不胜枚举。令人惊讶的是，学者的翻译中，疏于研究的误译也不在少数。现以《金枝》和《世界民间故事分类学》略作说明。

【例1】谈到乔治三世时英国与北美的关系，原著为：

> The heaviest calamity in English history, the breach with America, might never have occurred if George the Third had not been an honest dullard. [①]

《金枝》译文为：

> 如果乔治三世（1760～1820）不是一个诚实的笨蛋的话，那就可能永远不会发生与美国绝交的那种英国历史上最沉重的灾祸。[②]

"the breach" 意为"关系破裂"，而不是"绝交"。乔治三世对北美殖民地实行高压政策，最终导致北美独立战争爆发。1776 年美国宣布独立，英国军队镇压。1783 年英国承认美国独立。在英国承认美国独立之前，所谓"美国"的那片地方被英国视为自己的殖民地，二者的关系不是国与国的关系，也就不存在是否"绝交"的问题。在英国承认美国独立之后，这两个国家之间并未发生过"绝交"这回事。

可以翻译为：如果乔治三世不是一个诚实的笨蛋，就不会发生与北美殖民地关系破裂这一英国历史上最惨重的灾难。

【例2】谈到原始社会中的巫术活动，原著为：

> It is otherwise when the rites are performed, not by the hunters, the fishers, the farmers themselves, but by professional magicians on their be-

---

① James George Frazer, *The Golden Bough*, China Social Sciences Publishing House, 1999, p. 46.

② 〔英〕J. G. 弗雷泽：《金枝》，徐育新、汪培基、张泽石译，汪培基校，中国民间文艺出版社，1987，第 72 页。

half. In primitive society, where uniformity of occupation is the rule, and the distribution of the community into various classes of workers has hardly begun, every man is more or less his own magician. ①

《金枝》译文为：

> 它在举行仪式之时就不同了：不是猎人、渔夫、农民自己，而是由专职巫师来代表他们履行仪式。在原始社会中公有制是原则，将社会财富分配给各劳动者阶层的方式尚未真正开始，每个人都或多或少是他自己的巫师。②

原始社会并非不存在财富分配，只是不存在不平等的财富分配而已。一般认为，原始社会在氏族成员之间平均分配财富。

"It"是一个先行代词，不是指具体的"它"，而是指后面提到的情形。"uniformity of occupation"意为"职业一致性"。"the distribution of the community into various classes of workers"意为"把社会划分为各不相同的劳动阶层"。

可以翻译为：巫术仪式由职业巫师代替猎人、渔夫和农夫去施行时，就是另一回事了。在原始社会，职业一致性是惯例，社会成员尚未开始划分为不同的劳动群体，每个人多少都会充当自己的巫师。

【例3】谈到古代叙利亚吉尼城的一块石碑，原著为：

> One such monument exists at Ghineh. The face of a great rock, above a roughly hewn recess, is here carved with figures of Adonis and Aphrodite. He is portrayed with spear in rest, awaiting the attack of a bear, while she is seated in an attitude of sorrow. ③

《金枝》译文为：

---

① James George Frazer, *The Golden Bough*, China Social Sciences Publishing House, 1999, p. 61.

② 〔英〕J. G. 弗雷泽：《金枝》，徐育新、汪培基、张泽石译，汪培基校，中国民间文艺出版社，1987，第93页。

③ James George Frazer, *The Golden Bough*, China Social Sciences Publishing House, 1999, p. 329.

在及尼至今还有一个这样的碑。这里有一块大岩石，在草草凿开的壁龛里刻着阿多尼斯和阿芙罗狄蒂的像。他的样子是持矛休息，等待一头熊的进攻，她则是坐着，显出忧伤的神态。[①]

"face of a great rock"是"大岩石的表面"。"rest"不是"休息"，而是骑士甲胄胸铠上的矛柄支撑处。骑士把他的矛柄置于胸铠上专门支撑矛柄的地方，表示他随时准备出击。这样理解，下文"awaiting the attack of a bear"（准备迎接熊的攻击）才有合乎逻辑的照应。

可以翻译为：吉尼有这样一块碑。在大刀阔斧地开辟出来的神龛上方，巨大的岩面上雕刻着阿多尼斯和阿弗洛蒂特的形象。雕像上的阿多尼斯把矛柄支在胸铠上，准备迎接熊的攻击，而阿弗洛蒂特忧伤地坐着。

【例3】谈到一种特殊的收割习俗，原著为：

> The first is called the fore-reaper, the last the tail-bearer. If a reaper overtakes the man in front he reaps past him, bending round so as to leave the slower reaper in a patch by himself. This patch is called the Goat; and the man for whom "the Goat is cut" in this way, is laughed and jeered at by his fellows for the rest of the day. When the tail-bearer cuts the last ears of corn, it is said, "He is cutting the Goat's neck off."[②]

《金枝》译文为：

> 排在最前面的叫做"领头的收割人"，排在最后的叫做"捉尾巴的"。谁如果割得快，赶上并超过他前面的人，就从前面那人身旁越过并留下一片地的谷子给那人去割。留下的这片谷子就叫山羊，"割这块山羊"的人在这天内要受同伙的揶揄嘲笑。当"捉尾巴的"那人

---

① 〔英〕J. G. 弗雷泽：《金枝》，徐育新、汪培基、张泽石译，汪培基校，中国民间文艺出版社，1987，第479页。

② James George Frazer, *The Golden Bough*, China Social Sciences Publishing House, 1999, p. 455.

割最后的谷穗时，人们说他是"割断山羊的脖子"。①

"the tail-bearer"意为"长尾巴的人"，而不是"捉尾巴的（人）"。最后一句（He is cutting the Goat's neck off）也证明这个"the tail-bearer"不是"捉尾巴的人"，因为他手里握住的是山羊脖子而不是山羊尾巴。

原著在另一处曾说"He is enveloped in rye-stalks and green withes, and is furnished with a long plaited tail"②（他被包在黑麦秆和绿柳条中，还被安上了一条像辫子一样编成的长尾巴）。这句话同样证明收割时掉队者被称为"长尾巴的人"。

"past him"意为"超过他"。"bending round"意为"包抄"。"the man for whom 'the Goat is cut'"意为"得到'被割出的山羊'的人"。这个短语应分析一下。"for"解释庄稼地中间割剩下（留下）一片谷物给谁去收割。"the Goat is cut"意为"割剩下（留下）一片山羊"。所谓山羊，其实就是割得慢的人面前剩下的孤零零的一片谷物。割得快的人超过割得慢的人，并在他前方包抄，将别处谷物都割完而只剩下割得慢的人面前的一片，这一片就是"割剩下（留下）的山羊"（the Goat is cut）。"for whom"意为"留给割得慢的那人"。

可以翻译为：第一个人叫作领头的收割人，最后一个人叫作长尾巴的人。如果一个收割者赶上前面割得慢的人，就超过他，包抄他，让他一个人孤零零地留在一片未割的谷物中。这片谷物就叫作山羊；得到这头"割剩下的山羊"的那人，直到那天结束都会被同伴们嘲笑。长尾巴的人割最后那些谷穗时，人们说，"他正在砍下山羊脖子"。

【例4】谈到欧洲某些地区的一种丰产习俗，原著为：

The flesh of this bone is boiled on Shrove Tuesday, but the bone is put amongst the ashes which the neighbours exchange as presents on St. Peter's

---

① 〔英〕J. G. 弗雷泽：《金枝》，徐育新、汪培基、张泽石译，汪培基校，中国民间文艺出版社，1987，第658页。

② James George Frazer, *The Golden Bough*, China Social Sciences Publishing House, 1999, p. 453.

Day (the twenty-second of February), and then mix with the seed-corn. In the whole of Hesse, Meiningen, and other districts, people eat pea-soup with dried pig-ribs on Ash Wednesday or Candlemas. The ribs are then collected and hung in the room till sowing-time, when they are inserted in the sown field or in the seed-bag amongst the flax seed. ①

《金枝》译文为：

> 忏悔日那天把这块骨头煮了，放在灰里，到圣彼得日（二月二十二）那天作为礼品和邻居交换，然后掺和在谷种里。在迈宁根的赫森及其他地区，圣灰星期三或圣烛节那天人们就吃风干的猪肋骨，喝豌豆汤，把吃剩的肋骨都收集一起，挂在室内，到来年播种时放到播种过的地里或掺入亚麻的种子里。②

这段译文出现多处细节错误，原因是对原文及其背景研究不够。"The flesh of this bone is boiled" 意为"骨头上的肉剔下来煮了"。原文并没说骨头也煮了。

"Hesse"（黑森）是德国中部偏北地方的一个州，"Meiningen"（迈宁根）是德国中部偏南的"Thuringia"（图林根州）的一个镇。译文说"在迈宁根的赫森及其他地区"，是将前两个地名之间的并列关系误解为从属关系了。

"inserted in" 意为"插入"，而不是"放到"。

可以翻译为：骨头上的肉在忏悔日那天煮熟，骨头则放入在圣彼得节（二月二十二日）那天当礼物跟邻居们互相交换的灰里，然后跟谷物种子拌在一起。在黑森各地、迈宁根及其他地区，圣灰星期三或圣烛节那天人们吃风干的猪肋骨，喝豌豆汤。肋骨收集起来挂在屋里，播种时就插在撒了种的地里或装有亚麻籽的种子口袋里。

---

① James George Frazer, *The Golden Bough*, China Social Sciences Publishing House, 1999, p. 461.

② 〔英〕J. G. 弗雷泽：《金枝》，徐育新、汪培基、张泽石译，汪培基校，中国民间文艺出版社，1987，第667页。

【例 5】谈到南非卡福人的习俗，原著为：

All the people assemble at the king's kraal, where they feast and dance. ①

《金枝》译文为：

所有的人都聚在国王的小屋里，宴会跳舞。②

"kraal" 指非洲某些地方的村子里由栅栏、泥墙等围起来的畜栏。

可以翻译为：人们都汇聚到国王的畜栏里举行宴会，跳舞。

《金枝》将 "kraal" 译为 "小屋"，是误译；《金枝》还将 "the great kraal" 译为 "大聚会厅"，同样是误译。原著为：

It begins in the great kraal of the tribe, where all the adult males assemble. ③

《金枝》译文为：

在本族的大聚会厅里开始，所有成年男子都在这里聚会。④

可以翻译为：个人净化仪式在部落的大畜栏里开始，成年男子都聚集在那儿。

《金枝》还将 "the great kraal" 译为 "大屋"，仍属误译。原著为：

After this ceremony in the great kraal every man goes home to his own kraal, assembles all the members of his family, men, women, and children, and smears them all with the juice of the lerotse leaves. ⑤

---

① James George Frazer, *The Golden Bough*, China Social Sciences Publishing House, 1999, p. 483.
② 〔英〕J. G. 弗雷泽：《金枝》，徐育新、汪培基、张泽石译，汪培基校，中国民间文艺出版社，1987，第 697 页。
③ James George Frazer, *The Golden Bough*, China Social Sciences Publishing House, 1999, p. 484.
④ 〔英〕J. G. 弗雷泽：《金枝》，徐育新、汪培基、张泽石译，汪培基校，中国民间文艺出版社，1987，第 698 页。
⑤ James George Frazer, *The Golden Bough*, China Social Sciences Publishing House, 1999, p. 484.

《金枝》译文为：

> 在大屋里举行这种仪式之后，每人都回到自己的房里，全家聚在一起，男人、妇女、小孩，人人都抹上藜萝泽叶子的汁液。①

"the great kraal" 指部落的大畜栏，不是"大屋"。此外，《金枝》译文误解全句结构。全句的主语是"every man"，即"每个男人"，谓语是"goes home"（回家）、"assembles"（集合）、"smears"（涂抹）。男子先在部落的大畜栏参加自我净化仪式，然后回到自家小畜栏去净化家里的其他人。"his own kraal" 意为"他的小畜栏"。

可以翻译为：大畜栏里举行这个仪式之后，每个男子都回到自己的小畜栏，把家里的男人、妇女、小孩都召集在一起，给他们人人都抹上藜萝泽叶子的汁液。

【例6】谈到北美克里克印第安人的尝新节，原著为：

> He also consecrated the sacred emetics (the button-snake root and the cassina or black-drink) by pouring a little of them into the fire. ②

《金枝》译文为：

> 他还奉献神圣的泻药（扣蛇树根和卡西纳或泻水），把它倒一点在火上。③

"consecrate" 的含义不是"奉献"，而是"使……圣化"。宗教仪式中所用的物品应该是洁净的、神圣的。但它们在被选定时并不一定具备洁净、神圣的性质。仪式的主持者要通过念咒、画符、火烧、水洗等方式，赋予这些

---

① 〔英〕J. G. 弗雷泽：《金枝》，徐育新、汪培基、张泽石译，汪培基校，中国民间文艺出版社，1987，第698页。

② James George Frazer, *The Golden Bough*, China Social Sciences Publishing House, 1999, p. 485.

③ 〔英〕J. G. 弗雷泽：《金枝》，徐育新、汪培基、张泽石译，汪培基校，中国民间文艺出版社，1987，第700页。

物品洁净而神圣的性质。这项活动就是"consecrate"（使……圣化）。经过圣化的物品，才可以作为祭品献给神，才可以在祭神的仪式中使用。

"emetics"意为"催吐药"。

可以翻译为：他还将催吐药（蛇鞭菊属的根茎和卡西纳或黑饮料）倒一点点在火中，这样让催吐药神圣化。

【例7】谈到阿兹特克人的圣餐习俗，原著为：

> By means whereof they were blessed and consecrated for the flesh and bones of this idol. This ceremony and blessing (whereby they were taken for the flesh and bones of the idol) being ended, they honoured those pieces in the same sort as their god. [1]

《金枝》译文为：

> 他们用这种办法得到福佑和奉献给偶像的肉和骨头。这种仪式和祝福（有了祝福他们也算是神的肉和骨头）完毕后，他们把这些面团也当神一样地尊重。[2]

因为对"consecrate"一词的含义和句子结构都缺乏正确理解，所以《金枝》的这段译文有失准确。

参加宗教仪式的人也应该是洁净而神圣的，所以"consecrate"（使……圣化）的对象不仅包括物，也包括人。"they were blessed and consecrated"意为"他们被保佑、被圣化"。"for the flesh and bones of this idol"意为"可以享用偶像的肉和骨头"。

可以翻译为：他们因此而受到祝福，并被圣化，可以享用偶像的肉和骨头。由于仪式和祝福的作用，他们被当作偶像的肉和骨头。仪式和祝福结束，他们把这些碎片当神来膜拜。

---

[1] James George Frazer, *The Golden Bough*, China Social Sciences Publishing House, 1999, p. 489.

[2] 〔英〕J. G. 弗雷泽：《金枝》，徐育新、汪培基、张泽石译，汪培基校，中国民间文艺出版社，1987，第704页。

【例8】谈到婆罗洲奥洛雅朱人的一种习俗，原著为：

Among the Oloh Ngadju of Borneo, when a sick man is supposed to be suffering from the assaults of a ghost, puppets of dough or rice-meal are made and thrown under the house as substitutes for the patient, who thus rids himself of the ghost. ①

《金枝》译文为：

婆罗洲的奥洛雅朱人中，如认为病人是受魔鬼袭击，就用面或米粉做一个偶像，当病人的替身，扔到床底下，病人就不受魔鬼纠缠。②

"thrown under the house" 不是 "扔到床底下"，而是 "扔到房屋下面"。"the house" 指 "房屋"，与 "床" 不是一个概念。

热带、亚热带地区许多民族的房屋形式为干栏。干栏是建在柱子上的房屋。干栏的房屋地板与实际地面之间形成空间。"扔到房屋下面"，是将病人替身置于屋外；"扔到床底下"，病人替身仍在屋内。

可以翻译为：婆罗洲的奥洛雅朱人如认为病人被鬼害，就用面粉或米饭做成人偶，将其当作病人替身扔到房屋下面，这样，病人就会摆脱鬼的纠缠。

【例9】谈到巫师与动物的联系，原著为：

Among the Fans of the Gaboon every wizard is believed at initiation to unite his life with that of some particular wild animal by a rite of blood-brotherhood…. ③

---

① James George Frazer, *The Golden Bough*, China Social Sciences Publishing House, 1999, p. 492.
② 〔英〕J. G. 弗雷泽：《金枝》，徐育新、汪培基、张泽石译，汪培基校，中国民间文艺出版社，1987，第708页。
③ James George Frazer, *The Golden Bough*, China Social Sciences Publishing House, 1999, p. 684.

《金枝》译文为：

> 那里的人们相信巫师带头把他的生命同某种特殊的野兽的生命联系在一起，其作法是进行一种歃血为盟结为兄弟的仪式，……。①

巫师并非天生的。一个人要被其他社会成员承认为巫师，需具备一些条件，并经过一定的仪式。本句中的"initiation"就是这样一种仪式，即一个人加入巫师行业的"入会仪式"。《金枝》将其误译为"带头"。

可以翻译为：加蓬的芳人相信，每个巫师都在入会时通过确认血亲兄弟的仪式将巫师自己的生命同某个特定野兽的生命联系在一起，……。

《世界民间故事分类学》主要由学者完成，但译者对原著和民间文学的研究不够深入。

【例1】谈到祖尼人的一则创世神话，原著为：

> … for we have accounts of the emergence of the tribe from one world to another, and of the origin of many features of their religion. ②

《世界民间故事分类学》译文为：

> ……因为我们所掌握的材料说明了祖尼人的漂游移居生活以及祖尼宗教特征的起源。③

"the emergence of the tribe from one world to another"是北美印第安人神话中的一个重要母题，指人类或某个部落的祖先从地下世界冒出来，进入现在人类所居住的这个世界。"the emergence"一词全书中多次出现，都是指这个神话母题，都应该译为"冒出"、"从下面冒出"。"emergence"被

---

① 〔英〕J. G. 弗雷泽：《金枝》，徐育新、汪培基、张泽石译，汪培基校，中国民间文艺出版社，1987，第967页。

② Stith Thompson, *The Folktale*, Holt, Rhinehart and Winston, 1947, p. 304.

③ 〔美〕斯蒂·汤普森：《世界民间故事分类学》，郑海等译，郑凡译校，上海文艺出版社，1991，第365页。

《当代人类学》误译，被《世界民间故事分类学》误译，还被《西方神话学读本》误译①，不是因为这个词本身含义深奥，而是因为译者对世界著名的神话类型缺乏了解。

可以翻译为：……因为我们得到关于这个部落从一个世界冒出来进入另一个世界的叙述，以及关于这个部落的许多宗教特征的起源的叙述。

【例2】谈到英雄故事，原著为：

Also in the earlier part of the narrative we learn of the supernatural growth of the hero and also of his adventures with the dangerous woman who kills all her husbands by means of her toothed vagina. ②

《世界民间故事分类学》译文为：

在这种故事的更早阶段，我们了解到英雄的超自然的力量，也了解到他与那个用尖利的牙齿杀死她所有丈夫的险恶奴女有关的奇特经历。③

"the earlier part of the narrative" 不是 "这种故事的更早阶段"，而是 "这件叙事作品的靠前部分"。"the supernatural growth" 意为 "超自然的成长"。"奴女" 应为 "妇女"。

需要特别说明的是，"toothed vagina" 是一个著名的民间文学母题，意为 "带齿的阴道"。大意为，一个女人阴道里长有牙齿，能杀死跟她性交的男子。

可以翻译为：在这件叙事作品的靠前部分，我们得知英雄经历了超自然的成长，而且我们知道他曾遭遇一个危险的女人。这个女人用她那长有牙齿的阴道把她的丈夫们一个个给杀了。

---

① 〔美〕阿兰·邓迪斯编《西方神话学读本》，朝戈金等译，广西师范大学出版社，2006，第182页。
② Stith Thompson, *The Folktale*, Holt, Rhinehart and Winston, 1947, p. 331.
③ 〔美〕斯蒂·汤普森：《世界民间故事分类学》，郑海等译，郑凡译校，上海文艺出版社，1991，第394页。

【例3】谈到民间故事的编辑，原著为：

F. Paudler has brought together tales explaining why we no longer kill off old people. ①

《世界民间故事分类学》译文为：

F·鲍德勒汇集了解释我们为何不再屠杀古老民族的故事。②

世界上一些民族有杀死老人的习俗。民间文学中也有杀死和抛弃老人的传说和故事。民俗学常识告诉我们，"old people"指"老年人"，而非"古老民族"。

可以翻译为：鲍德勒已经汇集了解释我们为何不再杀掉老年人的那些故事。

【例4】谈到《星星丈夫》故事，原著为：

One California story is a mixture of this and the next variety to be considered. ③

《世界民间故事分类学》译文为：

有一个加利福尼亚的故事是这一故事的混合体，是另一个值得注意的变体。④

"this"指《星星丈夫》故事的第一种类型。"a mixture of this and the next variety"意为"第一种类型和下一种类型的混合物"。

可以翻译为：加利福尼亚的一个故事是《星星丈夫》的第一种类型和即将讨论的下一种类型的混合物。

---

① Stith Thompson, *The Folktale*, Holt, Rhinehart and Winston, 1947, p. 445.
② 〔美〕斯蒂·汤普森：《世界民间故事分类学》，郑海等译，郑凡译校，上海文艺出版社，1991，第534页。
③ Stith Thompson, *The Folktale*, Holt, Rhinehart and Winston, 1947, p. 346.
④ 〔美〕斯蒂·汤普森：《世界民间故事分类学》，郑海等译，郑凡译校，上海文艺出版社，1991，第414页。

【例5】谈到《星星丈夫》故事的第二种类型，原著为：

The second group of Star Husband tales would seem to be a special development among the Plains tribes. ①

《世界民间故事分类学》译文为：

第二组《星星丈夫》在平原部族里似乎特别富有生命力。②

"a special development" 意为 "一种特殊的发展"。

可以翻译为：第二组《星星丈夫》故事似乎是平原部落里的一种特殊发展形式。

【例6】谈到《星星丈夫》故事的第三种形态，原著为：

The third special form assumed by the Star Husband tale is extremely interesting on account of its wide and yet clear-cut distribution, and its uniformity of structure. ③

《世界民间故事分类学》译文为：

《星星丈夫》故事的第三种形式，因为其广泛并且明确的分布以及与前两种类型在结构上的同一而非常有趣④。

一则故事分为多种形式，标志之一就是结构不同。"uniformity" 指第三种形式内部的 "一致"。

可以翻译为：《星星丈夫》故事的第三种特殊形式极为有趣，因为它有广大而明确的分布范围，还因为它具有结构的一致性。

---

① Stith Thompson, *The Folktale*, Holt, Rhinehart and Winston, 1947, p. 346.
② 〔美〕斯蒂·汤普森：《世界民间故事分类学》，郑海等译，郑凡译校，上海文艺出版社，1991，第414页。
③ Stith Thompson, *The Folktale*, Holt, Rhinehart and Winston, 1947, p. 347.
④ 〔美〕斯蒂·汤普森：《世界民间故事分类学》，郑海等译，郑凡译校，上海文艺出版社，1991，第415页。

【例7】谈到《星星丈夫》故事的第三种特殊形式的分布，原著为：

It seems to be about as well known in Nova Scotia as in northern British Columbia. ①

《世界民间故事分类学》译文为：

看来它在哥伦比亚北部的英国移民中和在新斯科舍都广为人知。②

"northern British Columbia" 即 "不列颠哥伦比亚北部"，指地方，不指人。故事流行于北美印第安人中，不流行于北美的欧洲殖民者及其后裔中。

可以翻译为：它在新斯科舍似乎就跟在不列颠哥伦比亚北部一样非常有名。

【例8】总结《星星丈夫》三种类型的分布，原著为：

In this Star Husband tale, then, it would look as if we have one rather simple basic story now represented by Type 1, which developed probably in the western Plains. Two special elaborations then seem to have occurred, one of them in the central part of the Plains area, and especially adapted to Plains ritual and to the Plains hero cycle. This form appears not to have traveled very far. The second variation, as we have just pointed out, may well have taken place in the northern Plains. This time the narrative seems to have traveled with the greatest mobility. ③

《世界民间故事分类学》译文为：

接下来，如果我们有一个可作为例子的类型 1 的更简单的基本故

---

① Stith Thompson, *The Folktale*, Holt, Rhinehart and Winston, 1947, p. 347.
② 〔美〕斯蒂·汤普森：《世界民间故事分类学》，郑海等译，郑凡译校，上海文艺出版社，1991，第 415 页。
③ Stith Thompson, *The Folktale*, Holt, Rhinehart and Winston, 1947, p. 347.

事，就应该看得出来，在《星星丈夫》的故事里，类型 1 大概在西部平原地区得到了发展。两种特别的细节都出现了。一种出现在平原地区的中部，它与平原地区的礼仪和英雄故事系列特别相适。这一形式没有被传得太远。我们刚才已经指出的第二种文本在北部平原地区取得了强有力的地位。这个区间讲述的故事似因其具有很大的流动性而传播开来。①

这段话总结《星星丈夫》故事的三种类型的起源和流传情况。"one rather simple basic story"（一则相当简单的基本故事）加上"Two special elaborations"（两种特殊的加工改造）就构成《星星丈夫》故事的三种类型。"one of them"指改造后的第一种类型，"The second variation"指改造后的第二种类型。

研究原著可以知道，书中出现的"type"（类型）、"form"（形式）、"variety"（种类）、"special development"（特殊发展）、"special elaborations"（特别的加工改造）等，都是可以互相替换的术语。

可以翻译为：于是，在这则《星星丈夫》故事中，我们似乎先有一个以类型 1 为代表的相当简单的基本故事，该故事很可能产生于平原地区西部。随后，似乎出现了两种特殊的加工改造。第一种加工改造发生在平原地区中部，且特别适应于平原地区的仪式和该地区的英雄故事系列。这个类型似乎传得不太远。第二种加工改造，正如我们已经指出的，很可能发生在平原地区北部。这一次，故事流动性最大，传得最远。

【例 9】谈到国际上的民俗学研究情况，原著为：

English scholars became acutely aware of work being done on the continent, and for some years their journal, *Folk-Lore*, maintained an unusually high standard. ②

---

① 〔美〕斯蒂·汤普森：《世界民间故事分类学》，郑海等译，郑凡译校，上海文艺出版社，1991，第 416 页。

② Stith Thompson, *The Folktale*, Holt, Rhinehart and Winston, 1947, p. 394.

《世界民间故事分类学》译文为：

  英国的学者们以其在大陆上进行的工作而颇为引人注目，因为若干年来他们的民俗旅行考察保持着一种不寻常的高水平。[①]

"aware of" 意为 "意识到，注意到"。"journal" 是 "杂志"，而不是 "旅行考察"。

可以翻译为：英国学者越来越清醒地意识到欧洲大陆所进行的工作，而且他们的杂志《民俗学》在好些年里水平一直都很高。

有一些译本是由导师和他们的学生共同完成的，这些译本往往会在后记中说明它们经过导师把关。但是，这类译本有一个值得注意的共同现象：它们的翻译质量似乎并不取决于导师的研究能力。现以《西方神话学读本》和《人类学历史与理论》为例，略作说明。

《西方神话学读本》是一本论文集。原著对神话有较深入的研究，要求译者对国外神话研究有较多了解，但译文本身证明，译者在这方面所下功夫还不够。

【例1】谈到对印度神话的研究，原著为：

  Siva's or Mahadeva's myths, or Vishnu's and Krishna's myths, which were the starting-point of Creuzer's studies, are worthless; they originated late, as a wild and fantastic plant from the Indian soil. The Veda is the true theogony of the Aryan tribes; Hesiod gave no more than its caricature. [②]

《西方神话学读本》译文为：

  湿婆或大神的神话，或者毗湿奴的和克里希那的神话，它们都是研究克瑞乌萨的出发点，是无价的珍宝。它们产生较晚，就像印度土

---

① 〔美〕斯蒂·汤普森：《世界民间故事分类学》，郑海等译，郑凡译校，上海文艺出版社，1991，第474页。

② Alan Dundes (ed.), Sacred Narrative: Readings in the Theory of Myth, University of California Press, 1984, p.39.

壤上一株野生的奇异的植物。《吠陀》是雅利安人的真正的神谱。赫西奥德（Hesiod）也没比它提供出更多的讽刺性描写。①

"Creuzer"是研究者的名字，指德国古典学者 Georg Friedrich Creuzer（乔治·弗里德里希·克劳伊泽尔）。"worthless"意为"无价值的、无用的"。"caricature"意为"拙劣的模仿"。

可以翻译为：湿婆神话或摩诃提婆神话，或毗湿奴神话与黑天神话，都是克劳伊泽尔所做研究的出发点，但这些神话毫无价值。它们起源晚，是印度土壤里凭空长出的野生植物。《吠陀》才是雅利安各部落的真正神谱，就连赫西俄德也不过是在对《吠陀》进行拙劣的模仿。

【例2】谈到人与神话的关系，原著为：

Progress for mankind meant the opposite for myth. ②

《西方神话学读本》译文为：

人类的进步意味着与神话的对立。③

"the opposite"意为"反面"。"Progress"（进步）的反面是"倒退"。一般来说，人类进步了，神话的地位就降低了。

可以翻译为：人类的进步就是神话的衰退。

【例3】谈到弗雷泽的神话研究，原著为：

One of the most dramatic examples of Frazer's method is to be found in his ingenious application of the comparative method to the fall of man in Genesis. By examining origin of death myths throughout the world（from

---

① 〔美〕阿兰·邓迪斯编《西方神话学读本》，朝戈金等译，广西师范大学出版社，2006，第49页。

② Alan Dundes（ed.），*Sacred Narrative：Readings in the Theory of Myth*，University of California Press，1984，p. 72.

③ 〔美〕阿兰·邓迪斯编《西方神话学读本》，朝戈金等译，广西师范大学出版社，2006，第89页。

"savage" societies ), he felt he was able to explain features of the Genesis story hitherto not fully understood. [1]

《西方神话学读本》译文为：

弗雷泽的方法中最富有戏剧性的事例是对《创世记》中人类堕落的比较方法的巧妙运用。通过考察全世界死亡神话（death myths）的起源（从"蒙昧"的社会的），他感到他能够理解那些《创世记》故事中迄今没有被充分理解的要点。[2]

"application"（运用）与其后的"to the fall of man in Genesis"（到《创世纪》中人的堕落）连用。"origin of death myths"意为"死亡起源神话"。语境表明，这个术语不可理解成关于"death myths"（死亡神话）的"origin"（起源），而只能理解成关于"origin of death"（死亡起源）的"myths"（神话）。因为，解释死亡的由来，是一个重要的神话主题。

可以翻译为：弗雷泽方法中最显著的例子之一是他创造性地将比较方法用于研究《创世记》中人的堕落。通过考察全世界（来自"野蛮人"社会）的死亡起源神话，他认为他能够解释《创世记》故事中迄今尚未被透彻理解的一些特征。

《西方神话学读本》多次将"origin of death myths"这个概念误译。如，原著谈到日本学者大林太良的一篇文章：

Obayashi Taryo, "Origins of Japanese Mythology, Especially of the Myths of the Origin of Death."[3]

《西方神话学读本》译文为：

---

[1] Alan Dundes (ed.), *Sacred Narrative: Readings in the Theory of Myth*, University of California Press, 1984, p.73.
[2] 〔美〕阿兰·邓迪斯编《西方神话学读本》，朝戈金等译，广西师范大学出版社，2006，第91页。
[3] Alan Dundes (ed.), *Sacred Narrative: Readings in the Theory of Myth*, University of California Press, 1984, p.74.

Obayashi Taryo 的《日本神话起源，特别是死亡神话起源》……。①

大林太良这篇文章的题目尤其可以证明前已讨论的"origin of death myths"的含义就是"Myths of the Origin of Death"（死亡起源神话）。"the Origin of Death"意为"死亡起源"。

题目中的"Especially of"系承接"Origins of"而来。"Origins"指的是所有日本神话的起源，"Origin"专指死亡的"起源"。

可以翻译为：

大林太良：《日本神话的由来，特别是死亡起源神话的由来》。

【例4】谈到荣格对一则神话的分析，原著为：

In fact, Jung rather ingeniously suggests that the idea of anal birth is the basis of the motif of creating by "throwing behind oneself" as in the case of Deucalion and Pyrrha. ②

《西方神话学读本》译文为：

事实上，荣格天才地指出，肛门生产的概念是如多伊卡林（Deucalion）和皮洛哈（Pyrrha）的个案中"排泄造人"母题的基础。③

"Deucalion and Pyrrha"一般译为"丢卡利翁和皮拉"。"throwing behind oneself"，字面意思是"扔到自己身后"。希腊神话说，丢卡利翁和皮拉这对夫妻在洪水之后幸存下来。他俩从肩头向后扔石头，石头变成很多人。"throwing behind oneself"，指的正是这则神话中扔石头的细节。译者只要查阅一下希腊神话，就不至于将其误译为"排泄造人"。

可以翻译为：事实上，荣格极富创造性地提出，肛门生育观念是丢卡利

---

① 〔美〕阿兰·邓迪斯编《西方神话学读本》，朝戈金等译，广西师范大学出版社，2006，第92页。

② Alan Dundes（ed.），*Sacred Narrative：Readings in the Theory of Myth*，University of California Press，1984，p.279.

③ 〔美〕阿兰·邓迪斯编《西方神话学读本》，朝戈金等译，广西师范大学出版社，2006，第339页。

翁和皮拉之类神话中出现的"把石头扔到自己身后"来造人的母题的基础。

【例5】谈到用粪便造人的神话，原著为：

> In India, the elephant-headed god Ganesh is derived from the excrement of his mother. [1]

《西方神话学读本》译文为：

> 印度的大象首领神加纳什（Ganesh）就是从其母的排泄物中生出来的。[2]

"the elephant-headed god Ganesh"是"象头神伽尼什"。关于他的象头的来源，印度神话的一种说法是，象头神的母亲雪山神女让他守在自己浴室门口，不让他父亲湿婆进去。湿婆砍掉他的头，但为了安抚妻子雪山神女，湿婆就为他安上了一个象头。象头神在印度民间信仰中非常流行。

可以翻译为：在印度，象头神伽尼什就源自他母亲的粪便。

【例6】谈到骗子故事，原著为：

> Another version of this Trickster adventure is found in Barnouw's account of a Chippewa cycle. [3]

《西方神话学读本》译文为：

> 这种骗子经历还有一种说法，见巴诺威记载的奇佩瓦循环一文。[4]

"cycle"意为"系列故事"，民俗学中用以指围绕某个主题或人物形成

---

[1] Alan Dundes (ed.), *Sacred Narrative: Readings in the Theory of Myth*, University of California Press, 1984, p. 280.

[2] 〔美〕阿兰·邓迪斯编《西方神话学读本》，朝戈金等译，广西师范大学出版社，2006，第340页。

[3] Alan Dundes (ed.), *Sacred Narrative: Readings in the Theory of Myth*, University of California Press, 1984, p. 286.

[4] 〔美〕阿兰·邓迪斯编《西方神话学读本》，朝戈金等译，广西师范大学出版社，2006，第346页。

的整套故事。"cycle"的这个用法，在民俗学中是常识。"Chippewa"指"奇佩瓦印第安人"。

可以翻译为：在巴诺威对奇佩瓦印第安人系列故事的叙述中，可以见到这种骗子冒险的另一个说法。

与《西方神话学读本》相比，《人类学历史与理论》是一本概论性著作，涉及面虽然较广，但论述并不深入。如果译者对这个论题有些研究，就可避免译本中的绝大多数误译。

【例1】谈到应用人类学与人类学的四个分支学科的关系，原著为：

> In other words, applied anthropology may best be seen not as a separate subdiscipline, but rather as a part of each of the four fields. ①

《人类学历史与理论》译文为：

> 换句话说，应用人类学可能最好被视为四个领域中任何一个分支学科的一部分，而不是一个独立的分支学科。②

"the four fields"指前文提到的人类学的四个分支学科，即生物人类学、考古学、语言人类学、文化人类学。作者介绍说，一些人类学家认为应用人类学不应该被视为人类学之下、与这四个分支学科平行的一个分支学科，而应该被视为这四个分支学科各自的组成部分之一。所以，"a part of each of the four fields"是"四个领域中每个领域的组成部分"，即四个分支学科中都包含应用人类学。译文所谓"任何一个分支学科的一部分"，是说应用人类学属于四个分支学科中的某一个分支学科，与原意不符。

可以翻译为：换句话说，应用人类学最好不要被当作一个单独的分支学科，而应被当作四个分支学科中每个分支学科的组成部分之一。

---

① Alan Barnard, *History and Theory in Anthropology*, Cambridge University Press, 2000, p. 4.
② 〔英〕阿兰·巴纳德：《人类学历史与理论》，王建民、刘源、许丹译，广西师范大学出版社，2006，第5页。

【例2】谈到马文·哈里斯对文化的理解，原著为：

Culture, as he says, is "gene free". ①

《人类学历史与理论》译文为：

按照哈里斯的说法，文化是"自由基因"（gene free）。②

"he"（他）指马文·哈里斯。哈里斯不同意社会生物学对文化的解释。"gene free"意为"不受基因控制的，不受基因影响的"。本章已论及《当代人类学》对"culture free"的误译，可参看。

可以翻译为：如他所说，文化是"不受基因决定的"。

【例3】谈到马歇尔·萨林斯对人类学的认识，原著为：

"Within the void left by biology", as he put, "lies the whole of anthropology". ③

《人类学历史与理论》译文为：

他提出，"在生物学留下的空虚中，欺骗整个人类学"。④

"he"指马歇尔·萨林斯。"lie"是"存在"而非"欺骗"。这句话意为，在生物学无能为力的那些方面和领域，人类学能够发挥作用。

可以翻译为：如他所说："整个人类学存在于生物学留下的虚空中。"

【例4】谈到克里斯·奈特对象征文化的起源的认识，原著为：

One eccentric version of this approach is that of Chris Knight, a British anthropologist who argues that symbolic culture began with a sex strike on

---

① Alan Barnard, *History and Theory in Anthropology*, Cambridge University Press, 2000, p. 43.
② 〔英〕阿兰·巴纳德：《人类学历史与理论》，王建民、刘源、许丹译，广西师范大学出版社，2006，第46页。
③ Alan Barnard, *History and Theory in Anthropology*, Cambridge University Press, 2000, p. 43.
④ 〔英〕阿兰·巴纳德：《人类学历史与理论》，王建民、刘源、许丹译，广西师范大学出版社，2006，第46页。

the part of anatomically modern women demanding food for sex. ①

《人类学历史与理论》译文为：

　　该研究的一个古怪的版本是英国人类学家克里斯·奈特的理论。他指出，象征文化伴随着部分是解剖学上的现代妇女为性而要求食物的性冲击开始。②

"this approach"（这一方法）指"革命论思想"。革命论思想的本质是群体之间的斗争。马克思等人重视阶级斗争，克里斯·奈特等人强调性别斗争。"sex strike"是"性罢工"。"demanding food for sex"指女性要求男性用食品来换取性交。

可以翻译为：革命论思想这种研究方法中的一个怪论是英国人类学家克里斯·奈特的观点。他认为象征文化开始于解剖学意义上的现代女性一方进行的性罢工——她们要求男子用食品来换取性交。

【例5】谈到施密特的原始一神论，原著为：

He hypothesized that religion began with a primitive monotheism, derived from early humanity's knowledge of his own, one true God. ③

《人类学历史与理论》译文为：

　　他假设宗教开始于原始一神论，一神论又源自早期人类对自身的认识，即自身是唯一真实的上帝。④

原始一神论认为人们从一开始就信奉一个神，这个神就是上帝。译文

---

① Alan Barnard, *History and Theory in Anthropology*, Cambridge University Press, 2000, pp. 43 - 44.
② 〔英〕阿兰·巴纳德：《人类学历史与理论》，王建民、刘源、许丹译，广西师范大学出版社，2006，第46页。
③ Alan Barnard, *History and Theory in Anthropology*, Cambridge University Press, 2000, p. 52.
④ 〔英〕阿兰·巴纳德：《人类学历史与理论》，王建民、刘源、许丹译，广西师范大学出版社，2006，第55页。

所谓"一神论又源自早期人类对自身的认识，即自身是唯一真实的上帝"，根本不是施密特所主张的原始一神论的含义。实际上，就连现代一神论大概也并不认为"自身是唯一真实的上帝"，原始一神论更不会产生这样的认识。"knowledge of his own, one true God"意为"对他自己的、唯一真实的上帝的认识"。

可以翻译为：他假设宗教从一开头就是原始的一神论，源于早先的人对他自己的、唯一真实的上帝的认识。

【例6】谈到拉德克利夫-布朗对结构的研究，原著为：

> To Radcliffe-Brown, the concern of an anthropologist should be not with describing individual chiefs and individual subjects (as Boas might have done), but with understanding among a particular people the relationship between the typical chief and his typical subjects, …[1]

《人类学历史与理论》译文为：

> 对拉德克利夫-布朗来说，人类学家所关心的不应该是（也许像博厄斯一直做的那样）描述个体酋长或个体事物，而应该是理解特定民族中的典型酋长及其典型的事物间的关系、……[2]

"subjects"是"臣民，属民"，而不是"事物"。人类学中的结构，指的是人与人的关系，而不是人与物的关系。

可以翻译为：拉德克利夫-布朗认为，人类学家不应该关心对单个酋长和他的单个臣民的描述（博厄斯大概就会这么做），而应该关心对特定民族中典型的酋长和他的典型的臣民之间的关系的理解……

【例7】谈到道格拉斯的范式，原著为：

> It remains to be seen whether some new focus within her paradigm can

---

① Alan Barnard, *History and Theory in Anthropology*, Cambridge University Press, 2000, p. 72.
② 〔英〕阿兰·巴纳德：《人类学历史与理论》，王建民、刘源、许丹译，广西师范大学出版社，2006，第78页。

be made.①

《人类学历史与理论》译文为：

    它保留下来的意义是看看人们是否能在道格拉斯的范式里建立新的研究重点。②

"It"仅为形式主语，指代"whether"引导的从句。"remains"是"留待，尚待"。

可以翻译为：道格拉斯的范式中能否形成某些新焦点，尚待以后见分晓。

【例8】谈到文化这一概念的发展，原著为：

It arose within evolutionist theory and remained powerful right through what she sees as the three phases of anthropological thinking: the material phase (concerned with customs and traceable from Tylor to Boas), the abstract phase (concerned with patterns, e. g. , Kroeber and Kluck-hohn) , and the symbolic phase (concerned with meaning and typified by Geertz). ③

《人类学历史与理论》译文为：

    它产生于进化论理论，贯穿于她所说的人类学思想的三个方面：物质方面（有关习俗，可追溯到泰勒到博厄斯）、抽象方面（有关模式，例如：克肪伯和克拉克洪）和象征方面（有关意义，格尔茨为代表）。④

---

① Alan Barnard, *History and Theory in Anthropology*, Cambridge University Press, 2000, pp. 155 - 156.
② 〔英〕阿兰·巴纳德：《人类学历史与理论》，王建民、刘源、许丹译，广西师范大学出版社，2006，第168页。
③ Alan Barnard, *History and Theory in Anthropology*, Cambridge University Press, 2000, p.175.
④ 〔英〕阿兰·巴纳德：《人类学历史与理论》，王建民、刘源、许丹译，广西师范大学出版社，2006，第188页。

　　从前文可知，"It"（它）指"文化"这一概念。"she"（她）指意大利人类学家卡拉·帕斯奎内里（Carla Pasquinelli）。"phases"、"phase"都是"阶段"，而不是"方面"。她列举的三个阶段后标明的特点和代表人物，已经从前到后形成历史线索。《人类学历史与理论》把这个词译为"方面"，没有体现卡拉·帕斯奎内里对人类学历史的思考。"traceable from Tylor to Boas"是"从泰勒到博厄斯之间有踪可寻"。

　　可以翻译为：文化概念产生于进化论中，并在她心目中的人类学思想的三个阶段一直保持强大影响：物质阶段（关心风俗，从泰勒到博厄斯之间有踪可寻），抽象阶段（关心模式，例如，克虏伯和克拉克洪）和象征阶段（关心意义，以格尔茨为代表）。

　　吕叔湘谈翻译与"杂学"，说了多见多闻的重要性。[①] 民族学、人类学和民俗学以世界各民族的文化为研究对象，涉及内容五花八门。如果不做翻译，好些内容我们可能因缺乏兴趣而弃之不顾。然而，要做翻译，则凡是原著中出现的内容，译者都得弄明白，或者至少基本弄明白，否则翻译工作就没法进行下去。

---

① 吕叔湘：《翻译工作和"杂学"》，见罗新璋、陈应年编《翻译论集》（修订本），商务印书馆，2009，第593～597页。

# 第三章　学术翻译质量的评价标准

学术翻译的质量，从高到低，可以有多种评价。既可标明等级，也可用分数量化。判断学术翻译质量，应该兼顾内容和形式两个方面。就英译汉而言，能够用规范的汉语忠实而流畅地再现原著内容，即可视为合格译本。合格与不合格的区分，取决于误译数量及其妨碍"忠实而流畅地再现原著内容"的程度。如果以"忠实"和"流畅"为标准，当前学术著作译本大致可分为优秀译本、合格译本与不合格译本三类。

## 一　学术翻译质量评价标准的选择和确定

三国时佛经翻译家支谦《法句经序》这样介绍维祇难观点："其传经者，当令易晓，勿失厥义，是则为善。"[①] "勿失厥义"就是要完整传达原意，"易晓"就是要通顺易懂。

清末的马建忠对翻译过程和翻译结果要求非常高：

夫译之为事难矣！译之将奈何？其平日冥心钩考，必先将所译者与所以译者两国之文字深嗜笃好，字栉句比，以考彼此文字孳生之

---

① 罗新璋：《我国自成体系的翻译理论》，见罗新璋、陈应年编《翻译论集》（修订本），商务印书馆，2009，第 2 页。

源，同异之故，所有相当之实义，委屈推究，务审其音声之高下，析其字句之繁简，尽其文体之变态，及其义理精深奥折之所由然。夫如是，则一书到手，经营反覆，确知其意旨之所在，而又摹写其神情，仿佛其语气，然后心悟神解，振笔而书，译成之文，适如其所译而止，而曾无毫发出入于其间，夫而后，能使阅者所得之益，与观原文无异，是则为善译也已。①

"与观原文无异"，可谓"神似"、"化境"等翻译主张的先声，它对文学翻译或有指导意义，但以此要求学术翻译，则不现实。

前文提到，中共中央马恩列斯著作编译局校审室认为翻译必须做到两个"必须"。② 茅盾的看法与此基本一致："对于一般翻译的最低限度的要求，至少应该是用明白畅达的译文，忠实地传达原作的内容。"③ 陈允福的观点亦复如此，不过更为简明："忠实"、"通顺"是翻译的标准。④

这是 20 世纪 50 年代中期我国学者对翻译标准的主张。这个主张一定程度上也代表了政府的意见。可惜，这个主张并未在翻译实践中贯彻落实。20 世纪 50 年代，茅盾曾就文学翻译这样说：

> 某些质量不高的翻译，虽然对介绍外国文学或者也多少起了一些作用，但和优秀的原作是很不相称的；而某些质量低劣的翻译，则不但不能使读者正确地理解原作，却相反地歪曲和丑化了原作，混乱了读者的耳目，完全丧失了介绍的意义。⑤

---

① 马建忠：《拟设翻译书院议》，见罗新璋、陈应年编《翻译论集》（修订本），商务印书馆，2009，第 192 页。

② 中共中央马恩列斯著作编译局校审室：《集体译校〈斯大林全集〉第一、二两卷的一些体验》，见罗新璋、陈应年编《翻译论集》（修订本），商务印书馆，2009，第 665～666 页。

③ 茅盾：《为发展文学翻译事业和提高翻译质量而奋斗——一九五四年八月十九日在全国文学翻译工作会议上的报告（全文）》，见罗新璋、陈应年编《翻译论集》（修订本），商务印书馆，2009，第 575 页。

④ 陈允福：《我对于翻译标准的看法》，见罗新璋、陈应年编《翻译论集》（修订本），商务印书馆，2009，第 685 页。

⑤ 茅盾：《为发展文学翻译事业和提高翻译质量而奋斗——一九五四年八月十九日在全国文学翻译工作会议上的报告（全文）》，见罗新璋、陈应年编《翻译论集》（修订本），商务印书馆，2009，第 575 页。

把茅盾这段话中的"文学"二字改为"学术",用来评价现在的学术翻译,大致没有问题。直到今天,我国的学术翻译离"忠实"、"通顺"这个基本要求还差得很远。

20 世纪 70 年代,思果在其《翻译研究》序言中说:"中国近代的翻译已经有了几十年的历史,虽然名家辈出,而寡不敌众,究竟劣译的势力大,……"①

翻译境界,有"化境"、"醇境"等说法。思果认为:"一般译者能做到不错、甚至少错的'稳境',已经功德无量了。"②

"不错"就是"正确","少错"就是"基本正确"。表面看来,思果对翻译的要求似乎低了些,但看看我国最近几十年的学术翻译,能够算得上"基本正确"者其实并不占多数。

翻译本分,即译文忠实于原著,且表达通顺,这是就译者的翻译目标和翻译态度而言。翻译标准,是评价翻译本分实现程度的手段。翻译本分体现的是未然状态,翻译标准考查的是已然状态。翻译本分宣扬理想,翻译标准考查现实。简而言之,忠实于原著,且表达通顺,既是翻译活动应守的本分,也是对翻译产品进行评价的标准。

关于翻译标准,我曾经这样概括:

> 翻译标准的争论由来已久,大概永远也不可能得出一个人人赞同的结论,因为客观上说有原著体裁的不同,主观上说有翻译目的的差异。不过,就当今民族学和人类学著作的英汉翻译而言,是否忠实传达原著思想内容应该是翻译质量高低的首要评价标准。这里的忠实,至少应包括两个方面:一是正确,即正确传达原著思想内容,不曲解;二是完整,即完整传达原著思想内容,不遗漏。是否忠实之外,再看其是否流畅。所谓流畅,指译文应该是合乎当今一般用法的规范

---

① 转引自余光中《变通的艺术——思果著〈翻译研究〉读后》,见余光中《翻译乃大道》,外语教学与研究出版社,2014,第 78 页。

② 转引自余光中《变通的艺术——思果著〈翻译研究〉读后》,见余光中《翻译乃大道》,外语教学与研究出版社,2014,第 79 页。

汉语。在我国民族学和人类学翻译中，兼具忠实与流畅的译本就应该算是优秀译本了。[①]

抛开能力因素不论，译者愿守何种本分，决定其译文具有何种形态。梁启超主张：

> 凡译书者，将使人深知其意，苟其意靡失，虽取其文而删增之，颠倒之，未为害也。[②]

这是历史上曾经实行过的翻译主张。在今天看来，为了中文表达的顺畅，对原文词序做"颠倒"不仅应该，而且必要，但是"增删"不是译者的权力。不论是增添原文所无还是删减原文所有，都是僭越翻译本分的行为。其结果就是"胡译"，也就是茅盾所说的"歪译"，即歪曲了原作的翻译。[③]

## 二 译本的类别

本书以"忠实"和"流畅"为标准，将我国最近几十年的学术翻译分为三类，即优秀译本、合格译本、不合格译本。

### 1. 优秀译本的特征

最近几十年，我国的学术翻译出现了一些优秀译本。优秀译本的共同特征是：忠实传达原著内容，译文流畅；基本没有误译。

就我非常有限的阅读范围来看，《古代社会》译本代表了学术翻译所能达到的最高境界。现就其中的一段译文略作说明。

谈到部落联盟的产生，原著为：

A tendency to confederate for mutual defense would very naturally exist

---

① 谢国先：《评〈西太平洋（上）的航海者〉翻译质量——兼谈学术名著重译的基本原则》，《民族论坛》2012 年第 9 期。

② 梁启超：《论译书》，见罗新璋、陈应年编《翻译论集》（修订本），商务印书馆，2009，第 196 页。

③ 茅盾：《直译·顺译·歪译》，见罗新璋、陈应年编《翻译论集》（修订本），商务印书馆，2009，第 423~426 页。

among kindred and contiguous tribes. When the advantages of a union had been appreciated by actual experience the organization, at first a league, would gradually cement into a federal unity. The state of perpetual warfare in which they lived would quicken this natural tendency into action among such tribes as were sufficiently advanced in intelligence and in the arts of life to perceive its benefits. It would be simply a growth from a lower into a higher organization by an extension of the principle which united the gentes in a tribe. ①

《古代社会》译文为：

> 凡属有亲属关系和领土毗邻的部落，极其自然地会有一种结成联盟以便于互相保卫的倾向。这种组织起初只是一种同盟，经过实际经验认识到联合起来的优越性以后，就会逐渐凝结为一个联合的整体。因为他们生活在无休止的战争中，所以，在那些智力和生活技术的发展水平足以理解到这种联盟组织的利益的部落中，这一自然的倾向就会加速地付诸实现。这只不过是把氏族联合成部落的原则加以扩大，由低一级的组织产生出高一级的组织而已。②

原文为 4 句话，译文也是 4 句话。我们可以逐句欣赏译文。

第 1 句，原文动词用"exist"（存在），其结构为"A tendency … exist among … tribes"（一种倾向……存在于……部落中），译文结构改为"……部落有……倾向"。这种改动并未损害原意，而只是让实际的主动者（部落）在句子中的地位更为突出。

第 2 句，原文包括"When"引导的一个时间状语从句和一个主句，而从句是一个被动结构"the advantages … had been appreciated …"（优越性被

---

① Lewis Henry Morgan, *Ancient Society*, *or Researches in the Lines of Human Progress from Savagery*, *through Barbarism to Civilization*, Henry Holt and Company, 1877, p. 122.

② 〔美〕路易斯·亨利·摩尔根：《古代社会》（下），杨东莼、马雍、马巨译，商务印书馆，1983，第 120 页。

认识到），其中的主动者应是主句的主语"the organization"（组织）。译文将"the organization"作为全句主语，把时间从句和插入语"at first a league"（起初是同盟）都作为"the organization"的活动。整句话一气呵成，毫无滞碍。

第3句，译文在正确认识原文逻辑关系的基础上，用因果复句处理原文简单的句子结构"The state …would quicken this natural tendency …among such tribes as…"，并把原文的宾语"this natural tendency"用作译文主语，照应第1句的"倾向"。

第4句，译文将表示方式的"by"结构提前，把名词"a growth"（产生）和"an extension"（扩大）都译为动词，符合汉语强调动作的表达习惯。

"联盟"、"组织"、"联合的组织"、"联盟组织"等可替换术语贯穿于整段话中，指代明确，照应严密。译文意思连贯，浑然一体。

就再现原著之完整、准确和译文之流畅、流利而言，说这段译文达到了翻译的化境，亦不为过。

### 2. 合格译本的特征

合格译本的特征是：整体而言，基本忠实地传达了原著内容，译文也通顺可读，但译文中既存在明显误译，也存在疑似误译和漏译。

在我们看到的公开出版物中，译本质量再差，其中也必定有翻译正确的句子。但仅仅依靠这些翻译正确的句子，并不能实现翻译目的，即不同语言之间的交流。只有当原著中的所有句子都得到正确翻译时，读者才可能通过译本全面理解原著的内容。因此，正确的译文是翻译的常态。读者阅读译本时，首先相信它是合格的。读者，尤其是批评家，觉察或证实译本中偶有误译，并不会轻率地断定译本不合格，只有当译本中的误译达到一定数量且妨碍正确理解原著思想时，才会对译本是否合格产生疑问。

### 3. 不合格译本的特征

不合格译本的特征是：误译数量很多（或每页都有误译，或一页有多处误译）；误译和漏译导致译文内容发生重大改变；部分译文存在语法问题。

我们承认，即使是误译数量较多的译著，也将原著的大部分内容正确地翻译出来了。然而，评判翻译质量不是一个简单的算术问题。比如，以句子而论，"I love you."三个词构成一句话，如果被译成"我恨你"，恐怕不能因为译对了 2/3 的词语，就说这个翻译基本合格。又比如，以语篇而论，如有一段描述两国关系的文字共 10 句话，最后一句结论说两国终于断绝了外交关系，却译成两国继续保持外交关系。虽然这段话中前面 9 句都译对了，大概也不能说这段话翻译合格。

作为学生的翻译练习，按句评分有道理。作为公开出版物，哪怕每页仅有一处误译，也很难算是合格译本了。

优秀、合格、不合格只不过是用来对译本质量进行评价的涵盖幅度很大的标签。虽然含有量的考虑，但它们主要是质的判断。优秀与合格之间、合格与不合格之间存在过渡状态。而且，同为不合格译本，有的接近合格，有的却离合格差得很远。

# 第四章　学术翻译对译者的要求

> 译者在道德修养、语言能力、专业知识三个方面具备基本条件，才可以进行学术翻译。译者应有良好的道德修养，把学术翻译当作一件严肃的工作来完成；译者应具备较好的语言能力，能够较为自如地使用原语和译语；译者应掌握必要的专业知识，能够妥善解决原著中涉及的专业问题。这三个方面缺一不可。

学术翻译对译者有什么要求？或者说，从事学术翻译的译者应该具备什么条件？换句话说，什么人有资格进行学术翻译？

这是一个看似很好回答的问题。从学术角度看，凡是具备学术翻译能力的人，都可以进行学术翻译。如果进一步深究，问题就是：怎样算是具备了学术翻译能力？

2003 年，我国有关部门开始主持翻译专业资格（水平）考试。到 2013 年，获得证书者 3.6 万人。① 但它跟中国学术翻译似乎并无直接联系。我所看到的学术翻译著作，大概并不是由获得翻译专业资格（水平）考试合格证的人翻译出来的。就当今我国的学术翻译而言，还不能指望用翻

---

① 《全国翻译专业资格（水平）考试十周年回顾与展望》，见 http://v.china.com.cn/2013-12/17/content_30918631.htm.

译专业资格（水平）考试合格证来为译本的质量把关。没有获得机动车驾驶证的人驾驶机动车属违法行为，但没有获得翻译专业资格（水平）考试合格证的人从事翻译，却不违法。从这个意义上说，翻译专业资格（水平）考试合格证缺乏法律效力。没有获得高校教师资格证的人不能在高校任教，但没有获得翻译专业资格（水平）考试合格证的人却可以从事学术翻译。从这个意义上说，翻译专业资格（水平）考试合格证缺乏行政效力。

既然不存在学术翻译资格的硬性法规，我们就只好宽泛地、原则性地讨论学术翻译对译者的要求。

2011 年，李醒民发表《论译者的资质》一文，指出译者应该具备的四项资质：一是外文驾轻就熟；二是中文功底厚实；三是具备专业知识；四是做过相关研究。

李醒民认为："出版社只要综合这些标准遴选有资质的译者，高质量的译文和译著肯定是有保证的，从而惠及学界，而不至于误人子弟。这是从事翻译工作最起码的一项资质。"①

这里有一点值得注意，即李醒民所谈译者在语言能力和专业知识方面的能力只是"从事翻译工作最起码的一项资质"。换句话说，仅仅具备上述能力还不足以保证能够做好翻译工作。

我国现在处于一个比较特殊的时代。较之改革开放前，社会主义市场经济体制逐步确立，人们的思想观念发生了极大变化。作为当代社会活动的一部分，我国的学术翻译行为自然不免受到社会风气的影响。译作数量巨大而质量普遍较低，胡译乃至伪译（抄袭）现象层出不穷。要想改变这种现状，仅在语言能力和专业知识两方面对译者提出要求就不够了。

市场经济时代，译本理应具备商品性质。商品的合法性必须以合格质量做保证。因此，我国的学术翻译对译者的要求应该包含职业道德和产品法方面的内容。

---

① 李醒民：《译者的资质》，《光明日报》2011 年 9 月 20 日第 11 版。

综合已有研究，我认为学术论著的翻译者应该符合以下三个方面的条件：一是良好的道德修养，二是较好的语言能力，三是较强的专业知识。现分述如下。

# 一　良好的道德修养

学术翻译要求译者具备良好的道德修养，并非要求他充当一个道德上的完人乃至圣徒，只是要求他能够作为一个正直、诚实的社会公民去认识和完成翻译工作。

## 1. 正确处理目的与手段的关系

学术翻译是为生产译本而进行的一种学术活动，而译本是一种商品。所以，学术翻译是一种可能实现名利双收的活动。

译者为了纯粹的学术目的从事学术翻译，固然值得褒扬；译者为获得名利而从事学术翻译，也无可厚非。但是，不论译者的翻译目的是什么，他都必须以合法手段达到目的。也就是说，他的翻译活动所形成的译本必须是合格产品。

提供质量合格的译本是译者实现其个人目的的唯一正确的手段。作为消费者，读者可以不关心译者的翻译目的，但一定会关心译本质量。译者必须以商品生产者的身份，向消费者承诺生产合格产品。这是一种道德要求，也是产品质量法的要求。

学术翻译的合格译本，是忠实于原著且语言流畅的译本。我国目前并未普遍地、严格地实行学术著作译本出版前的质量认证制度，所以产生了一些翻译质量低下的译本。因为缺乏系统、全面而持久的翻译批评，所以已经上市的劣质译本也极少被公开通报并召回。前些年有人将"Chiang Kai-shek"（蒋介石）译为"常凯申"，导致该书被召回，但这类例子很罕见。

## 2. 正确处理译者与作者、读者的关系

译者是作者与读者之间的传达者、沟通者。译者必须严守译者的本分：译者是作者思想的再现者而非自己思想的表现者；译者的职责是把作者的思想忠实地传达给读者。在作者、译者和读者三者中，译者占有某种优势地

位：在作者思想进入读者头脑的过程中，是译本而非原著在发挥作用，所以译者的翻译活动是这种信息交流得以实现的前提条件。因为不是在直接跟读者交流而要借助译者，所以作者很容易被误解，而读者也很容易被误导。对作者，译者应该怀有必要的敬意，不要曲解他们的思想；对读者，译者应该抱有基本的同情，不要误导他们。① 至于翻译过程中的增添和删减，更是超出了译者的权限。因粗心而造成的漏译，同样应该尽量避免。

**3. 译者必须诚实**

学术研究的目的是探求真理。学术翻译要保持原著真相。译者应该把原著的内容传达给读者。原著的内容是一种客观存在，译者的主观理解必须与这种客观存在相符合。译者的主观认识如果与原著的客观存在不相符，就会出现矛盾。译者要勇于正视这类矛盾并设法解决，而不可放任矛盾的存在，编造译文，自欺欺人。如果译者不能解决这些矛盾，就应该坦率承认自己缺乏必要的翻译能力，放弃翻译工作，不以劣质译本沽名钓誉、谋财取利。这一要求看似简单，实则难以做到。在各种利益诱惑或压力驱使下，许多根本不具备翻译能力的人参与到翻译事业中，生产出大量劣质译本。

# 二 较好的语言能力

学术翻译要求译者具备较好的语言能力。这里的语言包括译语和原语。就我国学术翻译，尤其是外译中而言，译者首先应该具备较好的汉语能力。有人认为，以汉语为母语的人，只要外文学得好就可以做翻译，这是错误的认识。余光中曾说：

> 我教翻译多年，往往，面对英文中译的练习，表面上是在批改翻译，实际上主要是在批改作文。把"我的手已经丧失了它们的灵活性"改成"我的两手都不灵了"，不是在改翻译，而是在改中文。②

---

① 谢国先：《中国人类学应该进入后翻译时代》，见谢国先《人类学翻译批评初编》，世界图书出版公司，2013，第4页。

② 余光中：《哀中文之式微》，见《翻译乃大道》，外语教学与研究出版社，2014，第107页。

学生如此，其他人的情形如何呢？余光中说：

> 我国批评文体的生硬，和翻译文体的别扭，可以说大半起因于外文这一行的食洋不化和中文不济。[①]

其实，不光是外文一行的人可能"中文不济"。中国学术期刊中半通不通的文句，多半并不是学外文的人写出来的。中文水平不高的中国人，大有人在。这样的中国人生产的译本，当然不可能有多高的质量。

翻译是用译文将原文的思想忠实传达出来，所以译者首先必须透彻理解原文。对原文的理解，主要包括词语和句子结构两方面。朱光潜曾经这样分析翻译错误：

> 翻译上的错误不外两种，不是上文所说的字义的误解，就是语句的文法组织没有弄清楚。这两种错误第一种比较难免，因为文字意义的彻底了解需要长久的深广的修养，多读书，多写作，多思考，才可以达到；至于语句文法组织有一定规律可循，只要找一部较可靠的文法把它懂透记熟，一切就可迎刃而解，所以翻译在文法组织上的错误是不可原恕的，但是最常见的错误也起于文法上的忽略。[②]

现在的情形与朱光潜那个时代也许有所不同。就我个人观察，现在翻译中的词语误译跟结构误解同样严重。因为误解词语含义而导致的误译显得过于简单，所以我在翻译批评实践中有时觉得，指出这些低级误译本身都显得无聊。

译语和原语能力，哪一方面更重要？这个问题恐怕没有普遍适用的答案。译语和原语能力都必须达到自如运用的水平，翻译质量才有最起码的保障。吕叔湘曾说：

---

① 余光中：《外文系这一行》，见《翻译乃大道》，外语教学与研究出版社，2014，第60～61页。

② 朱光潜：《谈翻译》，见罗新璋、陈应年编《翻译论集》，商务印书馆，2009，第535页。

要做好翻译工作……必得对于原文有彻底的了解，同时对于运用本国语文有充分的把握（我不把学科内容算进去，因为，一、那是不成问题的先决条件，二、文学作品和一般性的论文很难规定它的学科内容）。这两个条件的比重，该是前者七而后者三，虽然按现在的一部分译品来说，似乎应该掉个过儿。①

吕叔湘说原语能力比译语能力更重要，但他所谓"掉个过儿"的说法表明，部分译者的译语能力有待提高。本书中列举的许多误译实例表明，一些译者的汉语运用能力确实比较差。

# 三　较强的专业知识

上述引文中，吕叔湘说"学科内容"是翻译的先决条件，不必讨论。这话很有道理。但是，因为我们谈论的是学术翻译，也因为现在我国有很多无知无畏的学术著作翻译者，所以，我还是要把掌握较强的专业知识当作合格译者所必须具备的一个条件明确地说出来。

良好的道德修养、较好的语言能力和较强的专业知识是对学术翻译者的总体要求，缺一不可。学术翻译中的误译，除了一些偶然错误之外，都可以在上述三个方面找到原因。

现以《世界民间故事分类学》为例来分析，读者可以从例子中看到译文离原文的距离究竟有多远。

【例1】谈到印度民间故事与欧洲和近东民间故事的关系，原著为：

While this conclusion does not any longer seem convincing in its entirety, there can be little doubt that India has furnished rather more than its share to the great common stock of tales known in Europe and the Near East. ②

---

① 吕叔湘：《翻译工作和"杂学"》，见罗新璋、陈应年编《翻译论集》，商务印书馆，2009，第593页。

② Stith Thompson, *The Folktale*, Holt, Rhinehart and Winston, 1947, p. 16.

《世界民间故事分类学》译文为：

当这种论断似乎不再有完满的说服力时，印度更多地供给了而非分享了欧洲及近东故事的共同根系，对此可能很少有怀疑。[①]

"this conclusion" 指 "印度是欧洲民间故事的发源地" 这一结论。"share" 是名词 "份额" 而非动词 "分享"。

可以翻译为：这个结论总体而言似不再有说服力，但印度对欧洲和近东熟知的共同而巨大的故事库存的贡献远远多于它应该贡献的份额，则是没有多少疑问的。

【例2】谈到民间生活中活人怕死人，原著为：

This fact is shown by scores of world-wide practices designed to keep the dead from coming forth from their graves and molesting the living. [②]

《世界民间故事分类学》译文为：

这件事实显示于遍及世界的实际情形，生者安排着保留死亡的痕迹，而死者从坟墓里骚扰着人生。[③]

"This fact" 指全世界都对死人心存恐惧这个事实。"keep … from …" 意为 "阻止……做……"。"the living" 指 "活着的人，生者"。

可以翻译为：全世界用以阻止死人从坟里出来骚扰活人的大量做法，证明活人怕死人这一事实。

【例3】谈到一则民间故事的分布，原著为：

Such is the tale of the man who is to belong to the devil as soon as he

---

① 〔美〕斯蒂·汤普森：《世界民间故事分类学》，郑海等译，郑凡译校，上海文艺出版社，1991，第17页。
② Stith Thompson, *The Folktale*, Holt, Rhinehart and Winston, 1947, p.40.
③ 〔美〕斯蒂·汤普森：《世界民间故事分类学》，郑海等译，郑凡译校，上海文艺出版社，1991，第49页。

has sold all his goods, but if he has any goods that no one will buy he is to go free. ①

《世界民间故事分类学》译文为：

> 有这样一个故事，魔鬼与一个人订约：人只要他卖掉自己及所有货物，他就将属于魔鬼。然而，不论他卖什么货，都没有一个人会来买行走自由的他本人。②

"Such" 指前句所说故事分布情况。

可以翻译为：关于下面这个男人的故事，分布情况就是这样。故事说，一旦该男子卖光所有货物，他就将属于魔鬼；但是，如果他还有什么东西没人愿意买，他就可以享受自由。

【例4】谈到《铁匠与死神》故事，原著为：

He therefore goes to heaven, but he is unknown there and is refused admittance. But he gets permission to throw his knapsack inside and the knapsack pulls him after it. ③

《世界民间故事分类学》译文为：

> 于是他来到天国，奇怪的是在这里他也被拒绝入内。原来背包拖了他的后腿，他扔掉背包才获得了许可。④

原文涉及的故事细节被误译。魔法背包的神奇之处是它可以把人带走，但这个特点在译文中毫无体现。

可以翻译为：于是他去天堂，但那儿没人认识他，也不让他进去。好

---

① Stith Thompson, *The Folktale*, Holt, Rhinehart and Winston, 1947, p. 44.
② 〔美〕斯蒂·汤普森：《世界民间故事分类学》，郑海等译，郑凡译校，上海文艺出版社，1991，第53页。
③ Stith Thompson, *The Folktale*, Holt, Rhinehart and Winston, 1947, p. 45.
④ 〔美〕斯蒂·汤普森：《世界民间故事分类学》，郑海等译，郑凡译校，上海文艺出版社，1991，第55页。

在他可以把背包扔进去，结果背包把他拖在后面带进去了。

【例5】谈到《无手少女》，原著为：

Whether she is abandoned in the woods or on the sea, she is observed by a king…①

《世界民间故事分类学》译文为：

不论她被拘于森林或海洋，她受到了国王的尊重……②

"is abandoned" 意为 "被抛弃"。"is observed" 意为 "被看见"。

可以翻译为：无论她被遗弃在森林里或是海洋上，她都被一个国王看见了……

【例6】谈到上帝的公正一类主题，原著为：

The Estonians and Finns tell a story of a cruel rich man who has to serve as the devil's horse (Type 761). ③

《世界民间故事分类学》译文为：

《爱沙尼亚人和芬兰人》故事（类型761），讲一个为富不仁者死后变成供恶鬼役使的马，……④

"The Estonians and Finns" 是两个民族的名称而不是一则故事的名称。这一点，仅从动词 "tell" 的复数形式上就可以看出来。

可以翻译为：爱沙尼亚人和芬兰人讲述一个残忍的富人的故事（类型761）。这个富人不得不给魔鬼当马。

---

① Stith Thompson, *The Folktale*, Holt, Rhinehart and Winston, 1947, p. 120.
② 〔美〕斯蒂·汤普森：《世界民间故事分类学》，郑海等译，郑凡译校，上海文艺出版社，1991，第144页。
③ Stith Thompson, *The Folktale*, Holt, Rhinehart and Winston, 1947, p. 131.
④ 〔美〕斯蒂·汤普森：《世界民间故事分类学》，郑海等译，郑凡译校，上海文艺出版社，1991，第156页。

【例7】谈到《幸运衬衣》一类故事，原著为：

The only man who admits that he is lucky is so poor that he has no shirt. ①

《世界民间故事分类学》译文为：

只有一人认为他既幸福又可怜，因为衬衣不是他的。②

国王要穿上自认为幸运的男人所穿的衬衣，才会感到幸运。大臣好不容易找到这样一位男人，但他根本就没有穿衬衣。"poor"意为"贫穷"。

可以翻译为：唯一那个承认自己幸运的男人太穷了，没有穿衬衣。

【例8】谈到一则谜语故事的谜面，原著为：

Other riddles are sometimes substituted, particularly that of the murdered lover and of the unborn. The first of these is generally given：With what thinks, I drink; what sees, I carry; with what eats, I walk. ③

《世界民间故事分类学》译文为：

其他文本有时以别的事物，特别是以被害的亲人和未出生的婴儿来替代组谜。首先这些谜面一般是：我饮酒时用什么思索；我带走时，看什么；用什么吃食，我一边走。④

"The first of these"指"that of the murdered lover and of the unborn"（被谋杀者以及未出生者）中的第一种，即关于被谋杀的情人的谜语。第一个"With"后有2个"what＋动词"构成的名词性短语，第二个"with"

① Stith Thompson, *The Folktale*, Holt, Rhinehart and Winston, 1947, p. 143.
② 〔美〕斯蒂·汤普森：《世界民间故事分类学》，郑海等译，郑凡译校，上海文艺出版社，1991，第170页。
③ Stith Thompson, *The Folktale*, Holt, Rhinehart and Winston, 1947, p. 156.
④ 〔美〕斯蒂·汤普森：《世界民间故事分类学》，郑海等译，郑凡译校，上海文艺出版社，1991，第185页。

后带 1 个同样结构的名词性短语。"With what thinks, I drink" 意为 "我用会思考的东西（器官）来喝（水）"，"（With）what sees, I carry" 意为 "我把会看的东西（器官）戴在手上"，"with what eats, I walk" 意为 "我用会吃的东西（器官）走路"（谜底是：王后用被谋杀的情人的头颅当杯子，用他的一只眼睛做戒指，王后靴子上还有情人的两枚牙齿）。顺便指出，"lover" 是 "情人" 而非 "亲人"。

可以翻译为：有时则代之以其他谜语，特别是关于被谋杀的情人和未生出的胎儿的谜语。其中的第一种谜语通常是：我用会想的来喝水；我把会看的戴在手上；我用会吃的来走路。

【例9】论及口头文本与书面文本的关系，原著为：

> It is not always easy to tell when a story belongs primarily to oral tradition and frequently the problem of priority is quite unsolvable. ①

《世界民间故事分类学》译文为：

> 不能总是简单地说，一个故事开初属于口头传述以及经常保持口传的优越性是远未解决的问题。②

"and" 连接两个并列的句子。"It" 这个形式主语引导的仅仅是 "and" 前面的内容。"tell" 意为 "分辨、识别"。

可以翻译为：要识别一个故事何时主要算是口头传统，这并不总是一件容易的事情，而且，口头与书面孰先孰后这一问题常常是根本无法解决的。

【例10】谈到地主与帮工的故事，原著为：

> When he angers them, they pronounce a curse, "May the grass grow up again." ③

---

① Stith Thompson, *The Folktale*, Holt, Rhinehart and Winston, 1947, p. 180.
② 〔美〕斯蒂·汤普森:《世界民间故事分类学》，郑海等译，郑凡译校，上海文艺出版社，1991，第 212～213 页。
③ Stith Thompson, *The Folktale*, Holt, Rhinehart and Winston, 1947, p. 207.

《世界民间故事分类学》译文为：

> 主人对他们的行为感到很气愤，他们诅咒说"可能是草重新又长出来了"。①

"anger"意为"激怒"。"May"表示希望、祝愿，而非可能性。前文说帮工没割草就回家，然后有这句话。原文下一句话中的"May"同样表示希望、祝愿，仍被误译为"可能"。

可以翻译为：地主惹帮工们生气了。他们诅咒说："但愿草再长起来。"

上述 10 例是按其在书中出现的先后顺序排列的，第 10 例出现在译本第 247 页。该译本共 553 页，类似误译例子还有很多，限于篇幅，不能再举。

同样，《萨摩亚人的成年》也不乏误译，现略举数例加以说明。

【例 1】博厄斯在《序言》中说：

> We learn about inventions, household economy, family and political organization, and religious beliefs and practices. ②

《萨摩亚人的成年》译文为：

> 我们对原始人的创造发明、家庭经济、家庭和政治组织，以及宗教信仰和生产实践都进行了研究。③

"practices"（活动）与"beliefs"（信仰）同为定语"religious"（宗教的）的中心词。"religious practices"意为"宗教活动"。

可以翻译为：我们对原始人的创造发明、家庭经济、家庭和政治组

---

① 〔美〕斯蒂·汤普森：《世界民间故事分类学》，郑海等译，郑凡译校，上海文艺出版社，1991，第 247 页。
② Margaret Mead, *Coming of Age in Samoa: A Psychological Study of Primitive Youth for Western Civilization*, William Morrow & Company, 1972, p. ix.
③ 〔美〕玛格丽特·米德：《萨摩亚人的成年——为西方文明所作的原始人类的青年心理研究》，周晓虹、李姚军、刘婧译，商务印书馆，2008，第 11 页。

织，以及宗教信仰和宗教活动都有了解。

【例2】谈到萨摩亚人亲属之间的关系，原著为：

Any small children who are missing when night falls, are simply "sought among their kinsfolk," …①

《萨摩亚人的成年》译文为：

不管是哪家的孩子，在天黑的时候还没有回家的话，亲属们都会帮着寻找，……②

原文说到亲戚家找天黑后未回家的小孩，没说亲戚帮忙寻找小孩。

可以翻译为：天黑后未见小孩，只消"到他们的亲戚那儿去找"……

【例3】谈到萨摩亚人的互助美德，原著为：

No definite repayment is made at the time such services are given, except in the case of the distribution of food to all those who share in a family enterprise. ③

《萨摩亚人的成年》译文为：

除非将食物分配给了所有参与家庭事务的人，否则人们在给予各种帮助时是从不认真论及今后的偿还的。④

"such services"（这类服务）指前文所说人力物力等帮助。"except"意为"除了……之外"，而不是"除非"。"a family enterprise" 意为"家庭

---

① Margaret Mead, *Coming of Age in Samoa: A Psychological Study of Primitive Youth for Western Civilization*, William Morrow & Company, 1972, p.32.

② 〔美〕玛格丽特·米德：《萨摩亚人的成年——为西方文明所作的原始人类的青年心理研究》，周晓虹、李姚军、刘婧译，商务印书馆，2008，第43页。

③ Margaret Mead, *Coming of Age in Samoa: A Psychological Study of Primitive Youth for Western Civilization*, William Morrow & Company, 1972, p.35.

④ 〔美〕玛格丽特·米德：《萨摩亚人的成年——为西方文明所作的原始人类的青年心理研究》，周晓虹、李姚军、刘婧译，商务印书馆，2008，第46页。

大事"。"at the time such services are given"意为"提供这类帮助之时"。译文"今后的"于原文无据。

按照《萨摩亚人的成年》译文的逻辑，可以得出如下推论：

除非分配了食物，否则不论及偿还；

只有分配了食物，才论及偿还。

但这种推论跟原文的含义刚好相反。出现这种矛盾的原因，在于译者错用了"除非……否则"这个结构。

可以翻译为：受助者除了向帮他完成家庭大事的众人分配食物外，在接受这类服务和帮助时他并不立即做出明确回报。

【例4】谈到少女的经期生活，原著为：

> But she need retire to no special house; she need not eat alone; there is no contamination in her touch or look.[1]

《萨摩亚人的成年》译文为：

> 月经期间，她不必到特定的住处休息，不必单独吃饭，但不能接触也不能看任何污浊的东西。[2]

前句说萨摩亚姑娘有少量的经期禁忌。原文以"But"开头，转换话题，用三句话谈她们在经期并不受限制的一些情况。译文仅用"But"修饰最后一句话，毫无道理。"contamination"指精神意义和宗教意义的污染。"there is no contamination"意为"不存在污染"。

可以翻译为：但是，她不必退避到特殊房屋里去；不必独自吃东西；她手之所触或眼之所见都不会造成污染。

【例5】谈到萨摩亚人的同性恋，原著为：

> Where heterosexual relationships were so casual, so shallowly channeled,

---

① Margaret Mead, *Coming of Age in Samoa: A Psychological Study of Primitive Youth for Western Civilization*, William Morrow & Company, 1972, p. 60.

② 〔美〕玛格丽特·米德：《萨摩亚人的成年——为西方文明所作的原始人类的青年心理研究》，周晓虹、李姚军、刘婧译，商务印书馆，2008，第66页。

there was no pattern into which homosexual relationships could fall. ①

《萨摩亚人的成年》译文为：

> 在那种异性关系如此随便，几乎不加以规范的情况下，对同性关系是没有任何制约可言的。②

"pattern"意为"模式"，"fall into a pattern"意为"归属于一种模式"。作者米德认为，同性恋是因为异性恋受到限制而产生的。尽管米德的这种认识可能并不正确，但原文要表达的就是这个含义。

可以翻译为：在异性恋关系如此随便、管束得如此松懈的地方，同性恋关系就形不成什么类型。

【例6】谈到一家姐妹二人的差异，原著为：

> Sami, the docile sister, had been saddled with the care of the younger children; Lola, harder to control, was given no such saving responsibility. ③

《萨摩亚人的成年》译文为：

> 她那温存的莎密大姐又担负着照料婴儿的重任，无暇顾及也没有责任来挽救这位桀骜不驯的妹妹。④

"such saving responsibility"意为"这类起挽救作用的职责"，指的是照顾小孩等家务事。原文两句话，均为被动语态，分说姐妹二人是否承担家务。

---

① Margaret Mead, *Coming of Age in Samoa: A Psychological Study of Primitive Youth for Western Civilization*, William Morrow & Company, 1972, p. 111.

② 〔美〕玛格丽特·米德：《萨摩亚人的成年——为西方文明所作的原始人类的青年心理研究》，周晓虹、李姚军、刘婧译，商务印书馆，2008，第105页。

③ Margaret Mead, *Coming of Age in Samoa: A Psychological Study of Primitive Youth for Western Civilization*, William Morrow & Company, 1972, p. 135.

④ 〔美〕玛格丽特·米德：《萨摩亚人的成年——为西方文明所作的原始人类的青年心理研究》，周晓虹、李姚军、刘婧译，商务印书馆，2008，第124页。

可以翻译为：听话的姐姐萨米被安排了照顾年幼小孩的任务；不服管教的罗拉则没有被安排承担这类对她起挽救作用的职责。

【例7】谈到萨摩亚人社会，原著为：

Samoa's lack of difficult situations, of conflicting choice, of situations in which fear or pain or anxiety are sharpened to a knife edge will probably account for a large part of the absence of psychological maladjustment. [①]

《萨摩亚人的成年》译文为：

在萨摩亚，我们见不到上述种种令人困惑的情形。这里不存在互相冲突的选择，也不存在任何非刀枪相见不得解决的激烈的恐惧、痛楚或忧愁；这一切都在很大程度上解释了为什么他们不存在心理上的不良顺应。[②]

原文结构为"lack…will…account for…"（缺乏……解释……）。"to a knife edge"意为"到非常微妙的程度"。译文所谓"非刀枪相见不得解决"属望文生义，而此类看似流畅的译文很容易误导读者。

可以翻译为：萨摩亚无困境，无两难选择，无恐惧、痛苦或焦虑被加剧到极点的种种情形，这些多半可以解释那里为何不存在心理失调。

【例8】谈到自由的性行为的社会影响，原著为：

The acceptance of such an attitude without in any way accepting promiscuity would go a long way towards solving many marital impasses and emptying our park benches and our houses of prostitution. [③]

《萨摩亚人的成年》译文为：

---

① Margaret Mead, *Coming of Age in Samoa: A Psychological Study of Primitive Youth for Western Civilization*, William Morrow & Company, 1972, p. 155.
② 〔美〕玛格丽特·米德：《萨摩亚人的成年——为西方文明所作的原始人类的青年心理研究》，周晓虹、李姚军、刘婧译，商务印书馆，2008，第140页。
③ Margaret Mead, *Coming of Age in Samoa: A Psychological Study of Primitive Youth for Western Civilization*, William Morrow & Company, 1972, p. 167.

　　但是，如果我们仅仅接受这样一种态度，而不愿对男女混交方式有任何程度的接受，那么，要想解决许多陷入僵局的婚姻，减少靠公园冷板凳度夜待晓、到妓院排忧消愁的人，依然是非常困难的。①

　　"such an attitude" 指萨摩亚人对性的开放态度。"promiscuity" 意为"性乱"。"solving"（解决）与 "empting"（消除）并列。"empting our park benches and houses of prostitution" 意为"消除公园长凳上和家里的卖淫行为。"

　　可以翻译为：接受性开放态度却一点也不接受随意的性行为，将难以破解许许多多的婚姻僵局，也难以消除公园长凳上和家里的卖淫行为。

　　【例9】谈到美国的儿童教育，原著为：

　　One solution was to allow a sufficiently long time to each educational step so that all but the mentally defective could succeed，…②

　　《萨摩亚人的成年》译文为：

　　前一种解决方法是在每一个教学阶段中允许有足够长的时间，以便仅仅使那些在智力上有缺陷的孩子能够得以成功；……③

　　仅就汉语的表达逻辑而言，译文就讲不通。"all but" 意为"除了……都"。

　　可以翻译为：一个解决办法是给每个教学阶段都安排足够长的时间，这样可以保证除智障者之外的所有儿童都能取得成功。

① 〔美〕玛格丽特·米德：《萨摩亚人的成年——为西方文明所作的原始人类的青年心理研究》，周晓虹、李姚军、刘婧译，商务印书馆，2008，第149页。
② Margaret Mead, *Coming of Age in Samoa*：*A Psychological Study of Primitive Youth for Western Civilization*，William Morrow & Company，1972，p.168.
③ 〔美〕玛格丽特·米德：《萨摩亚人的成年——为西方文明所作的原始人类的青年心理研究》，周晓虹、李姚军、刘婧译，商务印书馆，2008，第150页。

【例10】谈到一张图片的内容，原著为：

A Samoan girl sitting on a log eating a small live fish which a boy, garlanded and stretched on the ground at her feet, had given her. ①

《萨摩亚人的成年》译文为：

一个萨摩亚姑娘坐在原木上，正吃着一条一个男孩子给她的小活鱼，她头上戴着花环，脚长长地伸向前面。②

"garlanded and stretched on the ground at her feet" 意为"戴着花环，身体舒展地躺在小姑娘脚边的地上"。这一描述插入在从句的主语（a boy）和谓语（had given）之间，是对男孩的描述，照理说不可能理解为是对主句主语"A Samoan girl"（一个萨摩亚姑娘）的描述。但译者偏偏就这样理解。

可以翻译为：一位萨摩亚姑娘坐在木头上，吃男孩刚才给她的一条小活鱼；这位男孩戴着花环、身体舒展地躺小姑娘脚边的地上。

这10个例子可以说明，《萨摩亚人的成年》的译者并没有真正理解原著的思想。究其原因，可能是译者能力或态度有问题，也可能译者能力和态度都有问题。

《西方神话学读本》是一本论文集，由多位译者译成。译本中形形色色的误译证明译者在语言能力和专业知识方面准备不够。现略举数例加以说明。

【例1】谈到民俗学家对其他专业的学者滥用神话一词的态度，原著为：

Nothing infuriates a folklorist more than to hear a colleague from an anthropology or literature department use the word *myth* loosely to refer to any-

---

① Margaret Mead, *Coming of Age in Samoa: A Psychological Study of Primitive Youth for Western Civilization*, William Morrow & Company, 1972, p. 222.

② 〔美〕玛格丽特·米德：《萨摩亚人的成年——为西方文明所作的原始人类的青年心理研究》，周晓虹、李姚军、刘婧译，商务印书馆，2008，第193页。

thing from an obviously erroneous statement to an alleged "archetypal" theme underlying a modern novel or poem. ①

《西方神话学读本》译文为：

> 没有什么比一位民俗学家听到他的人类学或文学的同事，由于宣称神话是现代小说或诗歌中的"原型的"主题这一显而易见的表述错误，而把"神话"这个词运用到任意事情上去，更让他感到愤怒的了。②

"anything from … to …"意为"从……到……的任何事物"，"from … to …"举例说明"anything"的范围，不表示"由于"。

可以翻译为：人类学系或文学系的同事随意使用神话一词去表示从明显错误的说法到现代小说或诗歌中隐含的所谓"原型"主题等任何事物，没有什么比听到这类用法更让民俗学家愤怒的事情了。

【例2】谈到散文叙事作品的分类，原著为：

> It may be objected that this is a subjective judgment based on the opinions of informants rather than on objective fact，but it is no more subjective than the distinction between sacred and secular，and in practice it may be even easier to establish. ③

《西方神话学读本》译文为：

> 这样说或许客观一些：这是个主观性判断，它建立在报告者（informants）的观念上，并非建立在客观事实上。没有比神圣的与世俗的之间的区分更为主观的了，也许在实践中才更容易确定。④

---

① Alan Dundes（ed.），*Sacred Narrative：Readings in the Theory of Myth*，University of California Press，1984，p. 5.

② 〔美〕阿兰·邓迪斯编《西方神话学读本》，朝戈金等译，广西师范大学出版社，2006，第 5 页。

③ Alan Dundes（ed.），*Sacred Narrative：Readings in the Theory of Myth*，University of California Press，1984，p. 12.

④ 〔美〕阿兰·邓迪斯编《西方神话学读本》，朝戈金等译，广西师范大学出版社，2006，第 14 页。

"It may be objected that…" 意为 "可以反驳说……"，其中的 "It" 是形式主语。"this" 指前文所说事实与虚构之间的区分。"but" 以后的两个 "it" 代替 "this"，指事实与虚构之间的区分。"no more … than" 表示 "同……一样不"。

可以翻译为：可以反驳说，这一区分基于报告人的主观判断而非基于客观事实，但是，这一区分与神圣与世俗之间的区分都不主观，在实践中这一区分甚至更容易建立起来。

【例3】继续讨论散文叙事作品的分类，原著为：

> …It goes without saying that in this way unnecessary difficulties are created …①

《西方神话学读本》译文为：

> 这是由于没有指出这一方法制造了不必要的困难。②

"It" 仅仅是形式主语。"go without saying" 意为 "不言而喻，不用说"。可以翻译为：不言而喻，这样一来就会造成不必要的困难。

【例4】谈到北美印第安人对散文叙事作品的分类，原著为：

> Similarly in North America，the Mandan, Hidatsa, and Arikara "recognize three classes of storytelling which approximate very nearly to the myth，legend，and tale［i. e.，folktale］of Malinowski"．③

《西方神话学读本》译文为：

> 同样，在北美，曼丹人、希达察人和阿里卡拉人 "认为这三种故

---

① Alan Dundes （ed. ），*Sacred Narrative：Readings in the Theory of Myth*，University of California Press，1984，p. 14.

② 〔美〕阿兰·邓迪斯编《西方神话学读本》，朝戈金等译，广西师范大学出版社，2006，第16页。

③ Alan Dundes （ed. ），*Sacred Narrative：Readings in the Theory of Myth*，University of California Press，1984，p. 15.

事讲述类型与马林诺夫斯基所说的神话、传说和故事（即民间故事）非常接近"。①

仅推敲译文而不必看原文就会发现，译文根本讲不通：北美印第安人怎么会"认为这三种故事讲述类型与马林诺夫斯基所说的神话、传说和故事（即民间故事）非常接近"？他们了解马林诺夫斯基对神话、传说和故事（即民间故事）的分类吗？

"recognize"是"认识到，识别出"。"which"之后的内容是其他民俗学家的判断，而不是三个北美民族的看法。

可以翻译为：同样，北美的曼丹人、希达察人和阿里卡拉人认识到"故事讲述活动的三种类型"，而"这三种类型非常接近于马林诺夫斯基所说的神话、传说和故事（即民间故事）"。

【例5】谈到野蛮人的精神追求，原著引用马林诺夫斯基的话说：

> From my own study of living myths among savages, I should say that primitive man has to a very limited extent the purely artistic or scientific interest innature；…②

《西方神话学读本》译文为：

> 通过我个人对野蛮人生命神话的研究，我应当说原始人对自然的纯粹艺术的和科学的兴趣，只有极其有限的程度。③

"living myths"在神话学中是一个非常重要的概念，表示仍然流传在人们口耳之间并且继续在现实中发挥作用的那些神话，故可译为"活态神话"。它与仅仅记载于书面的僵死的神话形成对照。《西方神话学读本》第

---

① 〔美〕阿兰·邓迪斯编《西方神话学读本》，朝戈金等译，广西师范大学出版社，2006，第17页。

② Alan Dundes（ed.），*Sacred Narrative：Readings in the Theory of Myth*，University of California Press，1984，p.37.

③ 〔美〕阿兰·邓迪斯编《西方神话学读本》，朝戈金等译，广西师范大学出版社，2006，第47页。

241 页将之译为"还在流传的神话",亦可取。活态神话这一概念从 20 世纪 80 年代起在中国民俗学界渐受关注,既有学者讨论活态神话概念①,也有学者出版以活态神话为题的专著②。

可以翻译为:根据我自己对野蛮人活态神话的研究,可以说原始人对于从纯艺术或纯科学的角度看待自然,不怎么感兴趣;……

【例6】谈到神话结构理论,原著为:

The structure of myths may be analysed from a syntagmatic or paradigmatic angle, for example. ③

《西方神话学读本》译文为:

例如,可以从一种结构段的(syntagmatic)或者例证的(paradigmatic)角度去分析神话的结构。④

"syntagmatic"意为"横组合的",语言学中指构成线性序列的语言成分之间(词与词之间,音位与音位之间)的横向关系;"paradigmatic"意为"纵聚合的",语言学中指可以在一个结构中占据某个相同位置的形式之间的垂直关系。在结构主义神话学中,"横组合"指神话从头到尾的线性叙事中各部分的先后排列,而"纵聚合"指性质相同的情节的纵向排列。列维 – 斯特劳斯对俄狄浦斯神话的研究归纳了该神话中情节单元的横组合和纵聚合状态。⑤

可以翻译为:例如,神话的结构可以从横组合的角度或者纵聚合的角度加以分析。

---

① 李子贤:《探寻一个尚未崩溃的神话王国》,云南人民出版社,1991。
② 孟慧英:《活态神话——中国少数民族神话研究》,南开大学出版社,1990。
③ Alan Dundes (ed.), *Sacred Narrative: Readings in the Theory of Myth*, University of California Press, 1984, p. 48.
④ 〔美〕阿兰·邓迪斯编《西方神话学读本》,朝戈金等译,广西师范大学出版社,2006,第60页。
⑤ Claude Levi-Strauss, *Structural Anthropology*, Translated from the French by Claire Jacobson and Brooke Grundfest Schoepf, Basic Books, Inc., Publishers, 1963, pp. 213 – 216.

【例7】 谈到一般的神话内容，原著为：

It is no coincidence that cosmogonic descriptions occupy a central position in many mythological accounts. ①

《西方神话学读本》译文为：

没有与之匹敌的情况，关于宇宙起源的描述占据了许多神话学报告的中心位置。②

"It" 仅为先行代词，真正的主语是 "that" 引导的部分。"coincidence" 意为 "巧合"。

可以翻译为：关于宇宙起源的描述在许多神话故事中占据中心位置，这绝非偶然。

【例8】 谈到一则故事的流传范围，原著为：

The story of the two messengers is related also by the negroes of the Gold Coast, …. ③

《西方神话学读本》译文为：

与两个信使的故事相关联的还有黄金海岸的黑人，……。④

"relate" 在此处意为 "讲述"。"by" 引出被动结构中的主动者。

可以翻译为：黄金海岸的黑人也讲述两个信使的故事，……。

【例9】 谈到民间故事讲述与性别的关系，原著为：

---

① Alan Dundes（ed.）, *Sacred Narrative*：*Readings in the Theory of Myth*, University of California Press, 1984, p. 50.
② 〔美〕阿兰·邓迪斯编《西方神话学读本》，朝戈金等译，广西师范大学出版社，2006，第63页。
③ Alan Dundes（ed.）, *Sacred Narrative*：*Readings in the Theory of Myth*, University of California Press, 1984, p. 84.
④ 〔美〕阿兰·邓迪斯编《西方神话学读本》，朝戈金等译，广西师范大学出版社，2006，第104页。

Among the Berbers on the other hand it is the（old）women who tell the tales, and men are never among the listeners；…. [1]

《西方神话学读本》译文为：

另一方面，在柏柏尔人中，那些能够给听众讲故事的老头和老太太已不复存在。[2]

这是注释中的一句话。正文中说皮马印第安人中女人在场就不讲神话。此处提出另一种情况。"and"前后各是一句话。"it is… who…"是强调句型。

可以翻译为：另一方面，在柏柏尔人中，讲故事的是（老年）妇女，而男人从不听她们讲故事；……。

【例10】谈到宗教史家对文献的态度，原著为：

The historian of religions is too conscious of the axiological difference of his documents to marshal them on the same level. [3]

《西方神话学读本》：

宗教史学家强烈意识到，如果在同一层面上处理他所研究的文献，就有价值上的不同。[4]

"too…to…"表示"太……以致不能……"。这个语法标志对我国的中学生来说已不陌生。

可以翻译为：宗教史家对其多种文献的价值差异胸有成竹，所以不会对其做同等处理。

---

[1] Alan Dundes（ed.），*Sacred Narrative：Readings in the Theory of Myth*，University of California Press，1984，p. 101.

[2] 〔美〕阿兰·邓迪斯编《西方神话学读本》，朝戈金等译，广西师范大学出版社，2006，第124页。

[3] Alan Dundes（ed.），*Sacred Narrative：Readings in the Theory of Myth*，University of California Press，1984，p. 139.

[4] 〔美〕阿兰·邓迪斯编《西方神话学读本》，朝戈金等译，广西师范大学出版社，2006，第172页。

【例 11】谈到人们对神话的理解，原著为：

One understands what one is—mortal and of a certain sex—and how that came about，because the myths tell how death and sexuality made their appearance. "①

《西方神话学读本》译文为：

这样，人们就理解了人为何物——他是个凡人（会死的）、具有一定的性别，以及如何来到世上，因为神话早就告诉我们死亡与性别是如何成为人类外部标志的。②

"how that came about" 不是"如何来到世上"，而是"那是如何发生的"。"made their appearance" 意为"它们出现"，不是"成为人类外部标志"。

可以翻译为：一个人理解他究竟为何物——会死亡，有性别——还理解这到底何以产生，因为神话讲述了死亡和性别是怎么出现的。

【例 12】谈到克劳德·列维－斯特劳斯的神话研究，原著为：

Claude Lévi-Strauss has devoted more than 300 pages to the analysis of a group of South American myths，and he had to leave aside the mythologies of the Fuegians and other neighboring peoples in order to concentrate primarily on the origin myths of the Amazonians. ③

《西方神话学读本》译文为：

克劳德·列维－斯特劳斯曾写了一部 300 多页的著作，专门用来

---

① Alan Dundes （ed.），*Sacred Narrative：Readings in the Theory of Myth*，University of California Press，1984，p. 141.

② 〔美〕阿兰·邓迪斯编《西方神话学读本》，朝戈金等译，广西师范大学出版社，2006，第 174 页。

③ Alan Dundes （ed.），*Sacred Narrative：Readings in the Theory of Myth*，University of California Press，1984，p. 141.

分析一组南美神话，而把扶俄吉人（Fuegians）与邻近民族的神话置于一旁，以便集中精力探索亚马逊（Amazonians）河区的印第安人神话的起源。①

"the origin myths" 意为"起源神话"，即讲述事物起源的神话。"起源神话"与"神话的起源"是两个概念，前者指神话本身的一个类别，后者指神话研究的一个方面。"Fuegians" 是"火地人"。

可以翻译为：克劳德·列维-斯特劳斯用了 300 多页的篇幅去分析南美人的一组神话，而且，为便于集中探讨亚马孙印第安人的起源神话，他只好先将火地人和其他相邻民族的神话搁置不论。

【例 13】谈到澳大利亚中部阿兰达人神话中的一位大神，原著为：

indeed, he had been up there, in the sky, for a long time before the emergence of the totemic ancestors from under the earth. ②

《西方神话学读本》译文为：

的确，他久居天界，在时间上要比地上出生的图腾祖先早得多。③

"the emergence…from under the earth" 不是简单的"地上出生"，而是指一个著名的神话母题，即人类祖先从地下上升到地面来。

可以翻译为：的确，在图腾祖先从地下冒出来之前，他就已经在天上存在好长时间了。

【例 14】谈到世界父母型神话，原著为：

In some of the World-Parents myths, mention is made of the children

---

① 〔美〕阿兰·邓迪斯编《西方神话学读本》，朝戈金等译，广西师范大学出版社，2006，第 175 页。
② Alan Dundes（ed.），*Sacred Narrative*：*Readings in the Theory of Myth*，University of California Press，1984，p. 147.
③ 〔美〕阿兰·邓迪斯编《西方神话学读本》，朝戈金等译，广西师范大学出版社，2006，第 182 页。

crouching between the two parents, just as in the motif of the children of Papa and Rangi in Polynesian tradition. [1]

《西方神话学读本》译文为：

> 其中有的世界父母型神话是由父母膝下的儿童讲述的，就像波利尼西亚传统中的爸爸和蓝吉（Rangi）的孩子的母题。[2]

这里涉及一个神话母题：天父和地母紧紧拥抱，孩子们被困在父母的身体之间。为了得到自由，孩子们用力将父母分开。在作者所举例子中，"Papa"是女地神，可音译为"葩葩"；"Rangi"是男天神，可音译为"蓝吉"。葩葩和蓝吉抱得太紧，孩子们想将父母分开，但屡试无果。最后，森林之父头顶脚蹬，才把葩葩和蓝吉分开。

可以翻译为：在某些世界父母型神话中，提到蹲伏在父母身体之间的孩子们，正如波利尼西亚口头传统中葩葩和蓝吉的孩子们那个母题就是这样说的。

【例15】谈到潜水捞泥神话，原著为：

It is especially curious in view of the widespread myth of the creation of man from a similar substance. [3]

《西方神话学读本》译文为：

> 参考广为流传的人用相似的物质造出大地的神话，这个神话特别值得注意。[4]

---

[1] Alan Dundes (ed.), *Sacred Narrative: Readings in the Theory of Myth*, University of California Press, 1984, p. 173.

[2] 〔美〕阿兰·邓迪斯编《西方神话学读本》，朝戈金等译，广西师范大学出版社，2006，第212页。

[3] Alan Dundes (ed.), *Sacred Narrative: Readings in the Theory of Myth*, University of California Press, 1984, p. 277.

[4] 〔美〕阿兰·邓迪斯编《西方神话学读本》，朝戈金等译，广西师范大学出版社，2006，第337页。

"It"指邓迪斯概述的潜水捞泥神话中"用污泥创世"这一特征。译文所谓"人用相似的物质造出大地的神话",不符合神话学常识。因为,人造大地不是神话思想。神话中创造大地的角色总是神,或半人半神。"the creation of man"是"造人",而不是"人造……"。

可以翻译为:鉴于广泛流传的用类似物质造人的神话,这个特征就特别奇怪。

《西方神话学读本》在我国学术界影响较大,所以在这里多举几例。从以上例子可以看出这个译本与原文之间存在距离。

《人类学历史与理论》这本译著也存在误译。

【例1】谈到杜尔干对原始人的认识,原著为:

French sociologist Emile Durkheim argued that the most 'primitive' of men were in awe of blood…①

《人类学历史与理论》译文为:

法国社会学家埃米尔·杜尔干认为,绝大多数"原始人"敬畏血液,……②

"the most"不是"绝大多数",而是形容词"primitive"(原始的)的最高级形式的标志;"the most 'primitive' of men"指"人类中的最'原始'者"。

可以翻译为:法国社会学家埃米尔·杜尔干认为,最"原始"的人敬畏血……

【例2】谈到人们对图腾制度和外婚制的关系的认识,原著为:

Yet whatever their considerable disagreements, almost all theorists of the day saw a relation between totemism and exogamy, and most held that totemism had evolved first. ③

---

① Alan Barnard, *History and Theory in Anthropology*, Cambridge University Press, 2000, p. 34.
② 〔英〕阿兰·巴纳德:《人类学历史与理论》,王建民、刘源、许丹译,广西师范大学出版社,2006,第37页。
③ Alan Barnard, *History and Theory in Anthropology*, Cambridge University Press, 2000, pp. 34 – 35.

《人类学历史与理论》译文为：

> 然而，无论他们彼此间存在多大的差异，当时几乎所有理论家都看到了图腾制度和异族通婚之间的关系，而且大多数人首先认为图腾制度是发展的。①

这句话谈图腾制与外婚制的关系。作者说那时的大多数理论家认为先有图腾制，后有外婚制。"first"（最先，首先）修饰"evolved"（进化出来），不修饰"held"（认为）。

可以翻译为：不管他们之间的显著差异是什么，那时几乎所有理论家都看到了图腾制度与外婚制之间存在一种联系，而且大多数人认为图腾制度先形成。

【例3】谈到莫斯对礼物的认识，原著为：

> He argues that though gifts are in theory voluntary, they nevertheless stem from expectation on the part of the recipient. ②

《人类学历史与理论》译文为：

> 他指出，尽管从理论上讲送礼是自愿的，但它们源自对礼物接受者一方的期望。③

这句话说收礼者希望别人给自己送礼。"stem from expectation on the part of the recipient"是"出于接受礼物者的期望"，而不是"源自对礼物接受者一方的期望"。

可以翻译为：他认为，尽管从理论上看礼物是自愿赠送的，但它们却出于接受礼物者的期望。

---

① 〔英〕阿兰·巴纳德：《人类学历史与理论》，王建民、刘源、许丹译，广西师范大学出版社，2006，第37页。

② Alan Barnard, *History and Theory in Anthropology*, Cambridge University Press, 2000, p. 65.

③ 〔英〕阿兰·巴纳德：《人类学历史与理论》，王建民、刘源、许丹译，广西师范大学出版社，2006，第69页。

【例 4】谈到斯珀波对理性的认识，原著为：

Apparently irrational beliefs are not 'beliefs' at all; they involve a different psychological state. ①

《人类学历史与理论》译文为：

表面上看，不理智的看法根本不是"看法"，是涉及到一种不同的心理状态。②

"Apparently"（显然）仅修饰"irrational"（不合理性的），而不修饰全句。

可以翻译为：显然不合理性的信仰根本就不是"信仰"；它们算是另一种不同的心理状态。

【例 5】谈到对历史的认识，原著为：

Good history, they say, is 'historicist', in a very precise sense of that word. ③

《人类学历史与理论》译文为：

他们说，好的历史是"历史性的"（historicist），要有一种非常精确的世界感。④

"historicist"意为"历史决定论的"。"in a very precise sense of that word"意为"在那个词的准确意义上"。其中，"that word"是"那个词"，而不是"世界"。

可以翻译为：他们说，好的历史，是"历史决定论的"——就"历史决定论的"这个词的准确意义而言。

---

① Alan Barnard, *History and Theory in Anthropology*, Cambridge University Press, 2000, p.112.
② 〔英〕阿兰·巴纳德：《人类学历史与理论》，王建民、刘源、许丹译，广西师范大学出版社，2006，第122页。
③ Alan Barnard, *History and Theory in Anthropology*, Cambridge University Press, 2000, p.181.
④ 〔英〕阿兰·巴纳德：《人类学历史与理论》，王建民、刘源、许丹译，广西师范大学出版社，2006，第194页。

【例6】谈到人类学史，原著为：

Such a heretical view is acceptable to me because in this book I do not claim to be presenting *the history* of anthropology, but only one possible history among many. ①

《人类学历史与理论》译文为：

这样一种历史观对我来说是可以接受的，因此在这本书里，我并没有宣称要呈现人类学的历史（the history），而仅仅是许许多多版本之中一部可能存在的历史。②

"heretical view" 是"左道旁门的观点"，而非"历史观"。此外，译文把"because"误译为"因此"，颠倒了因果关系。

可以翻译为：我可以接受这样一种左道旁门的观点，因为在本书中我并未宣称提供人类学的唯一的历史，而只是提供人类学的多种历史中一种可能的历史。

最后两例涉及单词误译，但发生误译的原因恐怕不是"粗心"二字就可以解释得通的。

有些还算合格的译作，其中的误译仍可反映译者在道德修养、语言能力和专业知识三方面中的某个方面还是有所不足。下面，以《金枝》为例予以说明。

【例1】谈到库尔奈人的一种习俗，原著为：

Amongst the Kurnai of Victoria novices at initiation were cautioned not to let a woman's shadow fall across them, as this would make them thin, lazy, and stupid. ③

---

① Alan Barnard, *History and Theory in Anthropology*, Cambridge University Press, 2000, p. 181.
② 〔英〕阿兰·巴纳德：《人类学历史与理论》，王建民、刘源、许丹译，广西师范大学出版社，2006，第194页。
③ James George Frazer, *The Golden Bough*, China Social Sciences Publishing House, 1999, p. 190.

《金枝》译文为：

> 维多利亚的库尔奈人提醒刚刚走上生活的青年警惕不要让妇女的影子从自己身上掠过，因为那将使他变得消瘦，懒惰和愚蠢。①

"initiation" 意为"入会仪式"，是人类学、民族学、社会学中的常见用语。

可以翻译为：在维多利亚的库尔奈人中，刚入会的新人被告诫不要让妇女的影子从他们身上掠过，因为那将使他们变得瘦弱、懒惰和愚蠢。

【例2】谈到萨摩亚人丧葬后的禁忌，原著为：

> Thus in Samoa those who attended the deceased were most careful not to handle food, and for days were fed by others as if they were helpless infants. ②

《金枝》译文为：

> 在萨摩亚群岛，凡处理过死者的人都特别注意不拿食物，若是婴儿，则由别人喂食很长一段日子。③

"as if they were" 意为"仿佛他们是"。

可以翻译为：因此，在萨摩亚，处理尸体的人都小心翼翼，别让自己接触到食物，连续几天他们都像没有自理能力的婴儿那样被人喂食。

【例3】谈到缅甸克伦人的习俗，原著为：

> The following formula is used in recalling the kelah（soul）of the rice：…. ④

---

① 〔英〕J. G. 弗雷泽：《金枝》，徐育新、汪培基、张泽石译，汪培基校，中国民间文艺出版社，1987，第288页。

② James George Frazer, *The Golden Bough*, China Social Sciences Publishing House, 1999, p. 206.

③ 〔英〕J. G. 弗雷泽：《金枝》，徐育新、汪培基、张泽石译，汪培基校，中国民间文艺出版社，1987，第310页。

④ James George Frazer, *The Golden Bough*, China Social Sciences Publishing House, 1999, p. 415.

《金枝》译文为：

> 下面这个程式是用来召唤大米的基拉（魂魄）的：……。①

"formula"指"咒语"。"rice"指"稻谷"。

可以翻译为：下面这个咒语用来召唤稻谷的基拉（魂）：……。

【例3】谈到女巫变成的动物被火化的原因，原著为：

> All these victims, we may surmise, were doomed to the flames, not because they were animals, but because they were believed to be witches who had taken the shape of animals for their nefarious purposes. ②

《金枝》译文为：

> 其我们臆测，所有这些动物之所以要被火化，不仅因为它们是兽类，而且因为它们被视为巫妖的幻形为害于人的。③

"not…but…"意为"不是……而是……"。译文句首的"其"是衍文。

可以翻译为：我们推测，这些牺牲品之所以注定要被付之一炬，并不是因为它们是动物，而是因为人们相信它们是为实现其险恶用心而变成动物的巫婆。

【例4】谈到一篇民间故事的细节，原著为：

> In one of the descriptions of Koshchei's death, he is said to be killed by a blow on the forehead inflicted by the mysterious egg—that last link in the magic chain by which his life is darkly bound. ④

---

① 〔英〕J. G. 弗雷泽：《金枝》，徐育新、汪培基、张泽石译，汪培基校，中国民间文艺出版社，1987，第602页。

② James George Frazer, *The Golden Bough*, China Social Sciences Publishing House, 1999, p. 657.

③ 〔英〕J. G. 弗雷泽：《金枝》，徐育新、汪培基、张泽石译，汪培基校，中国民间文艺出版社，1987，第928页。

④ James George Frazer, *The Golden Bough*, China Social Sciences Publishing House, 1999, p. 672.

《金枝》译文为：

> 还有一篇故事说到柯斯彻的死，说他是被用巫术将其生命与之紧紧结合在一起的那个神秘的鸡蛋砸在前额上而死的。①

漏译 "that last link"（最后一环）。"the magic chain" 意为 "魔链"。魔链是幻想故事（童话）中的一个母题：反面角色的死穴在一个蛋中，蛋在一只鸭子肚里，鸭子在一只野兔肚里，野兔在一个篮子里，篮子在一个箱子里，箱子在一棵树下，树在远方海岛上。

可以翻译为：关于科西切之死的一种说法是，一个神秘的蛋砸中他前额，他就死了。这个蛋是暗中掌管其生命的那条魔链的最后一环。

【例5】谈到科学理论，原著为：

> Yet the history of thought should warn us against concluding that because the scientific theory of the world is the best that has yet been formulated, it is necessarily complete and final. ②

《金枝》译文为：

> 然而思想史告诫我们不要作出这样的结论：因为科学理论是最好的，尚有待于系统地阐述，因此它就必须是十全十美的终极的科学理论。③

这句译文说不通。既然已经是"最好的"理论，为何"尚待于系统地阐述"？如果没经过"系统地阐述"，怎么又能称为"科学理论"？

可以翻译为：

---

① 〔英〕J. G. 弗雷泽：《金枝》，徐育新、汪培基、张泽石译，汪培基校，中国民间文艺出版社，1987，第948页。

② James George Frazer, *The Golden Bough*, China Social Sciences Publishing House, 1999, p. 712.

③ 〔英〕J. G. 弗雷泽：《金枝》，徐育新、汪培基、张泽石译，汪培基校，中国民间文艺出版社，1987，第1007页。

然而思想史告诫我们不可得出结论：既然关于世界的科学理论是迄今为止系统地表达出来的最佳理论，它就必定是完美的终极理论。

《当代人类学》是由几位研究生翻译的，虽说有教师校订，但误译不少。现举例加以证明。

【例1】谈到基因流动，原著为：

For example, the last 400 years have seen the establishment of a new phenotype throughout much of Latin America as a result of the introduction, into the gene pool of the Indians native to the area, of new gene from both Spanish colonists and the Africans whom the Europeans imported as slaves. ①

《当代人类学》译文为：

例如，过去的 400 年中，就看到拉丁美洲新的表型的确立，这是从西班牙殖民者和欧洲人输入的非洲奴隶的新基因引进当地印第安土著居民因子池的结果。②

这句译文说不通。

原文说西班牙殖民者的基因和非洲人的基因都进入了印第安人基因库。

可以翻译为：例如，过去 400 年中，由于西班牙殖民者的新基因和欧洲人当奴隶输入的非洲人的新基因都被引进土著印第安人的基因库，结果，在拉丁美洲大多数地方都已建立起一种新的表型。

【例2】谈到灵长目的脸，原著为：

As a result, primates have more of a humanlike face than other mammals. ③

《当代人类学》译文为：

---

①  William A. Haviland, *Anthropology*, CBS College Publishing, 1982, p. 65.

②  〔美〕威廉·A. 哈维兰：《当代人类学》，王铭铭等译，上海人民出版社，1987，第 66～67 页。

③  William A. Haviland, *Anthropology*, CBS College Publishing, 1982, p. 82.

结果灵长目的脸更象人，而不象其他动物。①

原文将灵长目和哺乳动物跟人比较。"than other mammals"是"than other mammals do"的省略形式。

可以翻译为：结果，灵长目的脸比其他哺乳动物的脸更像人脸。

【例3】谈到美国城乡儿童的智商差异，原著为：

A number of studies consistently show that, in the U. S., children reared in rural areas on the average get IQ scores about 15 points lower than children from urban areas；…②

《当代人类学》译文为：

大量的研究一致表明：在美国，乡村地区所养育的小孩智商得分平均是 15 分，低于市区小孩；……③

"15 points lower than children from urban areas"意为"比城区儿童低 15 分"。查询智商测试的一般情况，就可知道《当代人类学》的译文错得多么严重。

可以翻译为：大量研究一致证明，美国乡村地区养大的儿童平均智商比城市地区的儿童低 15 分；……

【例4】谈到攫取经济向植物栽培和动物驯化的转化，原著为：

Where to draw the line between the two is not always clear. ④

《当代人类学》译文为：

在何处划定这两者之间的界线总是不会清楚的。⑤

---

① 〔美〕威廉·A. 哈维兰：《当代人类学》，王铭铭等译，上海人民出版社，1987，第 81 页。
② William A. Haviland, *Anthropology*, CBS College Publishing, 1982, p. 162.
③ 〔美〕威廉·A. 哈维兰：《当代人类学》，王铭铭等译，上海人民出版社，1987，第 148 页。
④ William A. Haviland, *Anthropology*, CBS College Publishing, 1982, p. 220.
⑤ 〔美〕威廉·A. 哈维兰：《当代人类学》，王铭铭等译，上海人民出版社，1987，第 194 页。

"is not always"意为"不总是"，即常常如此，偶有例外。译文"总是不"意为"通常不如此"。

可以翻译为：二者之间的界限在何处划分，有时并不清楚。

【例5】谈到新大陆的新石器时代，原著为：

Agriculture developed independently of Europe and Asia；…①

《当代人类学》译文为：

农业是从欧洲和亚洲独立发展起来的；……②

"independently of"意为"不依赖于……，独立于……之外"。

可以翻译为：农业独立于亚洲和欧洲之外发展起来；……

【例6】谈到长途贸易的影响，原著为：

More long distance trade contacts, of course, brought more contact with outside ideas. ③

《当代人类学》译文为：

更远距离的贸易联系当然就带来了与外地观念的更多接触。④

"More long distance trade contacts"意为"更多的长途贸易联系"。

可以翻译为：当然，更多的长途贸易联系使人们接触到更多的外地观念。

【例7】谈到财富积累，原著为：

Wealth was based on free slave labor. ⑤

---

① William A. Haviland, *Anthropology*, CBS College Publishing, 1982, p. 234.
② 〔美〕威廉·A. 哈维兰：《当代人类学》，王铭铭等译，上海人民出版社，1987，第210页。
③ William A. Haviland, *Anthropology*, CBS College Publishing, 1982, p. 255.
④ 〔美〕威廉·A. 哈维兰：《当代人类学》，王铭铭等译，上海人民出版社，1987，第231页。
⑤ William A. Haviland, *Anthropology*, CBS College Publishing, 1982, p. 256.

《当代人类学》译文为：

> 富裕是以自由奴隶的劳动力多少为基础的。①

"free slave labor" 意为 "无偿使用的奴隶劳动"。

可以翻译为：财富基于无偿使用的奴隶劳动。

【例8】谈到文化概念，原著为：

> In the 1950s, the late A. L. Kroeber and Clyde Kluckhohn combed the literature and collected over a hundred definitions of culture. ②

《当代人类学》译文为：

> 20世纪50年代晚期，A. L. 克罗伯和克莱德·克拉克洪广搜文献，收集了一百多个文化定义。③

" the late" 意为 "已故的"。

可以翻译为：20世纪50年代，已故的 A. L. 克罗伯和克莱德·克拉克洪梳理文献，收集了上百种文化定义。

【例9】谈到美国的阿米什人，原著为：

> The Amish have succeeded in gaining control of their schools and maintaining their way of life. ④

《当代人类学》译文为：

> 阿米什教在控制他们的学校和维持他们的生活方式方面取得了成功。⑤

---

① 〔美〕威廉·A. 哈维兰：《当代人类学》，王铭铭等译，上海人民出版社，1987，第232页。
② William A. Haviland, *Anthropology*, CBS College Publishing, 1982, p. 268.
③ 〔美〕威廉·A. 哈维兰：《当代人类学》，王铭铭等译，上海人民出版社，1987，第241页。
④ William A. Haviland, *Anthropology*, CBS College Publishing, 1982, p. 271.
⑤ 〔美〕威廉·A. 哈维兰：《当代人类学》，王铭铭等译，上海人民出版社，1987，第245页。

"The Amish"指"阿米什人"，不指"阿米什教"。动词复数形式"have succeeded"是理解主语含义的语法标志。

可以翻译为：阿米什人成功地控制了他们的学校并保持了他们的生活方式。

【例10】谈到正常行为，原著为：

Obviously, no society could survive if murdering one's neighbor was looked upon as normal behavior; yet each culture determines for itself the circumstances under which murdering one's neighbor may be acceptable. [1]

《当代人类学》译文为：

显然，如果把屠杀邻人视为正常行为，那么，任何社会都不能幸存下去。然而，每个文化都自己决定在何种情况下，屠杀邻人才可为人接受。[2]

"murdering"意为"谋杀"而非"屠杀"。谋杀是蓄意杀人，而屠杀是大批残杀。

可以翻译为：显然，如果谋杀邻居被视为正常行为，就没有哪个社会能够幸存。然而，每种文化都自行决定在哪些情形下谋杀邻居算是有理。

【例11】谈到北美大平原地区，原著为：

The farming potential of the Great Plains was simply not a relevant feature of the environment, given the available resources and technology before the coming of Europeans. [3]

《当代人类学》译文为：

假如在欧洲人来之前就有可能得到的资源和技术，那么，大平原

---

① William A. Haviland, *Anthropology*, CBS College Publishing, 1982, pp. 348 – 349.

② 〔美〕威廉·A. 哈维兰：《当代人类学》，王铭铭等译，上海人民出版社，1987，第321页。

③ William A. Haviland, *Anthropology*, CBS College Publishing, 1982, p. 363.

的农耕潜能就简直不是环境的有关特征了。①

译文说不通。

"given"意为"已知，考虑到"。

可以翻译为：鉴于欧洲人到来之前可用的资源和技术，大平原地区的农耕潜能简直算不上是跟这个环境相关的特征。

【例12】谈到人们对早期营地的认识，原著为：

It is thought that the first camps were primarily places where the spoils of the hunt were butchered and then consumed over a period of several days. ②

《当代人类学》译文为：

人们认为：第一批营地主要是隔几天屠宰猎物和消费猎物的地方。③

译文中"隔"字误译。"over"意为"在……期间"，表示时间持续。"over a period of several days"意为"持续数天"。

可以翻译为：人们认为，首批营地主要是连续数天屠宰并消费猎物的地方。

【例13】谈到城市的出现，原著为：

As improved agricultural techniques lead to higher crop yields and increased population—or perhaps the sequence is the reverse，we are not sure—an agricultural settlement may grow into a city. ④

《当代人类学》译文为：

由于发达的农业技术导致高产和人口增长——或结果可能相反，我们没有把握——农业的定居地可能成为城市。⑤

---

① 〔美〕威廉·A. 哈维兰：《当代人类学》，王铭铭等译，上海人民出版社，1987，第331页。
② William A. Haviland, *Anthropology*, CBS College Publishing, 1982, p. 372.
③ 〔美〕威廉·A. 哈维兰：《当代人类学》，王铭铭等译，上海人民出版社，1987，第339页。
④ William A. Haviland, *Anthropology*, CBS College Publishing, 1982, p. 378.
⑤ 〔美〕威廉·A. 哈维兰：《当代人类学》，王铭铭等译，上海人民出版社，1987，第347页。

"or perhaps the sequence is the reverse" 不是 "或结果可能相反"，而是 "或者顺序可能相反"，原文意思是 "也可能是作物高产和人口增长导致农业技术改进"。

可以翻译为：农业技术改进引起作物高产和人口增长——或者，顺序可能相反，这点我们不清楚——相应地，一个农业聚落可能发展为一座城市。

【例 14】谈到系列婚，原著为：

The term was used in the recent past by sociologists and anthropologists to describe the marital patterns of West Indians and lower-class urban blacks. ①

《当代人类学》译文为：

这个词是最近社会学家和人类学家描述西印第安人和下等都市黑人的婚姻形式时所用的。②

学术界并无 "西印第安人" 这个说法。"West Indians" 指西印度群岛的人，即拉丁美洲大、小安的列斯群岛和巴哈马群岛的居民。

可以翻译为：不久以前，社会学家和人类学家用这个词描述西印度群岛人和城市下层黑人的婚姻模式。

【例 15】谈到易洛魁式亲属称谓，原著为：

In one's own generation, brothers, sisters, and parallel cousins of the same sex are referred to by the same terms, which is logical enough considering that they are the offspring of people who are classified in the same category as ego's actual mother and father. ③

《当代人类学》译文为：

① William A. Haviland, *Anthropology*, CBS College Publishing, 1982, p. 406.
② 〔美〕威廉·A. 哈维兰：《当代人类学》，王铭铭等译，上海人民出版社，1987，第 374 页。
③ William A. Haviland, *Anthropology*, CBS College Publishing, 1982, p. 441.

在一个人的同辈中，兄弟、姐妹和平表共用一个同样的称谓，这在逻辑上必然如此，因为他们是那些被划分到与自我的实际父母同一范畴中的人的后代。①

"by the same terms" 这个短语表明，"terms"（称谓）是多个而非译文中的"一个"。"parallel cousins of the same sex" 包含堂兄弟、平行表兄弟和堂姐妹、平行表姐妹。易洛魁人称亲兄弟、亲姐妹、平行堂兄弟、平行表兄弟、平行堂姐妹、平行表姐妹这六类亲属时，只分性别，不论亲疏，即称亲兄弟与同性别的堂兄弟、表兄弟为兄弟，称亲姐妹与同性别的堂姐妹、表姐妹为姐妹。《当代人类学》译文遗漏了"parallel cousins"一词所包含的"堂兄弟、堂姐妹"。

原著在介绍易洛魁人的亲属制度时不仅附有图表，还加了注释。我们要结合图表和注释，才能理解"terms"的复数含义。

可以翻译为：同辈中，亲兄弟、堂兄弟、平行表兄弟共用同样的称谓，亲姐妹、堂姐妹、平行表姐妹共用同样的称谓。考虑到这些同辈都是跟某人生身父母同一类别的人们的后代，这样做完全合乎逻辑。

【例16】谈到肯尼亚人类学家约摩·克尼亚塔，原著为：

Jomo Kenyatta, the anthropologist who went on to become a respected statesman as well as "father" of an independent Kenya, …②

《当代人类学》译文为：

约摩·克尼亚塔是个人类学家，他后来成为一个受人尊敬的政治家，并成为独立的克尼亚人的"父亲"，……③

"Jomo Kenyatta"一般音译作"乔莫·肯雅塔"，1964~1968年曾任肯

① 〔美〕威廉·A. 哈维兰：《当代人类学》，王铭铭等译，上海人民出版社，1987，第412页。
② William A. Haviland, *Anthropology*, CBS College Publishing, 1982, p.480.
③ 〔美〕威廉·A. 哈维兰：《当代人类学》，王铭铭等译，上海人民出版社，1987，第447页。

尼亚总统。"Kenya"是国家名称，即"肯尼亚"，而不是"克尼亚人"。该词也可译作"克尼亚人"，指东南亚加里曼丹岛上的一个民族①，但加里曼丹岛分属印度尼西亚、马来西亚和文莱三国，而且克尼亚人从未独立过。

可以翻译为：乔莫·肯雅塔，就是后来成为独立的肯尼亚之"父"和受人尊敬的政治家的那位人类学家，……

【例17】谈到玛雅妇女制陶，原著为：

Actually, since her time has no economic value, the pots cost nothing to make, unless for some purchased materials.②

《当代人类学》译文为：

实际上，由于妇女的时间没有经济价值，因此，除非为了换一些东西，那完全不值得去制作陶罐。③

原著的意思是，妇女时间多，制陶既可消磨时间，又能赚得一点儿钱。"the pots cost nothing to make"意为"制陶无代价"，而不是"完全不值得去制作陶罐"。

可以翻译为：实际上，女人的时间本来就没什么经济价值，除了购买材料外，制陶也不费什么代价。

【例18】谈到伯利兹伊察人放弃一种仪式的原因，原著为：

This was the result of death apparently due to carelessness; the right attitudes were not maintained without exception for the 24-hour period.④

《当代人类学》译文为：

---

① 李毅夫、王恩庆等编《世界民族译名手册》，商务印书馆，1982，第231页。
② William A. Haviland, *Anthropology*, CBS College Publishing, 1982, p.599.
③ 〔美〕威廉·A. 哈维兰：《当代人类学》，王铭铭等译，上海人民出版社，1987，第564页。
④ William A. Haviland, *Anthropology*, CBS College Publishing, 1982, p.603.

　　这是因为他们认为死亡显然是由于他们对神灵粗心大意，也就是说在 24 小时的仪式之内，无一例外不能保持正确的态度。[①]

原文分号后是一个部分否定句，"not"所否定的是"without exception"（无例外），意为"不能无例外地……"。

可以翻译为：之所以抛弃这种仪式，是由于看似因粗心而导致了死亡；在仪式持续的 24 小时期间，人们并不能全都保持正确态度。

【例19】谈到 20 世纪 70 年代拉普人面临的经济问题，原著为：

The problem is compounded by the fact that participation in a crash-credit economy means that most people, employed or not, have payments to make. [②]

《当代人类学》译文为：

　　由于他们参与了现金—信用经济，无论受雇或不受雇的人大多数都可以挣到钱，这就稍稍解决了这个问题。[③]

"The problem"指拉普人面临的经济问题。"is compounded"意为"被加重"。"have payments to make"意为"有款要付"，而非译文所谓"可以挣到钱"。

可以翻译为：他们的经济问题因下述事实而变得更加复杂：不论有工作还是无工作，大多数人都参与到现金—信贷经济中，这就意味着他们需要支付欠款。

【例20】谈到一些人类学家对单一的世界文化的担忧，原著为：

They also believe that a standardized culture would lead to a loss of adaptability should some future crisis arise. [④]

---

① 〔美〕威廉·A. 哈维兰：《当代人类学》，王铭铭等译，上海人民出版社，1987，第 568 页。
② William A. Haviland, *Anthropology*, CBS College Publishing, 1982, p.615.
③ 〔美〕威廉·A. 哈维兰：《当代人类学》，王铭铭等译，上海人民出版社，1987，第 583 页。
④ William A. Haviland, *Anthropology*, CBS College Publishing, 1982, p.626.

《当代人类学》译文为：

> 他们还认为，一种标准化文化会导致适应能力的丧失，因而将来必定会产生危机。①

"should" 表示语气较强的假设，意为 "如果……"，引导一个虚拟条件句。

可以翻译为：他们还认为，如果未来出现某种危机，标准化的文化会导致不适应。

【例21】谈到纽约人的交友情况，原著为：

> Thus, although they will go out of their way to keep a lunch date with an important business associate, they casually ignore drunks lying sick in the street. ②

《当代人类学》译文为：

> 因此，虽然他们还要去和一个生意人午餐会晤，他们也敢漫不经心地醉倒在街上。③

"go out of their way" 意为 "离开预定路线"。"ignore drunks lying sick in the street" 意为 "对瘫倒街头的醉汉视而不见"。

可以翻译为：因此，一方面他们会特意绕道去跟重要的生意伙伴共进午餐，另一方面却对瘫倒街头的醉汉视而不见、麻木不仁。

【例22】谈到一位人类学家的经历，原著为：

> Lucy Garretson became interested in anthropology while participating in her husband's dissertation research in a Mexican village. ④

---

① 〔美〕威廉·A. 哈维兰：《当代人类学》，王铭铭等译，上海人民出版社，1987，第589页。
② William A. Haviland, *Anthropology*, CBS College Publishing, 1982, p. 636.
③ 〔美〕威廉·A. 哈维兰：《当代人类学》，王铭铭等译，上海人民出版社，1987，第600页。
④ William A. Haviland, *Anthropology*, CBS College Publishing, 1982, pp. 662 – 663.

《当代人类学》译文为：

> 露西·加勒森是在参加她丈夫在墨西哥大学的论文研究时，才开始对人类学感兴趣的。①

"a Mexican village" 是 "一个墨西哥村子"。

可以翻译为：露西·加勒森在一个墨西哥村子参与她丈夫的论文研究，那时她喜欢上了人类学。

上述多本译著中各式各样的误译，均证明译者在道德修养、语言能力、专业知识等方面不同程度地存在缺陷。学术翻译的合格译者少，合格译本自然就不多。前引思果所谓"中国近代的翻译已经有了几十年的历史，虽然名家辈出，而寡不敌众，究竟劣译的势力大，……"②，就是因为合格译者在译者队伍中所占比例太小。

---

① 〔美〕威廉·A. 哈维兰：《当代人类学》，王铭铭等译，上海人民出版社，1987，第 624 页。
② 转引自余光中《变通的艺术——思果著〈翻译研究〉读后》，见余光中《翻译乃大道》，外语教学与研究出版社，2014，第 78 页。

# 第五章　学术翻译的过程

学术翻译的过程就是译本生产过程，始于选择原著，终于出版译本。这个过程虽然涉及译者和出版者双方，但译者起主导作用。就译者而言，学术翻译大致包括准备、翻译、修改三个阶段。译者首先应该研读原著，清除语言障碍，解决学术疑难，体会作者用意，把握原著精神，然后用译语将原著内容忠实而流畅地再现出来。原著的语言风格也应该在译文中有所体现。译者和出版者的合作，促进译文质量的改善和译本形式的美化。

## 一　准备

本书第四章已阐明学术翻译对译者的要求。此处所谓准备，是译者在符合基本条件的前提下为正式下笔翻译而做的前期工作。

### 1. 选择原著

在学术翻译的各个环节中，选择原著应该是比较简单的事情。大而言之，学术翻译是为了对我国的学术事业有帮助；小而言之，学术翻译可以满足译者个人的兴趣爱好。一般来说，这二者是统一的。选择的对象，当然是国内外学术界公认比较好的原著。一些有争议的作品，如果对学术探索有益，也不能轻易排除。具体的选择方法，大致有两种。

一是自作主张。在学科的概论性著作的书目中，在学科史的正文和参考文献中，都可以看到很多候选原著。译者结合自己的学科知识，自然能够对原著的价值做出基本正确的判断。

二是采纳推荐。译者可以从同行、前辈那里得到相关建议。汪宁生翻译《事物的起源》①，先有林耀华介绍原著，后有傅乐焕赠送原著并劝其翻译。就采纳别人的推荐意见而言，中国学者从外国学者那里得到的相关意见具有特别重要的意义。

当然，译者也可能不必费心选择原著，而是接受别人布置的翻译任务。这种情况并不否定选择工作的存在，只不过这项工作由别人代译者完成了而已。

### 2. 查阅资料

尽管译者在道德修养、语言能力和专业知识方面都已经具备基本条件，但未必完全熟悉原著所涉及的内容。查阅资料，可以让译者对原著内容的把握尽量准确、透彻。在这方面，一些著名翻译家为我们做出了榜样。李健吾说过自己如何经过细致的查阅工作才体会到原著作者的用意。② 傅雷说："任何作品，不精读四五遍决不动手，是为译事基本法门。"③ 这"精读四五遍"的过程中，自然包括查阅资料、加深理解的工作。朱生豪说他在翻译《莎士比亚戏剧全集》之前，"尝首尾研诵全集至十余遍，于原作精神，自觉颇有会心"。④ 这里的"研诵"二字极有分量。我们实在无法想象译者在这一过程中花费了多少工夫。这些虽是文学翻译的例子，但对学术翻译也有借鉴意义。

学术翻译需借助很多工具书。工具书自然是内容越详尽越好。《文化

---

① 〔德〕Julius E. 利普斯：《事物的起源》，汪宁生译，敦煌文艺出版社，2005，第4页。
② 李健吾：《翻译笔谈》，见罗新璋、陈应年编《翻译论集》（修订本），商务印书馆，2009，第618~619页。
③ 傅雷：《论文学翻译书》，见罗新璋、陈应年编《翻译论集》（修订本），商务印书馆，2009，第773页。
④ 朱生豪：《〈莎士比亚全集〉译者自序》，见罗新璋、陈应年编《翻译论集》（修订本），商务印书馆，2009，第538页。

的解释》中将"kampongs"音译为"卡姆庞斯"。① 实际上，"kampongs"是"kampong"的复数形式。该词在较大的英文字典中可以查到，其义为"小村庄"，是从马来语借入的词语。格尔兹用这个词表示城镇中背街地方容纳爪哇城市平民的大量简易而拥挤的竹房子②，可译为"棚户区"或"城中村"。

一些特殊的内容，也可以通过查阅资料或实地调查加以确定。比如，中国南方和东南亚、大洋洲北部诸群岛流行嚼槟榔。其中一种配料，英语写作"lime"，《金枝》将其译为"柠檬果"③，《不列颠百科全书》（国际中文版）将其译为"酸橙"④。如果亲眼看了嚼槟榔就知道，"lime"其实是"石灰"。

现在的资料查阅，自然应该包括纸质资源和电子资源两个方面。电子资源是今日译者的福音。互联网时代之前，因为资料有限，对于一些地方性极强的内容，译者往往无法准确翻译，而不得不做一些变通处理。例如，《事物的起源》将"'point'blanket"⑤ 译为"'配给的'毯子"⑥。这种译法不妥。"point"意为"点"。因此类毯子下端有一道或数道短而黑的条纹，故可译为"'条纹'毯"；又因条纹数量之多寡表示毯子面积之大小，即条纹充当计数之"point"（点），故亦可称此类毯子为"点毯"。

今天的译者和批评者不该用这类例子去责怪当初的译者，而要在不同时代资料获取手段的对比中充分享受当代技术革命的成果。

翻译学术著作，译者应该在下笔之前通读原著，充分利用现有资源，扫清语言障碍，透彻理解原文。

---

① 〔美〕克利福德·格尔兹：《文化的解释》，纳日碧力戈等译，王铭铭校，上海人民出版社，1999，第173页。

② Clifford Geertz, *The Interpretation of Cultures*, Basic Books, 1973, p. 150.

③ 〔英〕J. G. 弗雷泽：《金枝》，徐育新、汪培基、张泽石译，汪培基校，中国民间文艺出版社，1987，第285页。

④ 《不列颠百科全书》（国际中文版），第2卷，中国大百科全书出版社，1999，第428页。

⑤ Julius E. Lips, *The Origin of Things*, George G. Harrap & Co. Ltd. , 1949, p. 72.

⑥ 〔德〕J. E. 利普斯：《事物的起源：简明人类文化史》（修订本），汪宁生译，贵州教育出版社，2010，第48页。

# 二　翻译

此处的翻译指的是将译者理解的原文内容转化为译文的具体活动。这是学术翻译活动的核心阶段。译者在准备阶段研究和分析原著，然后在翻译阶段将自己理解的原著内容用译文准确地、完整地再现出来。再现过程中，研究和分析活动仍会继续，因此，翻译过程也是一个再研究、再理解的过程。翻译过程中的研究和分析，多半会肯定准备阶段对原著的理解，但有时也会修正甚至完全改变它们。译者对原著研究越深入，理解也会越正确。所以，译者翻译时对原有理解进行的修正或改变一般来说都会使译文更加贴近原著的本义。翻译的过程其实也是加深理解的过程。

译者在翻译过程中应该注意整体性原则。

学术翻译的整体性，指的是译者在进行学术翻译时把翻译对象视作一个整体，加以全面把握。不论翻译对象是一篇文章还是一本专著，它都是一个客观的整体。就学术论著而言，它总是要包括篇章、段落和句子等构成部分，而这些构成部分之间一定会存在一种内在的联系。有些问题和术语可能贯穿全书，有些事项可能出现在各个篇章而由作者从不同方面对之进行探讨。于是，译者就不能把各篇章当作互不联系的独立内容进行阅读和分析。

整体性可由多种方式体现出来。翻译时应注意重要概念、语境、逻辑关系、文化背景、首尾照应、避免漏译等。

## （一）　重要概念

重要概念往往反复出现。译者应在其出现的各种语境中确定其准确含义，选择相对固定的译法。

《萨摩亚人的成年》中一些误译，就是对贯穿多章的某些重要概念缺乏整体认识的结果。现以"*matai*"（玛泰）和"posts/a post"（柱子）为例加以说明。

萨摩亚人有一种男性的社会组织叫福努会（Fono），是由各家族的头人组成的。这些头人有共同的称呼，都叫玛泰。但是，同为福努会成员的玛泰们存在地位高低的不同，有些人是酋长、议事酋长，有些人仅为家族头人。

头人们在一所圆形房屋里议事。房屋内有支撑屋顶的柱子（posts），地位较高的头人有固定的座位，即背靠某根柱子（a post）。获得玛泰称号的小伙子在议事时可以进屋坐下，却只能坐在柱子与柱子之间的空地上，没有资格背靠某根柱子坐。而那些没有获得玛泰称号的年轻人连进屋都不可以，只能待在屋子外面。

由于没有在通览全书的基础上理解低级别玛泰与高级别玛泰在开会时座位区分的具体细节，也没有认识到具有玛泰称号的年轻人与不具有玛泰称号的年轻人在参会方式上的差异，《萨摩亚人的成年》的译者在遇到萨摩亚人开会议事的内容时，就难免产生误译。又由于原著在多处从不同角度谈到萨摩亚人的会议，所以译本中就出现了许多类似的误译。

【例1】谈到年轻男子的理想时，原著为：

> He hopes that some day he will hold a *matai* name, a name which will make him a member of the *Fono*, the assembly of headmen, which will give him a right to drink kava with chiefs, to work with chiefs rather than with the young men, to sit inside the house, even though his new title is only of "between the posts" rank, and not of enough importance to give him a right to a post for his back. [1]

《萨摩亚人的成年》译文为：

> 他们希望有朝一日能荣膺玛泰（matai）头衔，这样，他就能成为福努（Fono）即头人会的成员，并因此而能够和酋长们一起喝卡瓦

---

[1] Margaret Mead, *Coming of Age in Samoa: A Psychological Study of Primitive Youth for Western Civilization*, William Morrow & Company, 1972, p. 26.

酒，和首长们而不是和年轻人一起工作，也可以坐在家中享清福。尽管他获得这一新头衔不过是"摇摆于两根柱子之间"的一种级别，还不足以让他背靠大树，高枕无忧。①

"to sit inside the house"是"在屋子里坐下"，而不是"也可以坐在家中享清福"。"between the posts"是"在柱子与柱子之间的地方"，而不是"摇摆于两根柱子之间"。"a right to a post for his back"是"有权将自己的背靠在一根柱子上"，而不是"背靠大树，高枕无忧"。

可以翻译为：他希望某天获得玛泰这一称号，这个称号将使他成为头人会即福努中的一个成员，然后他将有资格跟酋长一起喝卡瓦酒，跟酋长而不是跟年轻人一道干活，坐在议事的屋子里。不过，他的这一新头衔仅是"柱子之间"的级别，还没重要到让他有权背靠一根柱子坐下。

因为没有解决"柱子"问题，译文继续出错。

【例2】谈到萨摩亚男子的社会组织及头人会议时，原著为：

> Against the posts at the back of the house sit the *matais* of low rank, and between the posts and at the centre sit those of so little importance that no place is reserved for them. ②

《萨摩亚人的成年》译文为：

> 面对议事酋长、在房子后部就座的是等级较低的玛泰。议事酋长和等级较低的玛泰之间的位置是供那些无足轻重的、没有专门职务的人就座的。③

---

① 〔美〕玛格丽特·米德：《萨摩亚人的成年——为西方文明所作的原始人类的青年心理研究》，周晓虹、李姚军、刘婧译，商务印书馆，2008，第39页。

② Margaret Mead, *Coming of Age in Samoa: A Psychological Study of Primitive Youth for Western Civilization*, William Morrow & Company, 1972, pp. 55 – 56.

③ 〔美〕玛格丽特·米德：《萨摩亚人的成年——为西方文明所作的原始人类的青年心理研究》，周晓虹、李姚军、刘婧译，商务印书馆，2008，第62页。

这段译文说明译者仍旧没弄清议事房屋里的座位安排，甚至也不知道谁可以进屋参会、谁不可以进屋参会。

上文已经说过，只有获得玛泰称号的男子才能到议事房屋里就坐，但同为玛泰，地位并不相同。有些玛泰有权背靠柱子坐，有些玛泰则无权背靠柱子坐。高级别的玛泰在房屋前部背靠柱子坐，低级别的玛泰在房屋后部背靠柱子坐，级别更低的玛泰则无柱子可依靠。"Against"意为"依靠"。"the posts"指"柱子"。"those"指代"those *matais*"（那些玛泰）。"place"意为"地点、位置"。

可以翻译为：在房屋后部背靠柱子坐下的是低级别的玛泰，在柱子之间和房屋中央坐下的是不甚重要而没有获得预留位置的玛泰。

【例3】再一次谈到男子的地位，原著为：

The *matai* name he receives may be a very small one, carrying with it no right to a post in the council house, or other prerogatives. ①

《萨摩亚人的成年》译文为：

他所取得的玛泰头衔也许微不足道，小得使他没有权利在公开的会议上占一席之地，也没有其他任何特权。②

前文已经表明，男子一旦具有玛泰称号，就可以到议事房屋里坐。不过，年轻的玛泰因为地位很低，所以不能背靠柱子坐，而只能坐在柱子与柱子之间以及屋子中央的空地上。此处译文所谓"小得使他没有权利在公开的会议上占一席之地"又是一个因"柱子"而来的误译。"no right to a post"意为"无权背靠柱子"，但这并不等于没有"一席之地"。实际上，只要获得了玛泰称号，哪怕级别再低，也有权进屋坐下参会。

① Margaret Mead, *Coming of Age in Samoa: A Psychological Study of Primitive Youth for Western Civilization*, William Morrow & Company, 1972, p.143.
② 〔美〕玛格丽特·米德:《萨摩亚人的成年——为西方文明所作的原始人类的青年心理研究》，周晓虹、李姚军、刘婧译，商务印书馆，2008，第130页。

可以翻译为：他得到的玛泰称号可能是一个很小的称号，该称号并没赋予他在议事房屋里背靠柱子而坐的权力，也不具有其他特权。

"柱子"问题也涉及女人的地位。在萨摩亚社会中，已婚女人的地位取决于其丈夫的地位。女人也有自己的会议，而她们开会时仍然背靠各自丈夫的"柱子"。

【例4】谈到女人会议，原著为：

> The wives of titled men hold their own formal meetings, taking the status from their husbands, sitting at their husbands' posts and drinking their husbands' kava. [①]

《萨摩亚人的成年》译文为：

> 这些丈夫有头衔的女人们举行自己的会议时，其地位高低是由她们丈夫的地位决定的，按丈夫的位置排列就座，饮丈夫的卡瓦酒。[②]

"sitting at their husbands' posts"意为"背靠其丈夫的柱子坐"。《萨摩亚人的成年》将这个短语译为"按丈夫的位置排列就座"，虽无大错，但并没有传达原文具体而实在的含义。

可以翻译为：男人有头衔，他们的妻子也就有正式会议；她们接替各自丈夫的地位，背靠各自丈夫的柱子而坐，饮各自丈夫的卡瓦酒。

萨摩亚人开会的房屋内有柱子，日常起居的房屋内也有柱子。

【例5】谈到萨摩亚人装模作样的情形，原著为：

> Even Samoan dogs have learned to estimate the proportion of gesture that there is in a Samoan's "get out of the house." They simply stalk out between

---

① Margaret Mead, *Coming of Age in Samoa: A Psychological Study of Primitive Youth for Western Civilization*, William Morrow & Company, 1972, pp. 57 – 58.

② 〔美〕玛格丽特·米德:《萨摩亚人的成年——为西方文明所作的原始人类的青年心理研究》，周晓虹、李姚军、刘婧译，商务印书馆，2008，第64页。

one set of posts and with equal dignity and all casualness stalk in at the next opening. ①

《萨摩亚人的成年》译文为：

> 甚至萨摩亚人的狗也能够理解主人的驱逐姿态，这些姿态在萨摩亚语中含有"滚出去"的意思。它们在一排住房前来回溜达，然后带着一种自信和漫不经心的神情跨进某个开着门的房里去。②

"the proportion of gesture"意为"装样子的比例"。萨摩亚人住房内有多排支撑柱，两排支撑柱之间形成一个通道。"between one set of posts"意为"成对的两列柱子之间"。"stalk out"意为"高视阔步地走出"。"dignity"意为"尊严，体面"。

可以翻译为：就连萨摩亚人的狗也学会了揣度萨摩亚人说的"滚出屋去"一语中到底有多少装模作样的成分。它们径直从两列柱子之间高视阔步地走出来，然后带着同等的高贵和十足的随意，大模大样地走进下两列柱子之间的通道。

《西太平洋的航海者》原著中介绍当地建筑，多次出现"piles"（桩，柱子）一词。因为没有理解这个重要概念的含义，《西太平洋的航海者》译文多次将当地建筑的形制译错。

【例1】谈到南马辛人的住所，原著为：

> They build very elaborately constructed and beautifully decorated houses on piles. ③

《西太平洋的航海者》译文为：

---

① Margaret Mead, *Coming of Age in Samoa: A Psychological Study of Primitive Youth for Western Civilization*, William Morrow & Company, 1972, p. 20.
② 〔美〕玛格丽特·米德：《萨摩亚人的成年——为西方文明所作的原始人类的青年心理研究》，周晓虹、李姚军、刘婧译，商务印书馆，2008，第34页。
③ Bronislaw Malinowski, *Argonauts of the Western Pacific: An Account of Native Enterprise and Adventure in the Archipelagoes of Melanesian New Guinea*, China Social Sciences Publishing House, 1999, p. 32.

　　　　他们的住屋建在台基上，装饰得美观而精致。①

可以翻译为：他们在桩上建造结构精巧、装饰美丽的房屋。

【例2】谈到穆图人的住所，原著为：

　　　　…the Motuan habitations standing on high piles in the middle of a lagoon，….②

《西太平洋的航海者》译文为：

　　　　……穆图人（Motu）在海湖的台基上的住地……。③

可以翻译为：……穆图人在潟湖中修建在高桩上的住所……。

【例3】谈到多布人的住所，原著为：

　　　　…on which there can be plainly seen triangular gardens，native houses on piles，large tracts of unbroken jungle and patches of grass land.④

《西太平洋的航海者》译文为：

　　　　……让我们清楚地看到土著人建在台基上的房屋、三角形的园圃、大片浓密的森林和草地。⑤

可以翻译为：……在坡上可以清楚地看到三角形的园地，桩上房屋，大片绵延不断的丛林和一块块草地。

---

① 〔英〕马凌诺斯基：《西太平洋的航海者》，梁永佳、李绍明译，高丙中校，华夏出版社，2002，第26页。

② Bronislaw Malinowski，*Argonauts of the Western Pacific*：*An Account of Native Enterprise and Adventure in the Archipelagoes of Melanesian New Guinea*，China Social Sciences Publishing House，1999，p. 35.

③ 〔英〕马凌诺斯基：《西太平洋的航海者》，梁永佳、李绍明译，高丙中校，华夏出版社，2002，第30页。

④ Bronislaw Malinowski，*Argonauts of the Western Pacific*：*An Account of Native Enterprise and Adventure in the Archipelagoes of Melanesian New Guinea*，China Social Sciences Publishing House，1999，p. 39.

⑤ 〔英〕马凌诺斯基：《西太平洋的航海者》，梁永佳、李绍明译，高丙中校，华夏出版社，2002，第32页。

【例4】再次谈到多布人的住所，原著为：

The houses are built on piles, but are cruder architecturally than those of the S. Massim, …. ①

《西太平洋的航海者》译文为：

他们的房子建在台基上，但比南马辛人的粗糙，……。②

可以翻译为：房屋建在柱上，比南马辛人的房屋建得粗糙，……。

【例5】谈到安富列特各岛屿的住所，原著为：

The shabby and unornamented huts, built on piles, look very picturesque in these surroundings. ③

《西太平洋的航海者》译文为：

建在台基上的茅屋虽然外表朴实无华，但处于这样的环境中却显得如诗如画。④

可以翻译为：建在桩上的破旧小屋没有装饰，在周围事物的映衬下看上去生动如画。

【例6】谈到特罗布里恩德群岛一般的村落布局，原著为：

These latter are built on piles. ⑤

---

① Bronislaw Malinowski, *Argonauts of the Western Pacific*: *An Account of Native Enterprise and Adventure in the Archipelagoes of Melanesian New Guinea*, China Social Sciences Publishing House, 1999, p. 41.

② 〔英〕马凌诺斯基：《西太平洋的航海者》，梁永佳、李绍明译，高丙中校，华夏出版社，2002，第33页。

③ Bronislaw Malinowski, *Argonauts of the Western Pacific*: *An Account of Native Enterprise and Adventure in the Archipelagoes of Melanesian New Guinea*, China Social Sciences Publishing House, 1999, p. 46.

④ 〔英〕马凌诺斯基：《西太平洋的航海者》，梁永佳、李绍明译，高丙中校，华夏出版社，2002，第37页。

⑤ Bronislaw Malinowski, *Argonauts of the Western Pacific*: *An Account of Native Enterprise and Adventure in the Archipelagoes of Melanesian New Guinea*, China Social Sciences Publishing House, 1999, p. 55.

《西太平洋的航海者》译文为：

    这些仓库建在台基上。①

可以翻译为：这些薯蓣仓库建在桩上。

【例7】谈到住所与仓房的区别，原著为：

    The dwellings are lower than the yam houses, and instead of being on piles, are built directly on the ground. ②

《西太平洋的航海者》译文为：

    住屋的高度比甘薯仓低，直接从地上建起，没有台基。③

可以翻译为：住所比薯蓣仓库矮，不是建在桩上，而是直接建在地面上。

【例8】谈到一位土著酋长的房屋，原著为：

    There, overtopping the elegant native huts, stands an enormous corrugated iron shed, built on piles, but with the space between the floor and the ground filled up carefully with white coral stones. This monument testifies both to native vanity and to the strength of their superstitions—vanity in aping the white man's habit of raising the house, and native belief in the fear of the bwaga'u (sorcerer), whose most powerful sorcery is applied by burning magical herbs, and could not be warded off, were he able to creep under the house. It may be added that even the missionary teachers, natives

---

① 〔英〕马凌诺斯基：《西太平洋的航海者》，梁永佳、李绍明译，高丙中校，华夏出版社，2002，第50页。

② Bronislaw Malinowski, *Argonauts of the Western Pacific: An Account of Native Enterprise and Adventure in the Archipelagoes of Melanesian New Guinea*, China Social Sciences Publishing House, 1999, p. 56.

③ 〔英〕马凌诺斯基：《西太平洋的航海者》，梁永佳、李绍明译，高丙中校，华夏出版社，2002，第51页。

of the Trobriands，always put a solid mass of stones to full the space be-
neath their houses. ①

《西太平洋的航海者》译文为：

> 首先映入眼帘的是一个巨大的用铁片架成的屋棚，它在土著人小
> 巧的茅屋中有如鹤立鸡群。这个铁屋建在平台之上，平台和地面之间
> 小心地塞满了白珊瑚石。这个建筑昭示着土著人的虚荣心和迷信：一
> 方面邯郸学步地模仿白人的建筑方式，另一方面又相信如果让 bwaga'u
> （巫师）爬入他们的屋底下，并祭起最厉害的焚烧蓍草的巫术，历久
> 不散的气味会让他们无路可逃。这是土著人最害怕的巫术之一，即使
> 特罗布里恩德的土著传教士也常用石块塞满他们住屋下的空隙。②

房屋建在柱子上，房屋地板与地面之间就形成空间。把 "piles" 译为
"平台"，并未明确表示出 "房屋地板与地面之间存在空间" 这个含义。而
且，这个含糊其辞的 "平台" 仍然会让读者想到前面译文中那个实实在在
的 "台基"。

可以翻译为：在那里，耸立着一座高出当地精巧小屋的波形铁建成的
巨大棚屋。它建在桩上，但棚屋地板与地面之间的空间被仔细地塞满了白
色珊瑚石。这座标志性的建筑既表明土著人的虚荣心——模仿白人修建高
大房屋的习惯，也证明土著人的迷信的威力——他们怀有对男巫师的恐惧
（男巫师如果点燃有魔力的药草，就能实施强大的巫术；而如果他能够爬
到房屋地板下面，他的巫术就无法抵挡）。还可以补充一句，就连特罗布
里恩德的土著传教士也总是用石头把他们房屋地板下面的空间塞得严严
实实。

"台基" 一词在汉语中指高出地面的建筑物底座，且多指用砖石砌

---

① Bronislaw Malinowski, *Argonauts of the Western Pacific*: *An Account of Native Enterprise and Ad-
venture in the Archipelagoes of Melanesian New Guinea*, China Social Sciences Publishing House,
1999, pp. 195 – 196.

② 〔英〕马凌诺斯基：《西太平洋的航海者》，梁永佳、李绍明译，高丙中校，华夏出版社，
2002，第 171 ~ 172 页。

成者。"平台"含义更为宽泛。不论"台基"还是"平台",都不能表现"piles"所指"桩,柱子"的含义。"piles"与上列"storehouse"等连用,指修建在柱子上的仓房、住房等。这类建于柱子上的房屋在全世界分布很广,热带地区尤其常见,是适应当地气候和物产的建筑样式。我国南方广西、云南等地许多少数民族至今仍住在这样的房屋里。地面与房屋地板之间的空间高度不一,有时甚至高过成年的牛,可以将牛栓在柱子上。汉语中对这类建筑物有通称,如干栏、干栏式建筑、高栏等。

《当代人类学》译本中也存在对重要概念的误译,现略举数例。

【例1】谈到伊拉克基尔库克的一处遗址,原著为:

The village probably looked much like the simple Kurdish farming village of today with its mud-walled houses and low mud-on-brush roofs. [1]

《当代人类学》译文为:

这个村落也许很像今天简陋的库尔德农耕村落,它也有泥墙房子和泥刷的低层顶。[2]

"mud-on-brush"指一种屋顶建造方式,即在屋梁上平铺一层树枝,再将一层泥覆盖于平铺的树枝上,浇水夯筑而成屋顶。我国西南地区彝族和哈尼族等民族的土掌房多用此类屋顶。

可以翻译为:这个村落大概很像今天简朴的库尔德农村,有泥墙房屋,低矮的屋顶是稀泥覆盖在树枝上浇铸成的。

【例2】谈到扩大家庭的情况,原著为:

On the positive side, indulgence is shown to children, particularly in the form of prolonged oral gratification. Nursing continues for several years and is virtually on demand. This may be interpreted as rewarding the child

---

[1] William A. Haviland, *Anthropology*, CBS College Publishing, 1982, p. 227.
[2] 〔美〕威廉·A. 哈维兰:《当代人类学》,王铭铭等译,上海人民出版社,1987,第203页。

for seeking support within the family, the main agent in meeting the child's needs. ①

《当代人类学》译文为：

> 积极的一面是，对孩子们表示纵容，特别是用长期的夸奖方式表示纵容。喂奶期延续好几年时间，实际上是根据需要而定的。这可解释为：为在家庭中寻求支持，对孩子进行奖赏，这就是迎合孩子的主要动因。②

"oral gratification" 指的是 "口唇满足"，即让婴幼儿吸吮奶头。

可以翻译为：对依附训练有利的一面是，纵容小孩，特别是让他们长时期得到口唇满足。喂奶持续几年，而且，实际上是孩子一想吃，妈妈就喂他吃。这可解释为：孩子在家中寻求庇护，所以奖赏他。要知道，家庭是满足孩子需要的主体。

【例3】谈到工业社会的情况，原著为：

> On the negative side, in modern industrial societies, little emphasis is placed on prolonged oral gratification, and feeding is more by schedule than on demand. ③

《当代人类学》译文为：

> 消极的一面是：现代工业社会并不注重口头的夸奖，喂奶也是根据成人定的计划而不是根据孩子的需求。④

可以翻译为：对依附训练不利的一面是，现代工业社会少有重视长期的口唇满足，而且喂奶多半按照时间表进行，而不是孩子想吃就喂。

---

① William A. Haviland, *Anthropology*, CBS College Publishing, 1982, p. 334.
② 〔美〕威廉·A. 哈维兰：《当代人类学》，王铭铭等译，上海人民出版社，1987，第304页。
③ William A. Haviland, *Anthropology*, CBS College Publishing, 1982, p. 335.
④ 〔美〕威廉·A. 哈维兰：《当代人类学》，王铭铭等译，上海人民出版社，1987，第305页。

【例4】谈到狩猎-采集社会的情况，原著为：

> But the pattern is not quite the same, for infants receive much more in the way of positive, affectionate attention from adults, along with prolonged oral gratification. [①]

《当代人类学》译文为：

> 但其方式不太一样，因为狩猎采集社会的婴儿受到成人更多正面的关怀和长期的表扬。[②]

可以翻译为：但模式并非完全相同，因为，狩猎-采集社会的婴幼儿从成人那里得到远比工业社会要多的、培养其依附感的关爱，还有长期的口唇满足。

## （二）语境

字词、语句、段落、篇章等话语单位，其含义都是在一定的语境中体现出来的。离开了特定语境，这些话语单位的准确含义往往难以判定。翻译过程中，译者应该留意语境对话语单位的限定作用。

《世界民间故事分类学》介绍民间故事的多种类型。类型本身就是规定性极强的语境。换句话说，一则故事如果属于某种类型，那么其情节发展、人物性格都离不开这种类型的基本形态。如果译者既不了解故事类型的基本结构，也缺乏必要的语言能力，误译就不可避免。

【例1】谈到泼妇故事的常见形式，原著为：

> In its usual form, the man persuades his shrewish wife to let herself be lowered into a well. When he comes to pull her out, he raises a genie or devil, who is glad to escape from the woman. Later, when he wishes to

---

① William A. Haviland, *Anthropology*, CBS College Publishing, 1982, p. 336.
② 〔美〕威廉·A. 哈维兰：《当代人类学》，王铭铭等译，上海人民出版社，1987，第305页。

frighten the devil, he has only to tell him that the wife has escaped. ①

《世界民间故事分类学》译文为：

> 按这一故事的一般形式，一个男人说服他泼妇似的妻子，让她自己落入一口井中，他来拉她时，拉上来的却是一个妖怪或者一个魔鬼，她因为自己不再是一个女人而高兴不已。后来，凡是他想要吓唬这个魔鬼时，他只能宽慰自己，他的妻子已经逃走了。②

"usual form"指故事的"基本形态，常见形式"。这是无可救药的泼妇故事中的情节。译文与原文大相径庭，所以原文的妙趣荡然无存。

可以翻译为：在这个故事的常见形式中，丈夫说服自己的泼妇妻子同意把她放到井里。他来拉她出来，却拉上来一个妖怪或魔鬼。魔鬼庆幸自己摆脱了那位悍妇。后来，如果丈夫想吓唬魔鬼，就只消对魔鬼说：悍妇已经从井里逃出来了。

【例2】谈到狐狸和熊的故事，原著为：

> As he is riding the bear, he sings out, "The sick is carrying the well," but misreports the song to the stupid bear. ③

《世界民间故事分类学》译文为：

> 它骑着熊大声喝道："病人正好转过来。"而愚蠢的熊连这个歌的含义也听不懂。④

"he"指狐狸。"the well"是"健康的人"，"The sick"是"病人"。"misreport"意为"错误地报告"。

---

① Stith Thompson, *The Folktale*, Holt, Rhinehart and Winston, 1947, p. 209.
② 〔美〕斯蒂·汤普森：《世界民间故事分类学》，郑海等译，郑凡译校，上海文艺出版社，1991，第250页。
③ Stith Thompson, *The Folktale*, Holt, Rhinehart and Winston, 1947, p. 220.
④ 〔美〕斯蒂·汤普森：《世界民间故事分类学》，郑海等译，郑凡译校，上海文艺出版社，1991，第263页。

可以翻译为：狐狸骑在熊背上唱"病人背好人"，却没告诉蠢熊他真正在唱什么。

【例3】谈到中部森林地区的神话与易洛魁人神话的比较，原著为：

Indeed, the beginning of the myth is identical with the latter. ①

《世界民间故事分类学》译文为：

当然，神话是首尾相应、前后连贯的。②

"the latter" 指易洛魁人神话。

可以翻译为：实际上，中部森林地区这则神话的开头与易洛魁人神话的开头完全相同。

【例4】谈到《狗丈夫》故事的传播，原著为：

It is difficult to tell exactly whether the tradition of the Dog Husband has spread from the Eskimo southward or vice versa. ③

《世界民间故事分类学》译文为：

要确切地说明《狗丈夫》这个传说是否由爱斯基摩人住地的南方传来，或者反过来是流传到南部的爱斯基摩人那里去，这是一件很头疼的事。④

上下文中讨论的故事流传在爱斯基摩人地区和太平洋北部海岸。以地域而论，爱斯基摩人在北方，太平洋北部海岸在南方。"spread from the Eskimo southward" 意为"从爱斯基摩人那里向南方传播"。

---

① Stith Thompson, *The Folktale*, Holt, Rhinehart and Winston, 1947, p. 308.
② 〔美〕斯蒂·汤普森：《世界民间故事分类学》，郑海等译，郑凡译校，上海文艺出版社，1991，第369页。
③ Stith Thompson, *The Folktale*, Holt, Rhinehart and Winston, 1947, p. 356.
④ 〔美〕斯蒂·汤普森：《世界民间故事分类学》，郑海等译，郑凡译校，上海文艺出版社，1991，第427页。

可以翻译为：难以准确判断《狗丈夫》的口头传统是从爱斯基摩人那里向南方传播还是从南方向爱斯基摩人那里传播。

【例5】谈到以讲故事混食宿者对故事的改造，原著为：

They keep the old general patterns, but their special treatment is all in the direction of expansion. ①

《世界民间故事分类学》译文为：

他们维持着古老的一般模式，但在一切方面扩展他们特殊的加工处理。②

原文介绍，以讲故事混食宿的流浪者对故事的特殊改造主要是对故事进行扩充。

可以翻译为：他们保持古老的普遍模式，但他们的特殊处理全都用于对故事进行扩充。

《萨摩亚人的成年》中，译者忽视语境而导致的误译也不少。

【例1】谈到成人与小孩的关系，原著为：

If a crowd of children are near enough, pressing in curiously to watch some spectacle at which they are not wanted, they are soundly lashed with palm leaves, or dispersed with a shower of small stones, of which the house floor always furnishes a ready supply. ③

《萨摩亚人的成年》译文为：

如果一群孩子住得非常近，他们常常会一窝蜂地涌进某间房里，好奇地观看那些不准他们看的场面。大孩子们会用棕榈叶抽打他们，

---

① Stith Thompson, *The Folktale*, Holt, Rhinehart and Winston, 1947, p. 452.
② 〔美〕斯蒂·汤普森：《世界民间故事分类学》，郑海等译，郑凡译校，上海文艺出版社，1991，第 542 页。
③ Margaret Mead, *Coming of Age in Samoa: A Psychological Study of Primitive Youth for Western Civilization*, William Morrow & Company, 1972, p. 19.

用小石子砸他们，轰他们走。①

"If a crowd of children are near enough" 意为 "如果一群孩子离正在从事某些活动的成人距离不远"。孩子妨碍成人的活动，对孩子们施加惩戒者是成年人。"of which the house floor always furnishes a ready supply"（屋里的地上总是有随手可得的棕榈叶和小石子），也说明惩戒小孩的行动由屋内的成年人发起。

可以翻译为：如果一群孩子就在大人附近，好奇地硬挤进屋子去看不让他们看的场景，就会被大人用棕榈叶狠揍，或者被大人用小石子打跑。屋里的地上随时都有棕榈树叶和小石子。

【例2】谈到男孩和女孩的劳动分工，原著为：

> They must learn to lace a large fish into a palm leaf, or roll a bundle of small fish in a breadfruit leaf; to select the right kind of leaves for stuffing a pig, to judge when the food in the oven of small heated stones is thoroughly baked. Theoretically the bulk of the cooking is done by the boys and where a girl has to do the heavier work, it is a matter for comment: "poor Losa, there are no boys in her house and always she must make the oven."②

《萨摩亚人的成年》译文为：

> 她们必须学会用棕榈叶包捆大鱼，或用面包树树叶包捆一串小鱼；学会采集各种喂猪的叶子，学会判断放在烧烫的小石子中烘烤的食物是不是熟了。一般来说，烧饭的任务大多是由男孩子来承担的，女孩子必须去做一些更加繁重的工作。常常有这样的议论："瞧可怜的罗莎，家里没有男孩子，总是她去烧饭。"③

---

① 〔美〕玛格丽特·米德：《萨摩亚人的成年——为西方文明所作的原始人类的青年心理研究》，周晓虹、李姚军、刘婧译，商务印书馆，2008，第34页。

② Margaret Mead, *Coming of Age in Samoa: A Psychological Study of Primitive Youth for Western Civilization*, William Morrow & Company. 1972, p. 23.

③ 〔美〕玛格丽特·米德：《萨摩亚人的成年——为西方文明所作的原始人类的青年心理研究》，周晓虹、李姚军、刘婧译，商务印书馆，2008，第36页。

原著为，姑娘干轻活儿（收拾鱼，找猪食等），男孩干重活儿（做饭）。译文误解段落大意，还误译多处细节。"the heavier work"（重活儿）指"the cooking"（做饭）。

可以翻译为：姑娘要学会用一片棕榈叶捆紧一条大鱼，或把一堆小鱼裹在一片面包树叶里；学会挑选适宜用来喂猪的那种叶子，判断烫石子儿炉灶中的食物何时熟透。从理论上说，做饭的活儿主要是男孩干，如果姑娘不得不干这件重活儿，那可就有话说了："可怜的罗莎，家里没男孩，所以总是她弄炉灶做饭。"

【例3】谈到萨摩亚人的血亲庇护制度，原著为：

So cherished is this system of consanguineous refuge, that an untitled man or a man of lesser rank will beard the nobler relative who comes to demand a runaway child. With great politeness and endless expressions of conciliation, he will beg his noble chief to return to his noble home and remain there quietly until his noble anger is healed against his noble child. [1]

《萨摩亚人的成年》译文为：

这种血亲庇护制度给人提供了如此厚爱，使得一个没有头衔的男子，或一个地位较低的男子，也敢于公开劝阻那正在训斥逃跑孩子的地位尊贵的亲戚。凭着温和的劝说和不厌其烦的调解，尊贵的首长被劝回到自己的住处。人们劝他在那里静静地待上一会儿，直到他对自己的孩子的怒气烟消云散为止。[2]

原文强调血亲庇护制度下低等级的人享有保护高贵人家的小孩免受其父亲惩罚的权利。"cherished"（被珍爱）的对象是"system"（制度）。"demand a runaway child"意为"把一个逃跑的孩子（从低等级的亲戚家）

① Margaret Mead, *Coming of Age in Samoa: A Psychological Study of Primitive Youth for Western Civilization*, William Morrow & Company, 1972, p. 33.
② 〔美〕玛格丽特·米德：《萨摩亚人的成年——为西方文明所作的原始人类的青年心理研究》，周晓虹、李姚军、刘婧译，商务印书馆，2008，第44页。

领回去"。"noble"（高贵）一词出现 4 次，既突出涉事双方的地位差别，也传达一种幽默意味。从句以低等级的人做主语并说明这个人如何利用亲属关系庇护其高等级亲戚家的孩子。《萨摩亚人的成年》的译文使得原文主题被冲淡、逻辑被破坏。

可以翻译为：这种血亲庇护制度被人看重，所以，一个无头衔的男子或低等级的男子在比他高贵的亲戚上门找回出逃的孩子时，尽可不理睬亲戚的要求。他会谦卑有礼地说尽好话，恳求高贵的酋长回到他高贵的家里，静待其对高贵孩子的高贵怨气得以消除。

【例 4】谈到萨摩亚人的亲戚关系，原著为：

> One day it is the wife's relatives who come to spend a month or borrow a fine mat; the next day it is the husband's; the third, a niece who is a valued worker in the household may be called home by the illness of her father. [1]

《萨摩亚人的成年》译文为：

> 今天是妻子的一位亲戚来家里住上一个月，或借一张精致的草席；明天来的是丈夫的亲戚；后来可能是一位侄（甥）女儿（她在户里是一位宝贵的劳力）接待她多病的父亲。[2]

"be called home"意为"被召回家"。"by the illness of her father"意为"以其父生病为由"。

可以翻译为：某天妻子的亲戚来借住一月，或借张精美的席子；第二天，丈夫的亲戚来了；第三天，在这个家里充当干活好手的侄女又被她家人以她父亲生病为由喊回去了。

【例 5】谈到萨摩亚人的潜入偷睡习俗，原著为：

> As perhaps a dozen or more people and several dogs are sleeping in the

---

[1] Margaret Mead, *Coming of Age in Samoa: A Psychological Study of Primitive Youth for Western Civilization*, William Morrow & Company, 1972, p. 36.

[2] 〔美〕玛格丽特·米德：《萨摩亚人的成年——为西方文明所作的原始人类的青年心理研究》，周晓虹、李姚军、刘婧译，商务印书馆，2008，第 46~47 页。

house, a due regard for silence is sufficient precaution. But it is this habit of domestic rendezvous which lends itself to the peculiar abuse of the *moetotolo*, or sleep crawler. ①

《萨摩亚人的成年》译文为：

> 因为可能还有许多人甚至几只狗同室而居，四周寂静无声使人们都保持着足够的警觉。但是，正是这种在室内约会的习惯十分适宜于莫托托洛（睡觉时的潜入者）这种特有的习俗广为流行。②

萨摩亚恋人在室内幽会，而室内不仅睡着其他人，还睡着几只狗。为了不影响大家睡觉，幽会的男女就要尽量保持安静。有人冒充情郎偷偷进入屋里跟姑娘睡觉。这种人被称为"*moetotolo*"（莫托托洛），也就是"sleep crawler"，可译为"潜入偷睡者"。潜入偷睡者就是利用了姑娘在室内会男友而怕发出声响的顾虑。

可以翻译为：屋里也许睡着十余人和几只狗，睡觉者就得很注意安静，以防弄出声音。但是，潜入偷睡者正是钻了这种室内约会习惯的空子。

【例6】谈到基督教对萨摩亚人的影响，原著为：

> If, on the other hand, the parents wished their children to stay and the children were unwilling to do so, the remedy was simple. They had but to transgress seriously the rules of the pastor's household, and they would be expelled; if they feared to return to their parents, there were always other relatives. ③

《萨摩亚人的成年》译文为：

---

① Margaret Mead, *Coming of Age in Samoa: A Psychological Study of Primitive Youth for Western Civilization*, William Morrow & Company, 1972, p. 70.

② 〔美〕玛格丽特·米德：《萨摩亚人的成年——为西方文明所作的原始人类的青年心理研究》，周晓虹、李姚军、刘婧译，商务印书馆，2008，第73页。

③ Margaret Mead, *Coming of Age in Samoa: A Psychological Study of Primitive Youth for Western Civilization*, William Morrow & Company, 1972, p. 122.

　　从另一个方面来说，如果父母希望女儿住在家里，而女儿们执意不从的话，这也是容易解决的。如果女儿们独自前往，这就严重侵犯了牧师的户规，旋即便会被驱逐出来；此时，如果她们不敢返回父母身边的话，总还有其他亲戚可以投奔。①

　　原著说父母希望女儿住牧师家里而女儿不愿去。"the parents wished their children to stay" 是 "the parents wished their children to stay in the pastor's household" 的省略形式，意为 "如果父母希望孩子待在牧师家里"。因此，译文所谓 "如果女儿独自前往" 这一假设毫无道理。"had but to" 意为 "只需"。

　　可以翻译为：另一方面，如果父母希望孩子们待在牧师家里而孩子们又不愿意，消除矛盾的办法容易找到。她们只需严重违犯牧师家的规矩，就会被赶走。如果她们怕回到父母身边，也总有其他亲戚家可去。

　　【例7】谈到姑娘的第一种反常行为，原著为：

　　These girls all represented the deviants from the pattern in one direction; they were those who demanded a different or improved environment, who rejected the traditional choices. ②

《萨摩亚人的成年》译文为：

　　这几位姑娘都代表了那些与萨摩亚人单一生活模式相背离的异常者。她们都抛弃了传统的生活方式，生活在一种与过去大相径庭的人为的环境中。③

　　"in one direction" 意为 "朝一个方向"，而不是 "单一生活模式"。

---

① 〔美〕玛格丽特·米德：《萨摩亚人的成年——为西方文明所作的原始人类的青年心理研究》，周晓虹、李姚军、刘婧译，商务印书馆，2008，第114~115页。

② Margaret Mead, *Coming of Age in Samoa: A Psychological Study of Primitive Youth for Western Civilization*, William Morrow & Company, 1972, p. 127.

③ 〔美〕玛格丽特·米德：《萨摩亚人的成年——为西方文明所作的原始人类的青年心理研究》，周晓虹、李姚军、刘婧译，商务印书馆，2008，第118页。

可以翻译为：这些姑娘代表朝一个方向偏离一般生活模式的人，她们希望得到不同的或更好的环境，拒绝传统的选择。

【例8】继续谈姑娘的第一种反常行为，原著为：

> These conflicts which have been discussed are conflicts of children who deviate upwards, who wish to exercise more choice than is traditionally permissible, and who, in making their choices, come to unconventional and bizarre solutions. [1]

《萨摩亚人的成年》译文为：

> 以上讨论的都是小姑娘的冲突。她们的"离经叛道"并非是堕落，而是希望得到更多的传统文化所不允许的生活抉择，抉择的结果导致了种种有背习俗、令当地人诧异的结果。[2]

"deviate upwards"意为"偏离常轨而向上发展"。这是对上一问题中"in one direction"（朝一个方向）的具体说明。

可以翻译为：

刚才讨论的这些冲突是这样一类孩子们表现出来的冲突：她们偏离常轨而渴求向上发展，她们希望得到比传统许可的更多的选择，她们在进行选择时采用不合惯例的、怪异的解决方法。

【例9】谈到姑娘的第二种反常行为，原著为：

> It will now be necessary to discuss another type of deviant, the deviant in a downward direction, or the delinquent. [3]

《萨摩亚人的成年》译文为：

---

[1] Margaret Mead, *Coming of Age in Samoa: A Psychological Study of Primitive Youth for Western Civilization*, William Morrow & Company, 1972, p. 128.

[2] 〔美〕玛格丽特·米德：《萨摩亚人的成年——为西方文明所作的原始人类的青年心理研究》，周晓虹、李姚军、刘婧译，商务印书馆，2008，第119页。

[3] Margaret Mead, *Coming of Age in Samoa: A Psychological Study of Primitive Youth for Western Civilization*, William Morrow & Company, 1972, p. 129.

现在我们有必要讨论另一种举止异常者，即逆向变异者，或称为越轨者。①

作者将反常行为分作两个方向：一个是"deviate upwards"，即"偏离常轨而向上发展"；另一个是"the deviant in a downward direction"，即"偏离常轨而向下堕落"。前一个例子说姑娘们向往更好的生活，是偏离而向上；后一个例子说姑娘们自暴自弃，是偏离而向下。

译者没有真切理解和传达"upwards"与"downward"的对比意义，也没有弄清"direction"（方向）的具体含义。

可以翻译为：现在有必要讨论另一类偏离常轨者，即偏离常轨而向下堕落者，或称为少年犯。

【例10】谈到萨摩亚人的友谊，原著为：

Consideration of congeniality, of like-mindedness, are all ironed out in favour of regimented associations. ②

《萨摩亚人的成年》译文为：

人们对情趣相投、志同道合的考虑，都让位于某种类别的联想。③

原文说萨摩亚人重群体不重个人。"associations"指"各种社团、群体"。

可以翻译为：对意气相投、心心相印的考虑都被排除在外，人们重视的是分门别类的小群体。

《金枝》中也有因为不重视语境而造成的误译。

【例1】谈到印度数量众多的人神，原著为：

---

① 〔美〕玛格丽特·米德：《萨摩亚人的成年——为西方文明所作的原始人类的青年心理研究》，周晓虹、李姚军、刘婧译，商务印书馆，2008，第119页。
② Margaret Mead, *Coming of Age in Samoa: A Psychological Study of Primitive Youth for Western Civilization*, William Morrow & Company, 1972, pp. 160 – 161.
③ 〔美〕玛格丽特·米德：《萨摩亚人的成年——为西方文明所作的原始人类的青年心理研究》，周晓虹、李姚军、刘婧译，商务印书馆，2008，第145页。

But perhaps no country in the world has been so prolific of human gods as India; nowhere has the divine grace been poured out in a more liberal measure on all classes of society from kings down to milkmen. ①

《金枝》译文为:

在印度，人神为数之多，恐怕要算世界第一。没有哪个国家像印度那样从国王到庶民百姓全国上下都感激赞颂神的慈悲。②

"the divine grace been poured out…on all classes" 意为 "神的恩典被倾泻到各阶层的人身上"，即让人成为神（下句即说，照管牛奶场的人被说成神）。

可以翻译为:但是，世界上大概没有哪个国家像印度一样有这么多人形神灵。没有哪个地方像印度一样，神的恩典慷慨地倾泻到从国王到送奶者的社会各阶层的人身上。

【例2】谈到五朔节习俗，原著为:

Hence the custom in some places of planting a May-tree before every house, or of carrying the village May-tree from door to door, that every household may receive its share of the blessing. ③

《金枝》译文为:

许多地方五朔节时家家门前都要栽一棵山楂树，或者从树林中带回一株山楂树，这种做法就是要每户人家都分享这份赐福。④

原文说，五月树或各家有一棵，或全村共有一棵。

① James George Frazer, *The Golden Bough*, China Social Sciences Publishing House, 1999, p. 100.
② 〔英〕J. G. 弗雷泽:《金枝》，徐育新、汪培基、张泽石译，汪培基校，中国民间文艺出版社，1987，第151页。
③ James George Frazer, *The Golden Bough*, China Social Sciences Publishing House, 1999, p. 120.
④ 〔英〕J. G. 弗雷泽:《金枝》，徐育新、汪培基、张泽石译，汪培基校，中国民间文艺出版社，1987，第183页。

可以翻译为：

因此，在某些地方有这样的习俗：在每所房屋前栽一棵"五月树"，或带着村里的"五月树"挨家挨户拜访，这样每家都可分得一份祝福。

【例3】谈到非洲望多罗波部落酿制毒液的迷信，原著为：

> The Wandorobbo, a tribe of the same region as the Masai, believe that the mere presence of a woman in the neighbourhood of a man who is brewing poison would deprive the poison of its venom, and that the same thing would happen if the wife of the poison-maker were to commit adultery while her husband was brewing the poison. [1]

《金枝》译文为：

> 与麦赛人聚居同一地区的望多罗波部落认为男人在酿制毒物时，如有邻居妇女照面，也会使酿制中的毒物失去毒性，如果此人妻子在此期间与他同宿，立即会发生上述酿蜜酒者的那些情况。[2]

"presence of a woman in the neighbourhood of a man"意为"一个女人出现在一个男人附近"。"the same thing"指毒液失去毒性。前句说，如果酿蜜酒的一对男女发生性关系，就会造成蜜酒不能喝、蜜蜂飞走的结果，但本句中的"the same thing"跟这个内容没有关系。译文误将它们混在一起。"commit adultery"意为"与别人通奸"，而非"与他（丈夫）同宿"。

可以翻译为：跟马赛人同处一地的望多罗波部落认为，只要女人在制毒的男人附近出现，就会使毒液失去毒性。而且，如果制毒者的妻子在他制毒时与人通奸，他制出的毒液也会失去毒性。

【例4】谈到经期禁忌，原著为：

> Some Australian tribes are wont to bury their girls at such seasons more

---

[1] James George Frazer, *The Golden Bough*, China Social Sciences Publishing House, 1999, p. 219.

[2] 〔英〕J. G. 弗雷泽：《金枝》，徐育新、汪培基、张泽石译，汪培基校，中国民间文艺出版社，1987，第327页。

or less deeply in the ground, perhaps in order to hide them from the light of the sun. ①

《金枝》译文为：

> 有些澳大利亚的部落习惯把月事初潮时期死亡的女孩深埋土内，也许就是为了不让太阳照着。②

经期禁忌针对活人，不针对死人。根据原文，月经期间的姑娘是活人，不是死人。

可以翻译为：澳大利亚一些部落习惯把月经期间的姑娘藏在地里，藏得还有点深，也许就是为了不让她们被太阳光照射。

《当代人类学》中也有误解或忽略语境而造成的误译。

【例1】谈到人类个体的死亡，原著为：

> Painless death willingly accepted in the fullness of age would be preferable, if death can be accepted at all. ③

《当代人类学》译文为：

> 如果死亡是完全能被接受的话，那么，希望中的毫无苦痛之死，对于寿终正寝者来说则更加可取。④

有人说人类生命是自然进化的完美结果。原著作者哈维兰不同意这个说法，认为老年病痛是人类生命进化不完美的一个例证。如果人在壮年完成繁衍功能后立即死亡，就不会受老年病痛的折磨，那么，自然选择就算得上完美了。

---

① James George Frazer, *The Golden Bough*, China Social Sciences Publishing House, 1999, p. 599.
② 〔英〕J. G. 弗雷泽：《金枝》，徐育新、汪培基、张泽石译，汪培基校，中国民间文艺出版社，1987，第850页。
③ William A. Haviland, *Anthropology*, CBS College Publishing, 1982, p. 53.
④ 〔美〕威廉·A. 哈维兰：《当代人类学》，王铭铭等译，上海人民出版社，1987，第55页。

可以翻译为：就算一定得死，人在盛年欣然接受的无痛之死更好。

【例2】 谈到旧大陆上亚洲之外的其他地方的化石，原著为：

As in Asia, the most recent fossils are less "primitive" in appearance, and the oldest fossils display features reminiscent of the earliest members of the genus *Homo*. [1]

《当代人类学》译文为：

至于亚洲，距今最近的化石显出较少原始性，而最古老的化石则呈现出使人联想到人类最早成员的特征。[2]

"As in Asia" 意为 "就像在亚洲的情形一样"。"in appearance" 意为 "外表"。

可以翻译为：跟亚洲一样，旧大陆其他地方距今最近的化石外表较不 "原始"，而最古老的化石带有的特征让人想到最早的人属成员。

【例3】 谈到伊拉克的一处遗址，原著为：

For example, at the small site of Zawi Chemi Shanidar, in northern Iraq, about 50 percent of the sheep killed were under one year of age. [3]

《当代人类学》译文为：

例如，在伊拉克北部的扎韦、切米、山尼达的小遗址中，被宰杀羊中大约50%年龄在一岁以下。[4]

"the small site"（那个小遗址）表示提到的遗址只有一个，"Zawi Chemi Shanidar" 就是这个遗址的名称，不能译为三个地名 "扎韦、切米、山尼达"。

可以翻译为：例如，在伊拉克北部的小遗址扎韦切米山尼达，大约半

① William A. Haviland, *Anthropology*, CBS College Publishing, 1982, p. 132.
② 〔美〕威廉·A. 哈维兰：《当代人类学》，王铭铭等译，上海人民出版社，1987，第121页。
③ William A. Haviland, *Anthropology*, CBS College Publishing, 1982, p. 221.
④ 〔美〕威廉·A. 哈维兰：《当代人类学》，王铭铭等译，上海人民出版社，1987，第195页。

数被宰杀的绵羊年龄不到一岁。

【例4】谈到给猎枪做出诊断的神眼，原著为：

Mewau, a clairvoyant from a neighboring village, held a "shotgun clinic" in Taute to examine the Mifu and Kafiere guns. ①

《当代人类学》译文为：

迷毛是来自邻村的一个察事师，他在陶特开办了一个"猎枪诊所"，检查米幸牌和卡菲尔牌枪支。②

"Mifu"（米福）和"Kafiere"（卡菲尔）都是村名，译文误为枪的商标名。"Mifu"（米福）被错误地记音为"米幸"。另外，神眼的名字"Mewau"也不应被记音为"迷毛"。

可以翻译为：来自邻村的神眼迷沃在陶特村开设了一家"猎枪诊所"，检查米福村和卡菲尔村的枪支。

【例5】谈到米福村的枪手，原著为：

Mifu's gunman had shot a pig with one of his own cartridges but did not give me the small portion due me as a part owner of the gun. ③

《当代人类学》译文为：

来福枪手用他自己的一颗子弹打了一头猪，但我作为这支枪的部分所有者，他却不给我一小份该给我的肉。④

"Mifu"（米福）被误记为"来福"，使村名演变为枪名。米福村的枪变成了著名的来福枪。

可以翻译为：米福村的枪手用他自己的子弹打到一头猪。我是枪的所

---

① William A. Haviland, *Anthropology*, CBS College Publishing, 1982, p. 517.
② 〔美〕威廉·A. 哈维兰：《当代人类学》，王铭铭等译，上海人民出版社，1987，第483页。
③ William A. Haviland, *Anthropology*, CBS College Publishing, 1982, p. 517.
④ 〔美〕威廉·A. 哈维兰：《当代人类学》，王铭铭等译，上海人民出版社，1987，第484页。

有者之一，本该得一小份猎物，他却没给我。

【例6】谈到人们最后对米福村那支枪的态度，原著为：

Eventually the villagers became so discouraged with the Mifu gun that they stopped giving cartridges to the gunman. ①

《当代人类学》译文为：

最后，村民们对来福枪很泄气，因此不再给这位枪手子弹了。②

村名变为枪名。译者对误译习焉不察了。

可以翻译为：最终，村里人对米福村的那支枪灰心丧气了，不再给那位枪手子弹。

关注语境，可以帮助译者理解段落主题，正确把握句子、词语的细节。

## （三）逻辑关系

逻辑关系指人类活动、事物变化的内在规律和先后顺序。学术著作中的逻辑关系有时并不通过"因为……所以……"、"先……后……"等外在标记显示出来，这就需要译者在翻译过程中对之时时留心。如果译者不熟悉翻译内容，那么，对逻辑关系的理解就极为重要。《金枝》、《西太平洋的航海者》等译本都出现了一些误解逻辑关系的例证。

《金枝》中的这类例子比较典型。

【例1】谈到樵夫担心误砍附有神灵的树，原著为：

If a woodman fears that a tree which he has felled is one of this sort, he must cut off the head of a live hen on the stump of the tree with the very same axe with which he cut down the tree. ③

---

① William A. Haviland, *Anthropology*, CBS College Publishing, 1982, p. 518.
② 〔美〕威廉·A. 哈维兰：《当代人类学》，王铭铭等译，上海人民出版社，1987，第484页。
③ James George Frazer, *The Golden Bough*, China Social Sciences Publishing House, 1999, p. 112.

《金枝》译文为：

樵夫如怕错砍了有神的树，必须带一只活母鸡来到树前用斧在树桩上砍下鸡头，然后再用这同一把斧子砍伐这颗树。①

略一推敲，不难发现，译文本身就不合逻辑：就同一棵树而言，没砍树，就不存在树桩；既然已经有树桩，则树已经被砍断，何来"然后再用这同一把斧子砍伐这颗树"？

实际情形是，先砍树，然后才在树桩上砍鸡头。

可以翻译为：如果樵夫担心他已经砍伐的某棵树就是附有神灵的树，他就得用此前砍树的斧头在这棵树的树桩上砍下一只活母鸡的头。

【例2】谈到孟加拉一个民族用人献祭前对该人牲的处置，原著为：

As the victim might not be bound nor make any show of resistance, the bones of his arms and, if necessary, his legs were broken; but often this precaution was rendered unnecessary by stupefying him with opium. ②

《金枝》译文为：

由于人牲既不捆绑，也毫不抵抗，所以他的胳臂，需要时连他那腿的骨头都被敲碎，经常先用鸦片把他麻醉，使他失去知觉。③

人牲既不该被捆绑，又不应做出任何反抗行为。这是一对矛盾。解决矛盾的方式就是"this precaution"，即前述断臂折腿等预防措施。但是，由于已经进行麻醉，故这些措施未必实行，也可以达到让人牲既不被捆绑也不表示反抗的目的。

---

① 〔英〕J. G. 弗雷泽：《金枝》，徐育新、汪培基、张泽石译，汪培基校，中国民间文艺出版社，1987，第171页。
② James George Frazer, *The Golden Bough*, China Social Sciences Publishing House, 1999, p. 435.
③ 〔英〕J. G. 弗雷泽：《金枝》，徐育新、汪培基、张泽石译，汪培基校，中国民间文艺出版社，1987，第629页。

可以翻译为：牺牲者既不该被捆绑，也不应做出任何抵抗的表示，所以他双臂的骨头都被折断了，必要时双腿也被弄断了；不过，因为已经用鸦片将他麻醉，所以这种预防措施常常就变得毫无必要了。

【例3】谈到人们对槲寄生的迷信，原著为：

> …and that its efficacy was by some superstitious people supposed to be increased if the plant was gathered on the first day of the moon without the use of iron, and if when gathered it was not allowed to touch the earth; oak-mistletoe thus obtained was deemed a cure for epilepsy; carried about by women it assisted them to conceive; …①

《金枝》译文为：

> ……有些迷信的人还认为在新月第一天采摘（不用金属，不落地面）的槲寄生是治癫痫病的特效药；妇女拿着它就会受孕。②

原文用了三个分号，表达三层含义。"carried about"表示"随身带着"。

可以翻译为：……一些迷信者认为如果槲寄生在新月第一天采摘且采摘时不用铁器、槲寄生也不沾地，那么它的功效就会加强；如此这般采摘下来的橡树上的槲寄生被视为治疗癫痫的药物；如果女人随身带着槲寄生，就可帮助她们怀孕；……

【例4】谈到故事中人与草木的关系，原著为：

> Further it has been shown that in folk-tales the life of a person is some-times so bound up with the life of a plant that the withering of the plant will immediately follow or be followed by the death of the person. ③

---

① James George Frazer, *The Golden Bough*, China Social Sciences Publishing House, 1999, p. 659.

② 〔英〕J. G. 弗雷泽：《金枝》，徐育新、汪培基、张泽石译，汪培基校，中国民间文艺出版社，1987，第931页。

③ James George Frazer, *The Golden Bough*, China Social Sciences Publishing House, 1999, p. 681.

《金枝》译文为：

> 在民间故事里我们还见到人的性命有时同草木的生命联系在一起，随着草木的枯谢，人的生命也因之凋萎。①

"follow or be followed by"意为"追随或被追随"，表明人与植物之间的互相影响。

可以翻译为：民间故事还表明，一个人的生命跟一株植物的生命连在一起：植物枯萎，人马上就死了；或者，人死了，植物马上也就枯萎了。

【例5】谈到人将自己的灵魂转移到动物体内的能力，原著为：

> A man who wishes to acquire this power procures a certain drug from a wise man and mixes it with his food. ②

《金枝》译文为：

> 有一个人想获得这种能力，从巫医那里讨得一种药剂，同自己的血混和在一起。③

此句谈一般情形。说"有一个"，即是个案，属误译。"food"是"食物"，不是"血"。

可以翻译为：想获得此能力的男子向巫医要某种药，将它与自己的食物混合。

《西太平洋的航海者》在介绍独木舟制作过程时，出现多句误译，都是误解逻辑关系造成的。

---

① 〔英〕J. G. 弗雷泽：《金枝》，徐育新、汪培基、张泽石译，汪培基校，中国民间文艺出版社，1987，第963页。
② James George Frazer, *The Golden Bough*, China Social Sciences Publishing House, 1999, p. 685.
③ 〔英〕J. G. 弗雷泽：《金枝》，徐育新、汪培基、张泽石译，汪培基校，中国民间文艺出版社，1987，第968~969页。

【例1】谈到砍伐大树、得到一段木头之后，原著为：

This log is cut into the rough shape of a canoe, so as to make it as light as possible, for now it has to be pulled to the village or to the beach. [1]

《西太平洋的航海者》译文为：

这木头需要再挖空，成为独木舟的形状，这样可以减轻它的重量，接着要把它拉到村里或海边去。[2]

"This log is cut into the rough shape of a canoe" 意为 "这段原木被砍削成独木舟的大致形状"。实际上，将原木挖空为独木舟的工作尚未开始。

可以翻译为：这段原木被砍削成独木舟的大致形状，尽可能让它减轻重量，因为现在得把它拖到村里或海滩上去。

【例2】谈到独木舟外部砍削成形，原著为：

After that is done, the canoe has to be turned over, this time into its natural position, bottom down, and what is to be the opening, upwards. [3]

《西太平洋的航海者》译文为：

做好之后，独木舟被翻过来成为它的正常姿态，底朝下，挖空的部分向上。[4]

此时独木舟尚未开始被挖空，故不存在 "挖空的部分"。

---

[1] Bronislaw Malinowski, *Argonauts of the Western Pacific: An Account of Native Enterprise and Adventure in the Archipelagoes of Melanesian New Guinea*, China Social Sciences Publishing House, 1999, pp. 128 – 129.

[2] 〔英〕马凌诺斯基：《西太平洋的航海者》，梁永佳、李绍明译，高丙中校，华夏出版社，2002，第 115 页。

[3] Bronislaw Malinowski, *Argonauts of the Western Pacific: An Account of Native Enterprise and Adventure in the Archipelagoes of Melanesian New Guinea*, China Social Sciences Publishing House, 1999, p. 132.

[4] 〔英〕马凌诺斯基：《西太平洋的航海者》，梁永佳、李绍明译，高丙中校，华夏出版社，2002，第 118 页。

---

可以翻译为：这样做之后，独木舟要被翻过来，这才处于正常状态，底朝下，将要作为开口的那面朝上。

【例3】谈到挖空之前的活动，原著为：

> Before the scooping out begins, another formula has to be recited over the kavilali, a special ligogu (adze), used for scooping out, …. [1]

《西太平洋的航海者》译文为：

> 在继续挖削之前仍需对 kavilali——一种特别用于挖空木材的 ligogu（扁斧）念咒。[2]

大概因为前面的译文已经说过原木在伐木现场就被挖空了，所以此处只好说"继续挖削"。但实际上，挖空原木的过程现在尚未开始，所以原著才说"Before the scooping out begins"，即"在开始挖空之前"，而不是译文所谓"在继续挖削之前"。

可以翻译为：在开始挖空之前，还要对卡为拉利（kavilali）——一种专门用来挖空的扁斧（ligogu）——念一段咒语。

【例4】谈到念完咒语之后的活动，原著为：

> After this, the canoe-builder proceeds to scoop out the log. [3]

《西太平洋的航海者》译文为：

> 之后，造船师便着手修整木料。[4]

"scoop out"是具体的"挖空"而不是含混的"修整"。译文闪烁其

---

[1] Bronislaw Malinowski, *Argonauts of the Western Pacific: An Account of Native Enterprise and Adventure in the Archipelagoes of Melanesian New Guinea*, China Social Sciences Publishing House, 1999, p. 132.

[2] 〔英〕马凌诺斯基：《西太平洋的航海者》，梁永佳、李绍明译，高丙中校，华夏出版社，2002，第118页。

[3] Bronislaw Malinowski, *Argonauts of the Western Pacific: An Account of Native Enterprise and Adventure in the Archipelagoes of Melanesian New Guinea*, China Social Sciences Publishing House, 1999, p. 132.

[4] 〔英〕马凌诺斯基：《西太平洋的航海者》，梁永佳、李绍明译，高丙中校，华夏出版社，2002，第119页。

词，是因为前面已有多句误译。

可以翻译为：此后，造船师便开始挖空原木。

误解活动顺序而造成的误译，未必都像《西太平洋的航海者》中的这几句误译那么简单，但本质上有共同之处。

《世界民间故事分类学》中有一个较为复杂的例子。

谈到《国王和裁缝》故事，原著为：

> The audacious placard comes to the attention of the king, who submits the tailor to various tests. ①

《世界民间故事分类学》译文为：

> 国王一向以各种考验来降服裁缝，这个冒失的告示引起了国王的注意。②

裁缝宣称一下打死七个，国王就想考验他。国王与裁缝此前并没有打过交道，故译文不合逻辑。原文中也没有"降服"含义。

可以翻译为：这条鲁莽的告示引起国王的注意，国王就让裁缝接受种种考验。

此外，如果构成整体的各部分之间是并列关系，那么各部分相加的总和应与整体相等。这也是逻辑关系的一种体现。现从《人类学历史与理论》、《西太平洋的航海者》、《当代人类学》中各举一例加以说明。

【例1】谈到施密特所划分的四个文化圈，原著为：

> He distinguished four basic culture circles. After the Primitive Culture Circle of hunters and gatherers came the Primary Circle of horticulturists. At this stage, patrilineal and matrilineal descent first appeared. Schmidt argued that the greater confidence people felt in their own technological abilities led

---

① Stith Thompson, *The Folktale*, Holt, Rhinehart and Winston, 1947, p. 144.

② 〔美〕斯蒂·汤普森：《世界民间故事分类学》，郑海等译，郑凡译校，上海文艺出版社，1991，第 171 页。

to a reduction in the importance of worship and to a dependence on magic. The Secondary Circle consisted in the mixing of Primitive and Primary traits. These led to intensive agriculture, sacred kingship, and ultimately polytheism. His Tertiary Circle consisted of a complex blending of traits from different cultures of the Secondary Circle, creating the ancient civilizations of Asia, Europe, and the Americas. ①

《人类学历史与理论》译文为：

> 施密特区分出四个基本文化圈。狩猎采集者原始文化圈之后是园艺种植者初期文化圈，在这个阶段，首次出现了父系和母系继嗣。施密特指出，对自身技术能力更有信心的民族逐渐降低了崇拜的重要性，减少了对巫术的依赖。第二个文化圈存在于原始的和最初的文化特性的混合中，这些特征导致了精耕细作农业、主神崇拜以及最终出现的多神论。他的第三个文化圈由第二文化圈中不同文化特性混合的复合体组成，创造了亚洲、欧洲和美洲的古代文明。②

这段话介绍施密特的四个基本文化圈（four basic culture circles），但译者误解了四个文化圈各自的名称。所以，我们从这段译文中无法找出四个文化圈。

原文中的四个文化圈是："the Primitive Culture Circle"（原始文化圈）、"the Primary Circle"（初级文化圈）、"the Secondary Circle"（次级文化圈）、"Tertiary Circle"（三级文化圈）。另外，"people"是"人们"，"sacred kingship"是"神圣王权"。

可以翻译为：他区分了四个基本文化圈。在狩猎者和采集者的原

---

① Alan Barnard, *History and Theory in Anthropology*, Cambridge University Press, 2000, pp. 51 - 52.
② 〔英〕阿兰·巴纳德：《人类学历史与理论》，王建民、刘源、许丹译，广西师范大学出版社，2006，第55页。

始文化圈之后是园艺种植者的初级文化圈。在这个阶段，父系继嗣和母系继嗣首次出现。施密特认为，人们对其技术能力感到较多自信，使得崇拜的重要性下降，产生对巫术的依赖。次级文化圈是原始文化圈特征和初级文化圈特征的混合。这些产生出精耕细作农业，神圣王权，以及最终出现的多神论。他的三级文化圈由次级文化圈中不同特征文化混合而形成的复合体所构成，创造出亚洲、欧洲和美洲的古代文明。

【例2】 谈到神话英雄图库斯库纳的四个优势，原著为：

> Tokosikuna's superiority rests with his special beauty magic; with his capacity to display enormous strength, and to face with impunity great dangers; with his ability to escape from drowning, finally, with his knowledge of the evil magic, bulubwalata, with which he prevent his companions from doing successful Kula. This last point was contained in a commentary upon this myth, given to me by the man who narrated it. When I speak about the Kula magic more explicitly further on, the reader will see that the four points of superiority just mentioned correspond to the categories into which we have to group the Kula magic, when it is classified according to its leading ideas, according to the goal towards which it aims. [①]

《西太平洋的航海者》译文为：

> 图库斯库纳胜人一筹之处在于他特殊的祈美巫术、他的过人臂力、他面对危险而毫发无损、他的逃生能力，以及他的阻止他人成功地进行库拉交易的布卢瓦拉塔巫术。这是讲这个神话的土著人给我的解释。后面，当我更直接地讲述库拉巫术时，读者可以清楚地看到图库斯库纳的这四个优点相当于库拉巫术的四个分类。分类的准则是这

---

① Bronislaw Malinowski, *Argonauts of the Western Pacific: An Account of Native Enterprise and Adventure in the Archipelagoes of Melanesian New Guinea*, China Social Sciences Publishing House, 1999, p. 310.

些巫术所含的主导思想和目的。①

这段话介绍神话英雄图库斯库纳的四个优势，并说明库拉巫术的分类与这四个优势对应。因此，这四个优势所指为何就非常重要。但是，读者恐怕难以根据这段译文列举出原文所说的四个优势。作者用四个"with"与"rests"连用，明确列举了这四个优势。

可以翻译为：图库斯库纳的优势在于他掌握特殊的美容巫术；在于他能展示巨大力量并平安无事地应对危险；在于他能做到不被淹死；最后，在于他懂得邪恶巫术布鲁布瓦拉塔并以此防止同伴进行成功的库拉。最后这一点包含在这则神话的讲述者就该神话为我所做的评论中。当我进一步更明确地谈论库拉巫术时，读者就会明白：按照库拉巫术的主要观念，按照库拉巫术要实现的目标来进行划分，刚才提到的这四个优势就对应于库拉巫术划分成的不同类别。

【例3】谈到人类学家的工作，原著为：

> Yet as we saw in Chapter 1, and will see again in Chapter 25, not even archaeologists, anthropologists who do the most looking backward, limit their interests to the past, nor are ethnologists uninterested in their own cultures. ②

《当代人类学》译文为：

> 然而，正如我们在第一章所看到并将在第二十五章再次看到的那样，即使是最常在回顾往事的考古学家和人类学家，都并不把他们的关心局限于过去，同样，民族学家也并非对他们自己的文化不感兴趣。③

"archaeologists"（考古学家）与"anthropologists who …"是同位语关

---

① 〔英〕马凌诺斯基：《西太平洋的航海者》，梁永佳、李绍明译，高丙中校，华夏出版社，2002，第268页。

② William A. Haviland, *Anthropology*, CBS College Publishing, 1982, p. 624.

③ 〔美〕威廉·A. 哈维兰：《当代人类学》，王铭铭等译，上海人民出版社，1987，第586页。

系。"who do the most looking backward"（多半回顾过去的人）仅修饰"anthropologists"，不修饰"archaeologists"。

哈维兰在原著第一章将考古学与民族学、语言学一道置于文化人类学之下，所以考古学家是人类学家中的一类。这个误译涉及人类学与其分支学科的关系。

可以翻译为：然而，我们在第 1 章已经看到、在第 25 章还要再看到，即使是考古学家，即主要探索以往历史的人类学家，也并不把他们的兴趣局限于往事，民族学家也并非对他们自己的文化不感兴趣。

逻辑关系也体现在原著思路方面。比如，在下面的例子中，原著将男人和女人加以对比，"a man"就只能译为"一个男子"，而不能译为"一个人"。

【例1】谈到对巫术罪的惩罚，原著为：

> Similarly in Bastar, a province of India, "if a man is adjudged guilty of witchcraft, he is beaten by the crowd, …"①

《金枝》译文为：

> 同样，在印度巴斯塔地区"如果有人被判为犯有施行巫术罪，群众就会揍他，……"②

"a man"意为"一个男人"。下句接着讲女人："Women suspected of sorcery have to undergo the same ordeal"（被怀疑犯有施行巫术罪的女人也要经受同样的考验）。

可以翻译为：同样，在印度巴斯塔省，"如果一个男人被判犯有施行巫术罪，就会挨大家揍，……"

【例2】谈到阿萨姆土著居民的食物迷信，原著为：

> The Miris of Assam prize tiger's flesh as food for men; it gives them

---

① James George Frazer, *The Golden Bough*, China Social Sciences Publishing House, 1999, p. 681.

② 〔英〕J. G. 弗雷泽：《金枝》，徐育新、汪培基、张泽石译，汪培基校，中国民间文艺出版社，1987，第 962 页。

strength and courage. But "it is not suited for women; it would make them too strong-minded."①

《金枝》译文为：

阿萨姆的米里人看中老虎肉，把它当作人的食物；老虎肉使他们有力、勇敢。但是"妇女不适于吃；那会使她们太意志坚强"。②

"men"指"男人"。

可以翻译为：阿萨姆的米里人珍爱虎肉，视之为男人的美味。虎肉使男人胆大有力。但是"虎肉不适合妇女；虎肉会使妇女们肆意逞强"。

【例3】谈到尼日利亚阿菲克波伊博人的政治和社会，原著为：

Politically, the *erosi* reinforce the men's village society, which is charged with maintaining order within the village.③

《当代人类学》译文为：

在政治上，"伊罗西"加强这些人的村庄社会，这个社会承担着维持村落秩序的责任。④

"the men's village"指"男人们的村落"。

可以翻译为：伊罗西在政治上强化男人们的村落协会，该协会负责维持村里的秩序。

## （四）首尾照应

首尾照应作为一种写作技巧，可使文章显得浑然一体。作者安排首尾

① James George Frazer, *The Golden Bough*, China Social Sciences Publishing House, 1999, p. 496.
② 〔英〕J. G. 弗雷泽：《金枝》，徐育新、汪培基、张泽石译，汪培基校，中国民间文艺出版社，1987，第714页。
③ William A. Haviland, *Anthropology*, CBS College Publishing, 1982, p. 530.
④ 〔美〕威廉·A. 哈维兰：《当代人类学》，王铭铭等译，上海人民出版社，1987，第499~500页。

照应，自有其目的。译者应该理解作者的用意，而不可对原著中客观存在的首尾照应视而不见。

格尔茨在《文化的解释》中讲述了他和妻子如何因一次突袭事件而迅速被巴厘人接纳的故事。批评者认为，这类说法近于俗套，可能出自哗众取宠的杜撰。温森特·克拉潘扎诺就是这样一个批评者。他的《赫尔墨斯的困境：民族志描述中对颠覆因素的掩饰》一文在讨论格尔茨的《深度游戏：关于巴厘斗鸡的记述》时，就使用了首尾照应的手法，可惜译者未能体会。

【例1】谈到格尔茨的这篇文章，原著为：

> Geertz's essay begins with a humorous tale of entry—by now, in its own right, a genre or subgenre of ethnography. ①

《写文化》译文为：

> 格尔茨的文章以一则幽默的关于进入的故事开始——准确地说到现在为止，这已经成了民族志的一种体裁或分支体裁。②

温森特·克拉潘扎诺不满民族志学者炫耀和夸大自己进入研究群体时的新奇遭遇，所以嘲讽说这种开篇方式已成为民族志的"体裁或分支体裁"。"tale of entry"是"入境故事"，《写文化》译为"关于进入的故事"亦可。问题是当这个短语在文末出现时，译者并未将温森特·克拉潘扎诺讨论文字的开头和结尾联系起来对之加以处理。

可以翻译为：格尔茨的文章始于一则幽默的入境故事——到目前为止，这类写法凭着自身的资格成了民族志的一种体裁或分支体裁。

【例2】讨论完格尔茨的文章后，原著为：

> If I may conclude with the conceit of my own tale of entry into this

---

① James Clifford and George E. Marcus（eds.），*Writing Culture：The Poetics and Politics of Ethnography*，University of California Press，1986，p. 69.

② 〔美〕詹姆斯·克利福德、乔治·马库斯编《写文化——民族志的诗学与政治学》，高丙中、吴晓黎、李霞等译，商务印书馆，2006，第101页。

paper…①

《写文化》译文为：

> 如果我可以用在文本开篇时所转借的传说来结束全文的话……②

"tale of entry"（入境故事）照应文章开头，但该词用于此处，纯粹是为了挖苦和揶揄而故意模仿。温森特·克拉潘扎诺认为，格尔茨等民族志学者进入田野时有"入境故事"，那么他自己用来分析格尔茨等人的田野报告的这篇文章，也该有一则"入境故事"。

可以翻译为：如果我可以自诩我开始分析这篇文章时也有入境故事，并以之结束全文……

《当代人类学》引用了一位考古学家的报告。报告的开头和结尾出现了同样的短语"crawling back into my mother's womb"（爬回我母亲的子宫）"。《当代人类学》虽然正确翻译出了这个短语的含义，但因为误解了作者的用意，所以还是没有真正传达出原著首尾照应的效果。

【例1】谈到精神分析学家对洞穴癖好的解释，原著为：

> It has been suggested to me several times that I am crawling back into my mother's womb, trying to escape the buffeting of everyday life, acting immaturely or even schizophrenically. ③

《当代人类学》译文为：

> 我好几次幻想爬回母亲的子宫，企求逃避每日的生活中的打击，试图让自己幼稚地，甚至带有神经质地活动。④

---

① James Clifford and George E. Marcus（eds.）, *Writing Culture*: *The Poetics and Politics of Ethnography*, University of California Press, 1986, p.76.
② 〔美〕詹姆斯·克利福德、乔治·马库斯《写文化——民族志的诗学与政治学》，高丙中、吴晓黎、李霞等译，商务印书馆，2006，第109页。
③ William A. Haviland, *Anthropology*, CBS College Publishing, 1982, p.174.
④ 〔美〕威廉·A. 哈维兰：《当代人类学》，王铭铭等译，上海人民出版社，1987，第156页。

"It has been suggested to me several times that…" 意为"有人数次对我暗示说……"，而不是"我好几次幻想……"。"我"考察史前洞穴，而在精神分析学家看来，洞穴是子宫的象征。所以有人对"我"如此暗示。"crawling back into my mother's womb"（爬回我母亲的子宫）是别人对"我"的描述。

可以翻译为：有人数次暗示我说，我正在爬回母亲的子宫，努力摆脱日常生活的打击，装嫩，甚至装疯卖傻。

【例2】谈到洞穴考古可能历尽艰辛而一无所获，原著为：

Crawling back into a womb, bah! Crawling into a hornet's nest is a more accurate metaphor. [①]

《当代人类学》译文为：

爬回母亲的子宫去？呸！爬进大黄蜂巢里，这比喻更精确。[②]

洞穴考古十分艰难，跟胎儿在子宫内的舒适形成强烈对照。所以"我"有上面这个感叹，与开头引用的别人的比喻针锋相对。

可以翻译为：爬回子宫？呸！说爬进大黄蜂巢，这比喻才更准确。

## （五）避免漏译

漏译不是故意省略。学术翻译中，故意省略不值得提倡，因为那样会损害原著本身的完整性。漏译是因为粗心而造成字词、句子甚至段落被漏译。漏译不仅影响原著的完整性，还有可能造成理解的障碍。

### 1. 词语漏译

词语漏译极为常见。

【例1】谈到一个考古发现的命名，原著为：

The find, Piltdown Ⅰ, was named Eoanthropusdawsoni, Dawson's

---

① William A. Haviland, *Anthropology*, CBS College Publishing, 1982, p. 176.
② 〔美〕威廉·A. 哈维兰：《当代人类学》，王铭铭等译，上海人民出版社，1987，第159页。

"dawn man" after its discoverer, an amateur archeologist, paleontologist, and practicing lawyer, Charles Dawson. ①

《当代人类学》译文为：

> 这个发现，即"辟尔唐一号"，被名为"曙人"，这取名于发现者业余考古学家、古人类学家和见习律师道森。②

译文漏译"dawsoni"一词。"Piltdown Ⅰ"（皮尔特唐 1 号）被命名为"Eoanthropusdawsoni"（道森的曙人），而不是简单的"曙人"。"道森的曙人"这个命名才体现了考古命名与发现者道森（Charles Dawson）之间的联系。这个漏译使《当代人类学》译文所谓"这取名于……道森"显得毫无来由。

可以翻译为：皮尔特唐 1 号的发现被命名为"Eoanthropusdawsoni"，即"道森的曙人"，系依据其发现者——业余考古学家、古生物学家、执业律师查尔斯·道森的名字。

【例2】　《当代人类学》将"culture hero"（文化英雄）③译为"英雄"。④ 漏译"culture"。在人类学、民俗学中，"英雄"与"文化英雄"内涵差别极大。

【例3】谈到牧师故事，原著为：

> In stories of the parson, he is usually treated as a fool, and especially often by the sexton, a fact which has been considered in arranging the tales of parsons. ⑤

《世界民间故事分类学》译文为：

---

① William A. Haviland, *Anthropology*, CBS College Publishing, 1982, p. 18.
② 〔美〕威廉·A. 哈维兰：《当代人类学》，王铭铭等译，上海人民出版社，1987，第 630 页。
③ William A. Haviland, *Anthropology*, CBS College Publishing, 1982, p. 556.
④ 〔美〕威廉·A. 哈维兰：《当代人类学》，王铭铭等译，上海人民出版社，1987，第 523 页。
⑤ Stith Thompson, *The Folktale*, Holt, Rhinehart and Winston, 1947, p. 419.

在牧师故事中，主角，尤其是教堂司事，往往被描述为愚蠢的，这都归入牧师故事里。[①]

译文漏译"by"，误解句子结构。

可以翻译为：在牧师故事中，牧师通常被当作傻瓜，尤其是经常被教堂司事当作傻瓜。这一事实在对牧师故事进行分类时已经讨论过了。

### 2. 句子漏译

句子漏译较常见，此处不赘。

还有一种比较罕见的漏译，对译者和批评者都有警示作用。那就是，前后相连的两句话，译者漏译前一句的后半段和后一句的前半段，而将译出的两个半句合成一句话。这种情况既可以说是漏译，也可以说是拼接。新合成的这句话往往十分流畅，但它所表达的意思与原文含义相距甚远。

【例1】谈到人类学权威的形成，原著为：

An experiential "I was there" element establishes the unique authority of the anthropologist; its suppression in the text establishes the anthropologist's scientific authority. [②]

《写文化》译文为：

经验性的"我曾在那里"树立起人类学者的科学权威。[③]

这是詹姆斯·克利福德所说的人类学权威赖以建立的两条"文本之腿"：一是表明人类学家在场，二是装作人类学家不在场。人类学家在场，所以他有发言权（别人不在场，所以别人就没有发言权）；装作人类学家不在场，所以被调查者的言语和行为都没有受到干扰，是自然的而非故意

---

① 〔美〕斯蒂·汤普森：《世界民间故事分类学》，郑海等译，郑凡译校，上海文艺出版社，1991，第503页。

② James Clifford and George E. Marcus（eds.），*Writing Culture：The Poetics and Politics of Ethnography*，University of California Press，1986，p. 244.

③ 〔美〕詹姆斯·克利福德、乔治·马库斯编《写文化——民族志的诗学与政治学》，高丙中、吴晓黎、李霞等译，商务印书馆，2006，第295页。

表演的（因此，人类学家搜集到的资料是可靠的）。

《写文化》把展示两条"文本之腿"的两个分句截头去尾，拼接成一句话。译文本身似乎没有破绽，但与原文相对照，译文的错误显而易见。

作者保罗·拉比诺在这句话之下有一条原注："此种双重活动的重要性是我的著作《摩洛哥田野作业反思》（Rabinow 1977）一书的核心讨论之一。"这个注释中所说的"双重活动"，也就是两条"文本之腿"的含义。《写文化》对正文的误译也使得这条注释无所照应。

可以翻译为：出于经验的"我曾在那里"这一要素确立人类学家独一无二的权威；文本中对这一要素的隐瞒确立人类学家的科学权威。

【例2】谈到共同体对内和对外态度的不同，原著为：

> Within the community the search for truth，as well as social and esthetic experimentation are guided by a dialogic desire. The fictive other allows a pluralizing set of differences to appear. [1]

《写文化》译文为：

> 在共同体内部，对真理的追求允许一系列多元的差异出现。[2]

这句译文由原文第1句的部分主语"the search for truth"（对真理的追求）加上第2句的谓语"allows"（允许……）合成。原文第1句的部分主语"as well as social and esthetic experimentation"（社会的和美学的实验）和谓语"are guided by a dialogic desire"（由一种对话愿望指引）以及第2句的主语"The fictive other"（想象中的他者），则被遗漏了。

可以翻译为：在共同体内部，社会的和美学的实验以及对真理的追求

---

[1] James Clifford and George E. Marcus（eds.），*Writing Culture*：*The Poetics and Politics of Ethnography*，University of California Press，1986，p. 257.

[2] 〔美〕詹姆斯·克利福德、乔治·马库斯编《写文化——民族志的诗学与政治学》，高丙中、吴晓黎、李霞等译，商务印书馆，2006，第310页。

都是由一种对话愿望指引的。想象中的他者允许多元化的一整套差异出现。

### 3. 段落漏译

成段漏译并不多见。

《当代人类学》原著介绍显示社会阶层的 3 种方式后，有一段概括性的文字，共 10 行，约 80 词，独立成段，被译本漏译。现转录如下：

> Symbolic indicators involve not only factors of life-style but also differences in life chances. Generally, life is apt to be less hard for members of an upper class as opposed to a lower class. This will show up in a tendency for lower infant mortality and longer life expectancy for the upper class. One may also see a tendency to greater physical stature and robustness on the part of upper-class people, the result of better diet and less hardship. [1]

在译本中，这应该是"阶级和世袭阶级"部分的最后一段话。[2]

可以翻译为：象征表示不仅包含生活方式的诸多因素，还涉及生活机会方面的诸多差异。一般来说，与低等阶层的成员相对而言，高等阶层的成员生活较少艰难。高等阶层婴儿死亡率较低、预期寿命较长，就充分说明了这一点。我们还可以看到，高等阶层的人往往体格高大健壮，因为他们吃得好，受苦少。

对于原著将高等阶层与低等阶层进行对比的主题，这段话很重要。译者应该不是故意要省略这段话，而是不小心将其遗漏了。

# 三　校改

翻译完成之后应该进行校对、改正。这个阶段的活动可以简称为校改。校改可以由译者自己完成，也可以请别人代为完成。

---

① William A. Haviland, *Anthropology*, CBS College Publishing, 1982, p. 465.
② 〔美〕威廉·A. 哈维兰：《当代人类学》，王铭铭等译，上海人民出版社，1987，第 433 页。

由译者自己完成校改，有以下好处。

一是，翻译中原本就有疑问的地方，会得到足够重视。

二是，更容易保持译名统一。

然而，如果译者能力有限，则纵然经过自己校改，一些实质性的误译还是很难得到改正。

由他人代译者校改，也有一些好处。

一是，容易发现问题。

二是，有可能找到更好的表达手段。

然而，如果校改者能力有限，则不容易解决实质性的误译，而仅能纠正一些简单误译。他人充当校改者，往往不得不顾及译者已有的表达手段，校改者难以充分施展能力。

不论由译者自己校改还是请他人代为校改，整个校改过程中应该坚持一项原则：以原著为依据，以译文为基础。换句话说，校改时必须对照通读原著和译文。如果校改时仅通读译文而不看原著，这样的校改不可能具有什么学术价值。或许可以仅凭译文就判定一个译本是否为劣质译本，但是，没有哪位校改者可以仅凭译文就对一个劣质译本进行校改。所以，就学术翻译而言，对照译文通读原著是校改活动的起码程序。

可以说，我国学术翻译中大量的低级硬伤（词语误译、字词句段漏译等）都是因为没有切实进行校改。一些译本虽然标明某某"校"，但仅仅是如此"标明"而已。这样的"校"，对于校者的学术声誉影响实在巨大。低级硬伤未加校改，说明两点：或者是校者水平太低，确实无法辨别对错，是"校犹不校"；或者是校者道德修养太差，实际上根本没校，却要冒名"校"者，沽名钓誉，愚弄读者。

经过校改，一个学术著作译本的制作才算基本完成。

在这方面，我们可以听听别人的经验。

中共中央马恩列斯著作编译局审校室集体校译《斯大林全集》第一、二卷。他们的做法和经验是：

不过一般说来，我们的每篇译文经过了七八次校改（据统计，每一万字译文的校改时间平均为二百二十小时），文字是比初定稿好得多了，意思上也比较确切了。经过多次校改的稿子，甚至在最后校审阶段，有时仍会发现一些误解原意的地方。由此可见，集体校审工作的多重层次是保证译文质量所必要的。①

如果有人说上述做法仅限于翻译领袖著作，那就错了。傅雷介绍自己的翻译经验时说：

> 想译一部喜欢的作品要读到四遍五遍，才能把情节、故事，记得烂熟，分析彻底，人物历历如在目前，隐藏在字里行间的微言大义也能慢慢琢磨出来。②

又说：

> 《老实人》的译文前后改过八道，原作的精神究竟传出多少还是没有把握。③

就算不能像他们那样校改七八次，我们今天的译者在译成初稿之后校改一两次总是可以做到的吧？

---

① 中共中央马恩列斯著作编译局审校室：《集体校译〈斯大林全集〉第一、二两卷的一些体验》，见罗新璋、陈应年编《翻译论集》（修订本），商务印书馆，2009，第 668 页。
② 傅雷：《翻译经验点滴》，见罗新璋、陈应年编《翻译论集》（修订本），商务印书馆，2009，第 693 页。
③ 傅雷：《翻译经验点滴》，见罗新璋、陈应年编《翻译论集》（修订本），商务印书馆，2009，第 693 页。

# 第六章 学术著作译本修订和重译

学术著作译本的修订和重译均需遵循必要性原则和超越性原则。必要性原则是指原著具有一定的经典性质而旧译本质量存在较大改善空间，有必要对之进行修订或重译；超越性原则是指修订和重译都必须在旧译本基础上提高质量。学术著作译本的修订和重译要求修订者和重译者在道德修养、语言能力、专业知识等方面胜过旧译者。修订在旧译基础上进行，但必须以原著为依据。重译当然以原著为依据，但应该吸取旧译的长处。

为了满足读者需要，一些学术著作的译本会多次印刷出版。这里涉及多种情况：重印、再版、修订、重译（重新翻译）。重印和再版是原书再次印刷出版，仅涉及形式，本书不做讨论。修订和重译，是对译本内容的处理，涉及翻译道德、语言能力、专业能力等多方面的问题，值得认真研究。

学术著作译本修订和重译都是在旧译本基础上完成的，但二者跟旧译本的关系并不相同。修订改动少，修订者与旧译者共享著作权（如果由旧译者自己修订，则修订者与旧译者合二为一）；重译是重新翻译，译者（相对于旧译本译者而言，是新译者）独享著作权。因为我国学术界重译本多而修订本少，又因为重译的原则与要求大致与修订相同，所以我们主要讨论重译问题，兼论修订问题。

相对于首译（旧译）本，重译本具备很多优势。

第一，重译在首译乃至二译、三译的基础上进行，重译者可参考旧译本。某些名著的旧译本质量较高，但也有很多名著的旧译本质量确实较低。同一原著的多个译本之间也存在质量差异。这就要求重译者具备学术和审美判断力，不仅要分辨质量高低，挑选可资参考的译本，还要在重译时决定如何参考旧译本。

第二，译者和出版社也可通过旧译本的市场发行情况预见重译本的市场需求。就风险而言，首译本市场风险大，重译本市场风险小。

第三，重译本比旧译本更容易获得版权。外国学术名著的版权拥有者对其作品在中国重新翻译出版多予支持，原著的版税往往仅具象征意义；相比之下，出版者获得旧译本版权的代价可能更大，所以，他们宁可设法获得原著授权并请人进行重译。

有此三利，学术名著的重译颇得青睐。

# 一　学术著作重译的原则

民族学和人类学领域的很多名著在我国都有重译本。本尼迪克特所著 *The Chrysanthemum and the Sword* 的汉译本，已有十余种之多。[①] 其他名著虽然没有这么多译本，但有两三个译本的原著也不少见。这些译本各自的

---

[①] 首译本为《菊花与刀——日本文化的诸模式》，孙志民等译，浙江人民出版社，1987。该译本 2005 年出修订版（九州出版社）。译本包括：《菊与刀》，吕万和等译，商务印书馆，1990（增订版，2012）；《菊与刀》，王南译，华文出版社，2005；《菊与刀》，廖源译，中国社会出版社，2005；《菊花与刀》，晏榕译，光明日报出版社，2005（再版，中国华侨出版社，2011）；《菊与刀》，北塔译，上海三联书店，2007（再版，北京理工大学出版社，2009；译林出版社，2011）；《菊与刀》，谭杉杉译，长江文艺出版社，2007；《菊花与刀》，黄学益译，中国社会科学出版社，2008；《菊与刀》，刘峰译，当代世界出版社，2008；《菊与刀》，一兵译，武汉出版社，2009；《菊与刀》，来鲁宁译，陕西人民出版社，2009；《菊与刀》，秦海霞译，中国城市出版社，2010（再版，中国致公出版社，2011）；《菊与刀》，南星越译，南海出版社，2010；《菊与刀》，张倪莹、张俊彪译，国际文化出版公司，2010；《菊与刀》，黄道琳译，贵州人民出版社，2010；《菊与刀：日本文化模式》，陆征译，译林出版社，2011；《菊与刀》，田伟华译，中国画报出版社，2011；《菊与刀》，陶红亮译，辽宁教育出版社，2011；《菊与刀》，严雪莉译，凤凰出版社，2012；《菊与刀：日本文化模式论》，何道宽译，北京大学出版社，2013。

质量及译本之间的关系都值得研究。此类研究不仅能为读者提供导向和帮助，还能增强学术界对学术规范的重视。

为追求经济效益和社会效益最大化，学术著作重译应遵循两条原则。

第一，必要性。旧译本并不理想，需要重译本。这可视为学术著作重译的前提。如果旧译本既忠实原著又语言流畅，改善空间极小，就不必重译。

第二，超越性。重译本应该在旧译本基础上提高质量。这应是学术著作重译的目的。重译者当然应在道德修养和翻译能力两方面都胜过旧译本译者，否则就难言超越。[①]

必要性原则的前提是，既确认原著的名著性质，也确认旧译本质量尚待提高。超越性原则也有两个前提：一是重译者尽可能改正——最好是完全改正——旧译本的误译；二是重译者尽可能避免——最好是完全避免——新的误译。为了满足这两个前提，实现重译本对旧译本的超越，重译者应该对旧译本加以参考。以原著为依据、以旧译为参考的重译方法不仅遵循学术发展规律，而且合乎学术道德。

## 二　学术著作重译本中的问题

中国学术著作重译本的主要问题是，与旧译本相比，重译本的质量未见明显提高，有的甚至还有所降低。这表现在以下三个方面。

### （一）重译本重复旧译本的误译和漏译

现以两种原著的重译本为例略加说明。

马凌诺斯基研究西太平洋岛民的名作 *Argonauts of the Western Pacific：An Account of Native Enterprise and Adventure in the Archipelagoes of Melanesian New Guinea*[②] 在我国至少有两个译本，即《西太平洋的航海者》（以下简称

---

① 谢国先：《评〈西太平洋（上）的航海者〉翻译质量——兼谈学术名著重译的基本原则》，《民族论坛》2012 年第 9 期。

② Bronislaw Malinowski, *Argonauts of the Western Pacific：An Account of Native Enterprise and Adventure in the Archipelagoes of Melanesian New Guinea*, China Social Sciences Publishing House, 1999.

华夏本)① 和《西太平洋上的航海者》（以下简称社科本)②。华夏本误译多达二三百处。数年之后出版的社科本误译仍有二三百处，并且重复了华夏本的数十处误译。其中有的重复过于简单，现列表说明（见表6-1）。

表6-1　社科本重复华夏本误译的例证

| 原文，页码 | 华夏本译文，页码 | 社科本译文，页码 | 可以翻译为 |
|---|---|---|---|
| blocks, 31 | 石头，26 | 石块，4 | 成片房屋 |
| piles, 31 | 台基，26 | 地基，4 | 桩，柱子 |
| myths, 403 | 巫术，348 | 巫术，326 | 神话 |
| delicacy, 482 | 美食，417 | 美食，396 | 矜持 |

社科本还重复了华夏本的部分漏译。现列表说明（见表6-2）。

表6-2　社科本重复华夏本漏译的例证

| 原文，页码 | 华夏本，页码 | 社科本，页码 |
|---|---|---|
| on the spot, 178 | 155 | 128 |
| take sufficient bearings, 224 | 195 | 167 |
| and are occupied as little, 402 | 347 | 325 |

重译本重复旧译本的误译，在格尔茨的 *The Interpretation of Cultures*③ 两个汉译本即上海本④和译林本⑤里表现得更为典型。两个译本的书名都是《文化的解释》，两个译本各有数百处误译，而相同的误译竟也有百余处之多。其中不乏译林本对上海本误译的简单重复。现列表说明（见表6-3）。

表6-3　译林本重复上海本误译的例证

| 原文，页码 | 上海本译文，页码 | 译林本译文，页码 | 可以翻译为 |
|---|---|---|---|
| decades, 66 | 十年，74 | 十年，82 | 数十年 |
| generic constitution, 67 | 遗传构造，76 | 遗传构造，83 | 类属构成 |
| sexual immaturity, 69 | 性成熟，77 | 性成熟，86 | 性不成熟 |

---

① 〔英〕马凌诺斯基：《西太平洋的航海者》，梁永佳、李绍明译，高丙中校，华夏出版社，2002。
② 〔英〕布罗尼斯拉夫·马林诺夫斯基：《西太平洋上的航海者》，张云江译，中国社会科学出版社，2009。
③ Clifford Geertz, *The Interpretation of Cultures*, Basic Books, 1973.
④ 〔美〕克利福德·格尔兹：《文化的解释》，纳日碧力戈等译，王铭铭校，上海人民出版社，1999。
⑤ 〔美〕克利福德·格尔茨：《文化的解释》，韩莉译，译林出版社，1999。

续表

| 原文，页码 | 上海本译文，页码 | 译林本译文，页码 | 可以翻译为 |
|---|---|---|---|
| synapses，70 | 触突，78 | 触突，86 | 突触 |
| slit gong，102 | 音叉，118 | 音叉，125 | 开口木鼓 |
| a viable way of life，164 | 多种生活方式，188 | 多种生活方式，198 | 一种可行的生活方式 |
| a transitional sort of society，164 | 社会的一个传统类型，189 | 一种传统类型的社会，199 | 一种过渡型社会 |
| the transitional societies，328 | 传统社会，378 | 传统社会，388 | 过渡型社会 |
| ethnographic study，338 | 细致研究，389 | 细致研究，400 | 民族志研究 |
| a flattening discovery，348 | 一个哗众取宠的发现，399 | 一个取悦众人的发现，409 | 一个令人沮丧的发现 |
| by far，392 | 迄今为止，444 | 迄今为止，461 | 最 |
| viable，408 | 易变的，459 | 可变的，479 | 可行的 |

此外，译林本还重复了上海本的部分漏译。现列表说明（见表6-4）。

表6-4 译林本重复上海本漏译的例证

| 原文，页码 | 上海本，页码 | 译林本，页码 |
|---|---|---|
| in such a way that it is possible to come to some sort of terms with them，130 | 153 | 160 |
| a god in all-too-human form，133 | 155~156 | 163 |
| It will be your responsibility，158 | 182 | 192 |
| the logical structures，355 | 407 | 417 |

《金枝》的新译本大量重复旧译本的误译和漏译，我们对此已撰文加以评述。[①]

## （二）重译本出现新的误译

更糟糕的情形是，在旧译本中翻译正确的某些内容，重译本中却译错

---

① 谢国先、谭肃然：《评〈金枝〉两个中文版本的翻译质量》，《民族论坛》2016 年第 3 期。

了。如果重译者具备足够的翻译能力，并在翻译过程中切实采取以原著为基础、以旧译为参考的方法，这些新误译应该可以避免。

作为重译本的社科本《西太平洋上的航海者》虽然避免了华夏本《西太平洋的航海者》的一些错误，但重复了华夏本的数十处误译①，还出现数以百计的新误译。

在两种《文化的解释》汉译本中，作为重译本的译林本不仅重复了上海本的百余处误译，还出现了不少新误译。

重译本重复旧译本的误译，不仅说明重译本参考了旧译本，而且说明重译者要么不具备判定旧译本译文质量的能力，要么在重译时有学术不端行为。重译本中出现较多的新误译，则有多种可能：重译者未参考旧译本；重译者虽然参考了旧译本，却不能判断旧译是否正确；重译者故意改变旧译本译文以掩盖其对旧译本的"参考"；……无论如何，大量新误译说明重译本质量不如旧译本。

## （三）重译本涉嫌抄袭旧译本

重译应以原著为依据，以旧译为参考。重译者如果未能正确处理原著与旧译的关系，而以旧译为依据、以原著为参考，甚至基本不参考原著，那么重译活动就在技术和道德两个层面上都难以成立。这里，以德国人 J. E. 利普斯所著 *The Origin of Things*② 的两个汉译本为例来加以说明。

这两个汉译本的书名都是《事物的起源》，分别是敦煌本③和陕西本④。敦煌本译者不仅怀疑陕西本的性质，而且指责它"是据拙译本胡编而成"。⑤

不论敦煌本译者的怀疑能否成立，但有一个事实无可否认：敦煌本中的一些误译被陕西本重复（见表 6 - 5）。

---

① 谢国先：《评〈西太平洋（上）的航海者〉翻译质量——兼谈学术名著重译的基本原则》，《民族论坛》2012 年第 9 期。
② Julius E. Lips, *The Origin of Things*, George G. Harrap & Co. Ltd., 1949.
③ 〔德〕J. E. 利普斯：《事物的起源》（修订本），汪宁生译，敦煌文艺出版社，2000。
④ 〔德〕利普斯：《事物的起源》，李敏译，陕西师范大学出版社，2008。
⑤ 〔德〕J. E. 利普斯：《事物的起源：简明人类文化史》，汪宁生译，贵州教育出版社，2010，第 373 页。

表 6 - 5 　陕西本重复敦煌本误译的例证

| 原文，页码 | 敦煌本译文，页码 | 陕西本译文，页码 | 可以翻译为 |
|---|---|---|---|
| brown-and white-coloured，43 | 紫白色，28 | 紫白色，42 | 棕白色 |
| shepherd peoples，55 | 牧童，43 | 牧童，55 | 牧羊民族 |
| the button，72 | 棉花，61 | 棉花，69 | 扣子 |
| a fifth cross-piece，185 | 15 根横柱，181 | 15 根横柱，163 | 第 5 根横柱 |
| the Ewe of Togo，225 | 埃韦人和多哥人，228 | 埃韦人和多哥人，200 | 多哥的埃韦人 |
| Subarctic，226 | 北极，228 | 北极，201 | 亚北极 |
| paper mill，238 | 造纸的磨，240 | 造纸的磨，210 | 造纸厂 |
| out-house，243 | 出屋，247 | 出屋，216 | 茅房 |
| the last two thousand years，316 | 最近两百年，330 | 最近两百年，4 | 最近两千年 |
| climbed up to earth，327 | 爬下地球，343 | 爬下地球，14 | 爬上地面 |
| December 26，340 | 10 月 26 日，358 | 10 月 26 日，278 | 12 月 26 日 |
| the arctic and subarctic，342 | 北极和南极的，360 | 北极和南极的，279 | 北极与亚北极的 |
| lofty wooden structure，366 | 软木架，394 | 软木架，304 | 高木架 |

敦煌本出现的十余处句子误译也在陕西本中出现。现略举数例。

【例1】

原著：The black tents of the Tibetans，loosely woven from the hairs of the yak，allow a veiled view of the outside，although they are completely waterproof.①

敦煌本：

西藏的黑色帐篷用牦牛毛粗松地编成，外貌很像面纱，却完全可以防水。②

陕西本：

西藏人的黑色帐篷是用牦牛毛编织成的，外形看上去像面纱一样，但却完全可以防水。③

"allow a veiled view of the outside" 意为 "让人能够透视外面"。其中

---

① Julius E. Lips, *The Origin of Things*, George G. Harrap & Co. Ltd. , 1949, p.25.
② 〔德〕J. E. 利普斯：《事物的起源》（修订本），汪宁生译，敦煌文艺出版社，2000，第 9 页。
③ 〔德〕利普斯：《事物的起源》，李敏译，陕西师范大学出版社，2008，第 27 页。

"a veiled view" 意为 "透过面纱之类遮掩物看见，透视"。敦煌本误译，陕西本重复误译。

可以翻译为：藏族的黑色帐篷用牦牛毛疏松地织成，虽然滴水不漏，却可以从里面透过帐幕窥视外面。

【例2】

原著：and smartly carved African Tikar sandles have all the ear-marks of elegance and can be compared very favourably with our modern beach models. ①

敦煌本：

> 非洲蒂卡人的木凉鞋，上有优美的所有者标记，能和现代海滨所用的凉鞋比美。②

陕西本：

> 非洲蒂卡人的木凉鞋作工精美，绝不逊于文明人，并标有所有者的印记。③

"have all the ear-marks of elegance" 意为 "具备雅致的所有特征"。敦煌本误译为 "上有优美的所有者标记"，陕西本重复误译为 "并标有所有者的印记"。

可以翻译为：非洲蒂卡尔人精雕细琢的凉鞋是雅致的典范，远胜于我们现代海滩上的那些款式。

【例3】

原著：It especially does not apply to debts. ④

敦煌本：

> 它特别适用于债务。⑤

---

① Julius E. Lips, *The Origin of Things*, George G. Harrap & Co. Ltd. , 1949, p. 117.

② 〔德〕J. E. 利普斯：《事物的起源》（修订本），汪宁生译，敦煌文艺出版社，2000，第108 页。

③ 〔德〕利普斯：《事物的起源》，李敏译，陕西师范大学出版社，2008，第106 页。

④ Julius E. Lips, *The Origin of Things*, George G. Harrap & Co. Ltd. , 1949, p. 299.

⑤ 〔德〕J. E. 利普斯：《事物的起源》（修订本），汪宁生译，敦煌文艺出版社，2000，第311 页。

陕西本：

　　这种原则尤其适用于债务。①

敦煌本误译"does not apply to"（不适用于）为"适用于"，陕西本重复误译。

可以翻译为：它尤其不适用于债务。

敦煌本中的漏译包括词语漏译、句子漏译和段落漏译，这些漏译也在陕西本中出现。现略举数例。

其一，词语漏译。敦煌本中出现了为数不多的词语漏译。陕西本同样也出现这些词语漏译。

【例1】

原著：The Eastern Bolivian Noeze carry packages of smouldering particles of the *motacu* flower carefully wrapped in moist *pataju* leaves. ②

敦煌本：

　　玻利维亚东部的诺泽人携带的袋子里，装着阴燃的"莫塔库"花碎屑，小心地包在"帕塔节"树叶中。③

陕西本：

　　玻利维亚东部的诺泽人在外出时会带着一个袋子，里面装着用"莫塔库"花碎屑保存的火种，小心地包裹在"帕塔节"树叶中。④

敦煌本漏译"moist"（潮湿的）一词，陕西本同样漏译此词。

可以翻译为：玻利维亚东部的诺泽人带着一包包阴燃的"莫塔库"花碎片，这些碎片都被小心翼翼地包在潮湿的"帕塔节"树叶里。

① 〔德〕利普斯：《事物的起源》，李敏译，陕西师范大学出版社，2008，第264页。
② Julius E. Lips, *The Origin of Things*, George G. Harrap & Co. Ltd., 1949, p. 37.
③ 〔德〕J. E. 利普斯：《事物的起源》（修订本），汪宁生译，敦煌文艺出版社，2000，第21页。
④ 〔德〕利普斯：《事物的起源》，李敏译，陕西师范大学出版社，2008，第37页。

【例2】

原著：To-day, as millenniums ago, the tilling of the soil and the art of husbandry are foundations of our nourishment；…①

敦煌本：

今天和几千年前一样，耕种是养活我们的基本条件……。②

陕西本：

同几千年以前一样，我们赖以生存的最基本的方式仍然是耕种土地，……。③

敦煌本漏译"the art of husbandry"（饲养术），陕西本同样漏译。

可以翻译为：今天，仍和数千年前一样，耕种土地和饲养牲口是我们获得营养的基本手段。

【例3】

原著：The belief of the agriculturists in the supernatural powers of the head led to the development of carved masks. ④

敦煌本：

农民对超自然力量的信仰，导致雕刻面具的发展。⑤

陕西本：

农民对神秘力量的信仰，导致了雕刻面具的形成和发展。⑥

---

① Julius E. Lips, *The Origin of Things*, George G. Harrap & Co. Ltd. , 1949, p. 89.
② 〔德〕J. E. 利普斯：《事物的起源》（修订本），汪宁生译，敦煌文艺出版社，2000，第78页。
③ 〔德〕利普斯：《事物的起源》，李敏译，陕西师范大学出版社，2008，第83页。
④ Julius E. Lips, *The Origin of Things*, George G. Harrap & Co. Ltd. , 1949, p. 369.
⑤ 〔德〕J. E. 利普斯：《事物的起源》（修订本），汪宁生译，敦煌文艺出版社，2000，第398页。
⑥ 〔德〕利普斯：《事物的起源》，李敏译，陕西师范大学出版社，2008，第306页。

敦煌本漏译"of the head"（人头的），陕西本同样漏译。

可以翻译为：农民对人头的超自然力量的信仰，导致了雕刻面具的产生。

其二，句子漏译。句子漏译指对语法结构完整的一句话的漏译。敦煌本中这种情况并不多见。被敦煌本漏译的句子，同样被陕西本漏译。

【例1】

原著：Needless to say, the flowering imagination of primitive man has glorified the great phenomenon of fire by countless myths, many of them of stirring beauty and all revealing a sense of veneration. [1]

敦煌本漏译此句。[2]

陕西本同样漏译此句。[3]

可以翻译为：不用说，原始人丰富多彩的想象已用无数神话赞美了火这一了不起的现象，其中许多神话蕴含激动人心的美，而所有神话都透露出崇敬感。

【例2】

原著：the arts of leatherwork and tanning are rapidly being forgotten. [4]

敦煌本漏译此句。[5]

陕西本同样漏译此句。[6]

可以翻译为：鞣革和制革的工艺正被快速遗忘。

【例3】

原著：They are particularly used for the purchase of women. [7]

敦煌本漏译此句。[8]

---

[1] Julius E. Lips, *The Origin of Things*, George G. Harrap & Co. Ltd., 1949, p. 34.
[2] 〔德〕J. E. 利普斯：《事物的起源》（修订本），汪宁生译，敦煌文艺出版社，2000，第18页。
[3] 〔德〕利普斯：《事物的起源》，李敏译，陕西师范大学出版社，2008，第34页。
[4] Julius E. Lips, *The Origin of Things*, George G. Harrap & Co. Ltd., 1949, p. 149.
[5] 〔德〕J. E. 利普斯：《事物的起源》（修订本），汪宁生译，敦煌文艺出版社，2000，第141页。
[6] 〔德〕利普斯：《事物的起源》，李敏译，陕西师范大学出版社，2008，第132页。
[7] Julius E. Lips, *The Origin of Things*, George G. Harrap & Co. Ltd., 1949, p. 207.
[8] 〔德〕J. E. 利普斯：《事物的起源》（修订本），汪宁生译，敦煌文艺出版社，2000，第208页。

陕西本同样漏译此句。①

可以翻译为：它们专门用于购买女人。

其三，成段漏译。成段漏译指对原著某个自然段或连在一起的几个句子的漏译。敦煌本中有 2 例成段漏译，陕西本中同样漏译。

【例1】

原著：Among the North American Indians only a few tribes like the Pueblo and the Hopi are expert potters. But their great art has declined during the last several centuries. The spiral-coil pots of the cliff dwellers featured striking black ornaments, and the multi-coloured earthenware of the abandoned Hopi cities were masterpieces. To the California tribes the art of pottery is almost a forgotten skill; modern Indians must consult their grandparents to learn how the vessels which are still in use were originally created. ②

敦煌本漏译此段。③

陕西本同样漏译此段。④

可以翻译为：北美印第安人中，仅有像普埃布洛人和霍皮人之类的少数部落是制陶专家。但他们的这门伟大艺术在过去几个世纪中衰落了。崖居者用泥条盘筑法生产的陶器以醒目的黑色装饰为特色，而废弃的霍皮人城镇中的彩陶则是杰作。加利福尼亚各部落几乎忘记了制陶艺术；当代印第安人要向其祖辈请教，才知道仍在使用的器皿当初是如何制成的。

【例2】

原著：The umiak is an open boat, also consisting of a large wooden frame and covered with skin. It is younger than the kayak, and probably originated in north-eastern Asia. In Greenland the umiak is merely used for transport, not for the hunt, and is known as the 'women's' boat. ⑤

---

① 〔德〕利普斯:《事物的起源》，李敏译，陕西师范大学出版社，2008，第 183 页。
② Julius E. Lips, *The Origin of Things*, George G. Harrap & Co. Ltd. , 1949, p. 136.
③ 〔德〕J. E. 利普斯:《事物的起源》（修订本），汪宁生译，敦煌文艺出版社，2000，第 128 页。
④ 〔德〕利普斯:《事物的起源》，李敏译，陕西师范大学出版社，2008，第 122 页。
⑤ Julius E. Lips, *The Origin of Things*, George G. Harrap & Co. Ltd. , 1949, p. 191.

敦煌本漏译此段。①

陕西本同样漏译此段。②

可以翻译为：乌米亚克是敞口船，同样以大木架覆以皮革做成。其出现晚于卡亚克，可能起源于东北亚。格陵兰岛仅将它用于运输，不用于狩猎，所以被称作"女人"船。

除了重复敦煌本的这些疏漏之外，陕西本在敦煌本的基础上进行了煞费苦心的改动。为了显得与旧译不同，陕西本在形式上将原著的第十三章重排为第一章，而且在每章之下做出分节（原著和敦煌本在章下均未分节），在内容上尽量用同义词替换旧译本用词，还在无关紧要之处遗漏或添加词语。

弗雷泽的 *The Golden Bough* 在我国有多个题为《金枝》的中译本。其中，安徽人民出版社 2012 年出版的《金枝》（以下简称安徽版）③ 大量重复中国民间文艺出版社 1987 年出版的《金枝》（以下简称民间版）④ 的误译和漏译，对此我已进行专门讨论。⑤ 现以表格形式（见表 6-6）举例说明安徽版《金枝》对民间版《金枝》词语误译的重复。

表 6-6　安徽版《金枝》重复民间版《金枝》的词语误译举例

| 原文，页码 | 民间版译文，页码 | 安徽版译文，页码 | 可以翻译为 |
| --- | --- | --- | --- |
| the historian，15 | 哲学家，24 | 哲学家，21 | 历史学家 |
| waists，190 | 手腕，287 | 手腕，244 | 腰，腰部 |
| Ewe，198 | 克瓦语，299 | 克瓦语，253 | 埃维语 |
| haunted spots，245 | 打猎场所，363 | 打猎场所，309 | 闹鬼的地方，鬼魂出没之地 |
| trough，318 | 饲料，464 | 饲料，404 | 木槽，饲料槽 |

① 〔德〕J. E. 利普斯：《事物的起源》（修订本），汪宁生译，敦煌文艺出版社，2000，第188 页。

② 〔德〕利普斯：《事物的起源》，李敏译，陕西师范大学出版社，2008，第 170 页。

③ 〔英〕詹姆斯·乔治·弗雷泽：《金枝》，赵昍译，安徽人民出版社，2012。

④ 〔英〕J. G. 弗雷泽：《金枝》，徐育新、汪培基、张泽石译，汪培基校，中国民间文艺出版社，1987。

⑤ 谢国先：《"伪译"指证：安徽版〈金枝〉译本对民间版〈金枝〉译本的抄袭式改写》，《外国语文研究》2017 年第 2 期。

续表

| 原文，页码 | 民间版译文，页码 | 安徽版译文，页码 | 可以翻译为 |
|---|---|---|---|
| to beat their breasts，371 | 鞭打牲口，539 | 鞭打牲口，478 | 捶打胸脯 |
| the eastern door，376 | 西门，545 | 西门，483 | 东门 |
| the Creek，490 | 希腊人，706 | 希腊人，618 | 克里克人，或克里克印第安人 |
| the French missionary，527 | 德国传教士，755 | 德国传教士，665 | 法国传教士 |
| a Malagasy，541 | 一个马达加斯加人，774 | 一个马达加斯加人，683 | 一个马尔加什人 |
| toothache，544 | 头痛，778 | 头痛，686 | 牙痛 |
| the winter revels，585 | 各季狂欢节，832 | 各季的狂欢节，884 | 冬季狂欢节 |
| diameter，613 | 半径，870 | 半径，777 | 直径 |
| fir-wood，639 | 桃树，904 | 桃树，816 | 枞木 |
| Sweden，641 | 瑞士，906 | 瑞士，818 | 瑞典 |
| Switzerland，641 | 瑞典，906 | 瑞典，818 | 瑞士 |
| the west coast，693 | 两岸，979 | 两岸，884 | 西岸 |

从表 6-6 可见，安徽版《金枝》甚至重复了当年民间版《金枝》中的一些排印错误，如"冬季"误作"各季"，"西岸"误作"两岸"。

# 三 学术著作译本修订本中的问题

个别原著虽由旧译者主持修订或重译，但也暴露出一些问题。

## （一）重复误译

美国民俗学家阿兰·邓迪斯所编 *Sacred Narrative*：*Readings in the Theory of Myth*[①] 的首个汉译本题为《西方神话学论文选》（以下简称上海《论文选》）[②]，第二个汉译本题为《西方神话学读本》（以下简称广西《读本》）[③]。广西《读

---

① Alan Dundes（ed.），*Sacred Narrative*：*Readings in the Theory of Myth*，University of California Press，1984.
② 〔美〕阿兰·邓迪斯编《西方神话学论文选》，朝戈金、尹伊、金泽、蒙梓译，上海文艺出版社，1994。
③ 〔美〕阿兰·邓迪斯编《西方神话学读本》，朝戈金等译，广西师范大学出版社，2006。

本》在《译者的话》中介绍说，原译者的译文，经"本人"再次校订，其余大约一半篇幅请人重新翻译。也就是说，广西《读本》中既有修订，也有重译。

　　遗憾的是，广西《读本》重复了上海《论文选》中的很多误译。现略举其中一些误译（见表6-7）。

表6-7　广西《读本》重复上海《论文选》误译的例证

| 原文，页码 | 《论文选》译文，页码 | 《读本》译文，页码 | 可以翻译为 |
| --- | --- | --- | --- |
| Herskovitses，8 | 荷斯科维基斯，9 | 荷斯科维基斯，9 | 赫斯科维茨夫妇 |
| culture heroes，9 | 高尚的英雄，11 | 高尚的英雄，10 | 文化英雄 |
| succession in ruling dynasties，9 | 统辖朝代的功绩，12 | 统辖朝代的功绩，11 | 统治王朝的王位继承 |
| revenge of supernatural powers on mortals，18 | 超自然力量致命的报复，24 | 超自然力量致命的报复，22 | 超自然力量对人的报复 |
| Herskovitses，19 | 荷斯科维奇，25 | 荷斯科维奇，23 | 赫斯科维茨夫妇 |
| the United States，25 | 美洲，33 | 美洲，31 | 美国 |
| ritual practice，25 | 仪式的功用，34 | 仪式的功用，31 | 仪式活动 |
| the subjects of myths，26 | 神话的主观性，34 | 神话的主观性，32 | 神话的题材 |
| the objects，26 | 客观性，34 | 客观性，32 | 事物 |
| lies，51 | 谎言，68 | 谎言，64 | 存在 |
| crabs，91 | 虾，122 | 虾，111 | 蟹 |
| the sheep of God，95 | 绵羊之神，127 | 绵羊之神，116 | 上帝的绵羊 |
| formula，106 | 处方，143 | 处方，130 | 咒语 |
| passing from mouth to mouth，109 | 书传口诵，146 | 书传口诵，133 | 口口相传 |
| societies，111 | 国家，151 | 国家，138 | 社会 |
| vague，114 | 时髦的，154 | 时髦的，141 | 含糊的 |
| Ruanda，115 | 卢甘达人，156 | 卢甘达人，143 | 卢旺达人 |
| Nebuchadnezzar，122 | 内布查德札，165 | 内布查德札，151 | 尼布甲尼撒 |
| the "heathen" prototypes，127 | "天上的"原型，171 | "天上的"原型，157 | "异教"原型 |
| genetic or historical connection，135 | 一般的和历史的联系，182 | 一般的和历史的联系，166 | 起源的或历史的联系 |

| 原文，页码 | 《论文选》译文，页码 | 《读本》译文，页码 | 可以翻译为 |
|---|---|---|---|
| prolific，137 | 有争议的，184 | 有争议的，169 | 多产的 |
| the longing to reintegrate，151 | 属于重新统一，202 | 属于重新统一，186 | 奋力再次整合 |
| the longing to recover，151 | 属于回复到，202 | 属于回复到，186 | 奋力恢复 |
| the camp crier，163 | 管账传令者，217 | 管账传令者，200 | 营地传令员 |
| the American Indians north of Mexico，167 | 墨西哥北部的美洲印第安人，224 | 墨西哥北部的美洲印第安人，206 | 墨西哥以北的美洲印第安人 |
| America north of Mexico，181 | 美洲的墨西哥北部，240 | 美洲的墨西哥北部，222 | 墨西哥以北的美洲 |
| Finnegans Wake，256 | 《菲内根斯·韦克》，338 | 《菲内根斯·韦克》，309 | 《为芬尼根守灵》 |
| Finnegans Wake，258 | 《费尼根的觉醒》，341 | 《费尼根的觉醒》，312 | 《为芬尼根守灵》 |
| the most modern religions，273 | 大多数现代宗教，361 | 大多数现代宗教，332 | 最现代的宗教 |
| the creation of man from a similar substance，277 | 人也用相似的物质造出大地，367 | 人用相似的物质造出大地，337 | 用相似物质造人 |
| the emergence myth，278 | 突生神话，367 | 突生神话，338 | 人从地下冒出的神话 |
| as early as 1902，278 | 早在1920年，367 | 早在1920年，338 | 早在1902年 |
| a laxative bulb，286 | 粪便，377 | 粪便，346 | 一种通便的球茎 |
| cycle，286 | 循环，377 | 循环，346 | 系列故事 |
| salmon，300 | 鳕鱼，389 | 鳕鱼，364 | 鲑鱼 |
| successive marriages，310 | 成功的婚姻，399 | 成功的婚姻，375 | 连续的多次婚姻 |
| the celestial strata，331 | 天地分层，422 | 天地分层，400 | 天上分层 |

以上仅为重复单词误译和短语误译的部分例子。至于句子误译的重复，本书限于篇幅，不再举例。

## （二）改犹不改

所谓改犹不改，是说广西《读本》改动了上海《论文选》中被误译的句子中无关紧要的字词，但并未改正误译本身。

【例1】谈到德国的神话学者麦克斯·缪勒，原著为：

An eminent student of Sanskrit, he had immediate access to the Indian sources—which was only partly true for Adalbert Kuhn. ①

上海《论文选》译文为：

作为一名杰出的梵文学者，他立即接近了印度的根本——而阿达尔伯特·库恩只是部分地做到。②

广西《读本》译文为：

作为一名杰出的梵文学者，他迅速接近了印度的根本——而阿达尔伯特·库恩只是部分地做到了这一点。③

"had immediate access to" 意为"能够不经过翻译等手段而直接利用"。"sources" 指"原始资料"。

可以翻译为：他（缪勒）是一个著名的梵文学者，能够直接利用印度的原始资料，但这个描述只是在一定程度上才适用于阿达尔伯特·库恩。

【例2】谈到现代人对神话的理解，原著为：

To the extent that modern man's soul detached itself from Christianity, to the extent that Christianity was allowed to deteriorate into a mere moral lore as the core was taken out of its dogma and the sense for its mystery got lost, to that extent also man's understanding for other religions disappeared. ④

---

① Alan Dundes (ed.), *Sacred Narrative*: *Readings in the Theory of Myth*, University of California Press, 1984, p. 36.

② 〔美〕阿兰·邓迪斯编《西方神话学论文选》，朝戈金、尹伊、金泽、蒙梓译，上海文艺出版社，1994，第50页。

③ 〔美〕阿兰·邓迪斯编《西方神话学读本》，朝戈金等译，广西师范大学出版社，2006，第46页。

④ Alan Dundes (ed.), *Sacred Narrative*: *Readings in the Theory of Myth*, University of California Press, 1984, p. 39.

上海《论文选》译文为：

现代人的灵魂与基督教分离的程度，基督教被允许退化到仅仅是道德训诫，正如从信条中剥离出核心而使之丧失神秘感的程度，还有人能理解其他宗教消失的程度。①

广西《读本》译文为：

现代人的灵魂与基督教的分离已经达到这样的程度，由于从基督教的信条中剥离出核心而使之丧失神秘感，进而使它退化到仅仅是道德训诫的程度，加上人们能够理解其他宗教消失也达到了这样的程度。②

上海《论文选》的译文不是通顺、完整的中文句子，广西《读本》所做改动对旧译质量并无改善。

可以翻译为：现代人的灵魂在多大程度上脱离基督教，基督教在多大程度上因其教条丧失内核、因其奥秘不再为人所认识而一味变坏、沦为一种道德知识，人对其他宗教的理解也就在多大程度上不复存在了。

【例3】谈到《理论人类学》的作者，原著为：

He provides proof for the claim which is advanced from time to time that science is a religion for scientists. ③

上海《论文选》译文为：

他提出了科学是科学家的宗教这一问题或发展的说法的证据。④

---

① 〔美〕阿兰·邓迪斯编《西方神话学论文选》，朝戈金、尹伊、金泽、蒙梓译，上海文艺出版社，1994，第54页。
② 〔美〕阿兰·邓迪斯编《西方神话学读本》，朝戈金等译，广西师范大学出版社，2006，第50页。
③ Alan Dundes（ed.），*Sacred Narrative：Readings in the Theory of Myth*，University of California Press，1984，p.43.
④ 〔美〕阿兰·邓迪斯编《西方神话学论文选》，朝戈金、尹伊、金泽、蒙梓译，上海文艺出版社，1994，第59页。

广西《读本》译文为：

他提出证据，宣称科学是科学家的与时俱进的宗教。①

"the claim"（主张、宣称）并不是由"He"（他）作出的。"from time to time"意为"时时"。

可以翻译为：他提供证据，支持科学是科学家的宗教这个时时被人提出的主张。

【例4】谈到神话中的大地起源，原著为：

+ The people of Nias, an island to the west of Sumatra, say that, when the earth was created, a certain being was sent down from above to put the finishing touches to the work. ②

上海《论文选》译文为：

苏门答腊西面的尼亚斯人（Nias）说，大地被创造出来的时候，某个人从天上被送下来对这创造物给以最后的一触。③

广西《读本》译文为：

苏门答腊西面的尼亚斯人（Nias）说，大地被创造出来的时候，某个人被从天上送下来对这创造物给以最后的点化。④

"Nias"是岛名。"the finishing touches"意为"最后的修饰"。

可以翻译为：苏门答腊以西的尼亚斯岛上的人说，大地创造出来之

① 〔美〕阿兰·邓迪斯编《西方神话学读本》，朝戈金等译，广西师范大学出版社，2006，第55页。

② Alan Dundes（ed.），*Sacred Narrative*：*Readings in the Theory of Myth*，University of California Press，1984，p. 90.

③ 〔美〕阿兰·邓迪斯编《西方神话学论文选》，朝戈金、尹伊、金泽、蒙梓译，上海文艺出版社，1994，第121页。

④ 〔美〕阿兰·邓迪斯编《西方神话学读本》，朝戈金等译，广西师范大学出版社，2006，第110页。

后，某个生物被从天上派下来给这件作品做最后的修饰。

【例5】谈到皮马印第安人的故事讲述活动，原著为：

> Finally, while the false tales may be recited indifferently and with impunity at all times and in all places, it is not so with the "true" stories, which are told almost exclusively in winter or autumn, and only exceptionally in summer, …①

上海《论文选》译文为：

> 最后，荒谬的故事可以无拘无束和不受惩罚地在所有时间和所有地点讲述，根本不像"真实"故事那样，几乎在整个冬季和秋季都不能讲述，只有到了夏季才可开禁。②

广西《读本》译文为：

> 最后，虚构的故事可以无拘无束和不受惩罚地在所有时间和所有地点讲述，根本不像"真实"故事那样，几乎在整个冬季和秋季都不能讲述，只有到了夏季才可开禁。③

"exclusively"意为"唯一地，专门地"。"exceptionally"意为"例外地"。

可以翻译为：最后，虽然虚构故事可以在任何时间、任何地点平安无事地随便讲，但是，"真实"故事就不是这样；"真实"故事几乎只能在冬天或秋天讲，偶有例外可在夏天讲，……

【例6】谈到"deification"（神化）一词的用法，原著为：

> The conventional use in this context of the term "deification" (or

---

① Alan Dundes (ed.), *Sacred Narrative*: *Readings in the Theory of Myth*, University of California Press, 1984, p. 101.

② 〔美〕阿兰·邓迪斯编《西方神话学论文选》，朝戈金、尹伊、金泽、蒙梓译，上海文艺出版社，1994，第136页。

③ 〔美〕阿兰·邓迪斯编《西方神话学读本》，朝戈金等译，广西师范大学出版社，2006，第124页。

Vergottlichung）is，indeed，utterly fallacious；…①

上海《论文选》译文为：

在这种背景下，"神化"的传统作用的确完全是靠不住的；……②

广西《读本》译文为：

在这种背景下，"神化"（或 Vergottlichung）的传统作用的确完全
是靠不住的；……③

"The conventional use"意为"约定俗成的用法"，而不是"传统作用"。

可以翻译为：英语"deification"（或德语 Vergottlichung）即"神化"
一词的惯常用法在此语境中确实大错特错。

【例7】谈到20世纪40年代肖肖尼印第安人的宗教，原著为：

I investigated this religion during a period of years in the 1940s and
1950s when its most vital characteristics still persisted. ④

上海《论文选》译文为：

我曾在本世纪四十年代和五十年代对这一宗教进行了多年的调
查。当时，它的重要特征绝大部分都还保留着。⑤

广西《读本》译文为：

① Alan Dundes（ed.），*Sacred Narrative*：*Readings in the Theory of Myth*，University of California Press，1984，p. 117.
② 〔美〕阿兰·邓迪斯编《西方神话学论文选》，朝戈金、尹伊、金泽、蒙梓译，上海文艺出版社，1994，第158页。
③ 〔美〕阿兰·邓迪斯编《西方神话学读本》，朝戈金等译，广西师范大学出版社，2006，第144～145页。
④ Alan Dundes（ed.），*Sacred Narrative*：*Readings in the Theory of Myth*，University of California Press，1984，p. 155.
⑤ 〔美〕阿兰·邓迪斯编《西方神话学论文选》，朝戈金、尹伊、金泽、蒙梓译，上海文艺出版社，1994，第207页。

我曾在20世纪40年代和50年代对这一宗教进行了多年的调查。当时还保留着它的绝大部分的重要特征。①

"its most vital characteristics"意为"它的最重要的特征",而不是"它的重要特征绝大部分"或"它的绝大部分的重要特征"。

可以翻译为:20世纪40年代到50年代期间,我用了几年时间研究这种宗教,那时该宗教还保存着它最重要的特征。

【例8】谈到神话学家坎贝尔的作品,原著为:

But it is not from bibliographical omissions that Campbell's work suffers.②

上海《论文选》译文为:

但是,坎氏著作受到的遭遇却不是参考文献目录有所遗漏而引起的。③

广西《读本》译文为:

但是,坎贝尔著作受到社会学家的冷遇,并不是因为参考文献目录有所遗漏。④

"suffers"意为"受害,受损"。

可以翻译为:坎贝尔作品的硬伤并不是因为书目文献的遗漏。

【例9】谈到约翰·佩拉多托的一篇文章的标题,原著为:

John Peradotto, "Oedipus and Erichthonius: Some Observations on Paradigmatic and Syntagmatic Order."⑤

---

① 〔美〕阿兰·邓迪斯编《西方神话学读本》,朝戈金等译,广西师范大学出版社,2006,第191页。
② Alan Dundes (ed.), *Sacred Narrative: Readings in the Theory of Myth*, University of California Press, 1984, p. 256.
③ 〔美〕阿兰·邓迪斯编《西方神话学论文选》,朝戈金、尹伊、金泽、蒙梓译,上海文艺出版社,1994,第339页。
④ 〔美〕阿兰·邓迪斯编《西方神话学读本》,朝戈金等译,广西师范大学出版社,2006,第310页。
⑤ Alan Dundes (ed.), *Sacred Narrative: Readings in the Theory of Myth*, University of California Press, p. 296.

上海《论文选》译文为：

约翰·佩拉多托的《俄狄浦斯与埃里斯涅斯：对典型和综类规律的一些看法》。①

广西《读本》译文为：

约翰·佩拉多托（John Peradotto）的《俄狄浦斯与埃里斯涅斯：对典型和规律的一些评论》。②

"syntagmatic" 意为 "横组合的"，"paradigmatic" 意为 "纵聚合的"。这两个词本书第四章已讨论过。

可以翻译为：约翰·佩拉多托的《俄狄浦斯与厄里克托尼俄斯：对纵聚合和横组合规则的一些看法》。

上述广西《读本》对上海《论文选》的改动，表明修订者或重译者通读了旧译，对照过原著，但并没有实质性的修正。

## （三）新的误译

与上海《论文选》相比较，广西《读本》还出现了一些新误译。现将部分新误译以表格形式列出（见表6－8）。

表6－8　广西《读本》中的新误译

| 原文，页码 | 《论文选》译文，页码 | 《读本》译文，页码 | 可以翻译为 |
| --- | --- | --- | --- |
| Split Boys, 18 | 劈开男孩子们，23 | 斯普利特海湾，21 | 劈开而成的两个男孩 |
| in relatively matter-of-fact settings, 23 | 相关的事实资料的背景上，30 | 于相关的背景上，28 | 在相对真实的背景中 |
| literary form, 236 | 文学体裁，312 | 文学题材，286 | 文学体裁 |
| sub-Saharan Africa, 270 | 南撒哈拉地区，358 | 非洲撒哈拉地区，329 | 撒哈拉以南的非洲 |

① 〔美〕阿兰·邓迪斯编《西方神话学论文选》，朝戈金、尹伊、金泽、蒙梓译，上海文艺出版社，1994，第383页。

② 〔美〕阿兰·邓迪斯编《西方神话学读本》，朝戈金等译，广西师范大学出版社，2006，第358～359页。

| 原文，页码 | 《论文选》译文，页码 | 《读本》译文，页码 | 可以翻译为 |
|---|---|---|---|
| the elephant-headed god Ganesh，280 | 象首神加纳什，370 | 大象首领神加纳什，340 | 象头神伽尼什 |
| in decades to come，289 | 今后几十年中，380 | 在迄今几十年中，349 | 未来数十年中 |
| reefs，297 | 礁石，385 | 小溪，360 | 礁石 |

此外，上海《论文选》中翻译正确或大致正确的一些句子，被广西《读本》修订或重译错了。

【例1】谈到对神话进行心理学阐释，原著为：

It was Statius who coined the sentence⋯. ①

上海《论文选》译文为：

是斯塔提乌斯创造出下面的句子……。②

广西《读本》译文为：

是斯塔提乌斯在铸币时用了下面的句子：……。③

"coined" 意为 "杜撰"。

可以翻译为：是斯塔提乌斯杜撰了下面这个句子：……。

【例2】谈到神话的特点，原著为：

The character of myth is opposed to disappearance，but not，in view of what we said about its plasticity，to change. ④

---

① Alan Dundes（ed.），*Sacred Narrative*：*Readings in the Theory of Myth*，University of California Press，1984，p.46.

② 〔美〕阿兰·邓迪斯编《西方神话学论文选》，朝戈金、尹伊、金泽、蒙梓译，上海文艺出版社，1994，第62页。

③ 〔美〕阿兰·邓迪斯编《西方神话学读本》，朝戈金等译，广西师范大学出版社，2006，第58页。

④ Alan Dundes（ed.），*Sacred Narrative*：*Readings in the Theory of Myth*，University of California Press，1984，p.223.

上海《论文选》译文为：

> 神话的特点不是趋于消失，而是，从我们所说的神话灵活性来看，要发生变化。①

广西《读本》译文为：

> 从我们所谈的可塑性观点来看，神话的特点是抵抗消失，而不是要变化。②

原句结构为"The character … is opposed to disappearance，but not …（opposed）to change"，其中的两个"to"都是介词。"in view of …"仅修饰"not …（opposed）to change"。

可以翻译为：神话的特点在于它不会消失，而不在于它不会变化。后者在我们对神话的适应性的论述中已经加以证明。

【例3】谈到一个词的含义，原著为：

> "Original" means not so much "earlier" as "permanent". ③

上海《论文选》译文为：

> "原始的"主要不是指"更为早些"，而是变成了"永久的"。④

广西《读本》译文为：

> "起源的"并不意味着比"永久"、"更早"。⑤

---

① 〔美〕阿兰·邓迪斯编《西方神话学论文选》，朝戈金、尹伊、金泽、蒙梓译，上海文艺出版社，1994，第295页。
② 〔美〕阿兰·邓迪斯编《西方神话学读本》，朝戈金等译，广西师范大学出版社，2006，第272页。
③ Alan Dundes（ed.），*Sacred Narrative*：*Readings in the Theory of Myth*，University of California Press，1984，p. 231.
④ 〔美〕阿兰·邓迪斯编《西方神话学论文选》，朝戈金、尹伊、金泽、蒙梓译，上海文艺出版社，1994，第306页。
⑤ 〔美〕阿兰·邓迪斯编《西方神话学读本》，朝戈金等译，广西师范大学出版社，2006，第281页。

"not so much … as …" 意为 "不如……那么多"。

可以翻译为: "最初" 一词, 多有 "永恒" 之义, 而少有 "早先" 之义。

【例4】 谈到神话与仪式的相互作用, 原著为:

> The ritual must be faithful, the narration without omissions, in order that the mythic model may become a presence and a power in the person of the officiating leader or narrator. [1]

上海《论文选》译文为:

> 宗教仪式必须忠实而不走样, 讲述一定不能省略, 只有这样, 神话模式才会变成一种实际存在, 才会作为一种力量存在于主持仪式的人或讲述人的身上。[2]

广西《读本》译文为:

> 仪式必须如实讲述不能省略, 只有这样, 神话模式才会变成实际存在, 才会成为存在于主持仪式的人或讲述人身上的力量。[3]

原文中 "The ritual" (仪式) 和 "the narration" (叙述) 是并列结构。"a presence and a power" 带有共同的介词宾语 "in the person"。

可以翻译为: 仪式必须忠实可信, 叙述不能有遗漏, 这样, 神话中的典范才会存在于仪式主持者或神话讲述者身上, 才会成为他身上的一种力量。

【例5】 谈到理性与神话的关系, 原著为:

> The drawing-back of the mythic before rationality is often accompanied by a degradation of which man himself pays the price. [4]

---

[1] Alan Dundes (ed.), *Sacred Narrative: Readings in the Theory of Myth*, University of California Press, 1984, p. 232.

[2] 〔美〕阿兰·邓迪斯编《西方神话学论文选》, 朝戈金、尹伊、金泽、蒙梓译, 上海文艺出版社, 1994, 第307页。

[3] 〔美〕阿兰·邓迪斯编《西方神话学读本》, 朝戈金等译, 广西师范大学出版社, 2006, 第282页。

[4] Alan Dundes (ed.), *Sacred Narrative: Readings in the Theory of Myth*, University of California Press, 1984, p. 241.

上海《论文选》译文为：

　　理性化造成的神话倒退，常常伴随着一种堕落，而人本身对这种堕落是付出代价的。①

广西《读本》译文为：

　　在理性出现之前的神话退化，常常伴随着堕落，而人本身为此付出了代价。②

"before" 在原文中指空间，不指时间。

可以翻译为：神话在理性面前退缩，常伴以一种堕落，人自身为这种堕落付出代价。

【例6】谈到坎贝尔的神话观，原著为：

　　Rituals, he says, "are the enactments of myths, ⋯⋯."③

上海《论文选》译文为：

　　他说，宗教仪式"是表演出来的神话，⋯⋯"。④

广西《读本》译文为：

　　他说，宗教仪式"是神话的设定，⋯⋯"。⑤

"enactments" 意为"上演"。

---

① 〔美〕阿兰·邓迪斯编《西方神话学论文选》，朝戈金、尹伊、金泽、蒙梓译，上海文艺出版社，1994，第 318 页。

② 〔美〕阿兰·邓迪斯编《西方神话学读本》，朝戈金等译，广西师范大学出版社，2006，第 292 页。

③ Alan Dundes (ed.), *Sacred Narrative*: *Readings in the Theory of Myth*, University of California Press, 1984, p. 260.

④ 〔美〕阿兰·邓迪斯编《西方神话学论文选》，朝戈金、尹伊、金泽、蒙梓译，上海文艺出版社，1994，第 344 页。

⑤ 〔美〕阿兰·邓迪斯编《西方神话学读本》，朝戈金等译，广西师范大学出版社，2006，第 315 页。

可以翻译为：他说，仪式"是对神话的表演，……"。

【例7】谈到坎贝尔对神话的作用的认识，原著为：

He asserts that myth, correctly understood, provides an antidote to the turmoil of modern society, …①

上海《论文选》译文为：

他断言，对神话有个正确的理解，现代社会的动乱便有了克星。②

广西《读本》译文为：

他断言，被正确理解的神话能够矫正现代社会的动乱便有了克星。③

上海《论文选》的译文大致无误，广西《读本》的译文却不通。

可以翻译为：他断言，神话如被正确理解了，就会为解决现代社会的混乱提供一种好办法。

广西《读本》中这些新出现的误译，虽然可以说明修订者或重译者并没有完全照抄旧译，但也说明修订者或重译者要么没有核对原文，要么其态度和能力中某一方面并不比旧译者更好，甚或态度和能力两方面都不比旧译者更好。

总之，比较上海《论文选》和广西《读本》，可以发现：原有的误译绝大多数仍然存在，漏译也大多未被补译；有时旧译原本正确或者基本正确，修订或新译却是误译；有几处旧译并无漏译，修订本却出现了漏译。这样的修订或新译，无助于学术进步。

《萨摩亚人的成年》也在旧译本基础上出版了新译本。新译本所附《译后记》中有这样的话：

① Alan Dundes (ed.), *Sacred Narrative: Readings in the Theory of Myth*, University of California Press, 1984, p. 265.
② 〔美〕阿兰·邓迪斯编《西方神话学论文选》，朝戈金、尹伊、金泽、蒙梓译，上海文艺出版社，1994，第351页。
③ 〔美〕阿兰·邓迪斯编《西方神话学读本》，朝戈金等译，广西师范大学出版社，2006，第321页。

我们常常会感叹"岁月易逝，光阴如梭"，但其中的真义并不是每一次感叹之际都会真切体会的。不过，年初应商务印书馆之邀，重新修订米德的《萨摩亚人的成年》的中译本，这样一种感受却着着实实地浮现在心头。①

在这篇《译后记》末尾，译者又说：

本次出版，受李姚军教授委托，笔者重新校对了全书，并作了少许修改。②

从这篇《译后记》可知，当年作为社会学系研究生和英语系研究生的两位译者，现在都已经成了教授，而修订本是由社会学教授完成的。以今日教授去修订昔日研究生的译文，自然应该有很大改善，除非昔日研究生的译文已经比较完美而缺乏足够的改善空间。

该书全称《萨摩亚人的成年——为西方文明所作的原始人类的青年心理研究》，旧译本和修订本题目相同。旧译本 1988 年由浙江人民出版社出版（以下简称浙江版③）；修订本 2008 年由商务印书馆出版（以下简称商务版④）。

《萨摩亚人的成年》修订本（商务版）与旧译本（浙江版）的关系，可以从下面四个方面认识。

其一，商务版重复浙江版的误译。浙江版正文 196 页，误译 200 余处。这些误译几乎全部保留在商务版中（见表 6-9）。商务版"补译了 5 万余字的致谢、序言和附录"⑤，然而，误译总量也增加了，达 230 余处。

---

① 〔美〕玛格丽特·米德：《萨摩亚人的成年——为西方文明所作的原始人类的青年心理研究》，周晓虹、李姚军、刘婧译，商务印书馆，2008，第 204 页。

② 〔美〕玛格丽特·米德：《萨摩亚人的成年——为西方文明所作的原始人类的青年心理研究》，周晓虹、李姚军、刘婧译，商务印书馆，2008，第 205 页。

③ 〔美〕玛格丽特·米德：《萨摩亚人的成年——为西方文明所作的原始人类的青年心理研究》，周晓红、李姚军译，浙江人民出版社，1988。

④ 〔美〕玛格丽特·米德：《萨摩亚人的成年——为西方文明所作的原始人类的青年心理研究》，周晓虹、李姚军、刘婧译，商务印书馆，2008。

⑤ 〔美〕玛格丽特·米德：《萨摩亚人的成年——为西方文明所作的原始人类的青年心理研究》，周晓虹、李姚军、刘婧译，商务印书馆，2008，第 205 页。

表 6-9　商务版重复浙江版词语误译的例证

| 原文，页码 | 浙江版译文，页码 | 商务版译文，页码 | 可以翻译为 |
|---|---|---|---|
| juvenile courts, 1 | 青少年机构，1 | 青少年机构，19 | 少年法庭 |
| juvenile courts, 3 | 青少年机构，3 | 青少年机构，20 | 少年法庭 |
| the size of the family, 4 | 家庭形态，5 | 家庭形态，21 | 家庭规模 |
| size of family, 5 | 家庭形态，5 | 家庭形态，22 | 家庭规模 |
| land crabs, 7 | 地上的野果，8 | 地上的野果，24 | 陆地蟹 |
| the size of their family, 8 | 家庭形态，8 | 家庭形态，24 | 家庭规模 |
| bark cloth, 16 | 桑皮土布，16 | 桑皮土布，31 | 树皮布 |
| the next oldest child, 18 | 年龄稍大一些的孩子，18 | 年龄稍大一些的孩子，33 | 年龄第二大的孩子 |
| the origin myths, 61 | 远古的神话，66 | 远古的神话，67 | 起源神话 |
| the outraged community, 62 | 极度野蛮的社区，67 | 极度野蛮的社区，67 | 愤怒的社区 |
| bark skirts, 85 | 土布裙子，91 | 土布裙子，85 | 树皮裙子 |
| rank, 95 | 住址，101 | 住址，93 | 等级 |
| a swimming hole, 99 | 浮圈，105 | 浮圈，96 | 游泳场 |
| the swimming hole, 105 | 浮圈，111 | 浮圈，100 | 游泳场 |
| formerly, 105 | 正式，112 | 正式，101 | 从前 |
| mother, 126 | 婶婶，134 | 婶婶，118 | 妈妈 |
| second teeth, 146 | 第二批牙齿，154 | 第二批牙齿，133 | 恒牙 |

商务版除了重复浙江版的词语误译之外，还重复其句子误译。

【例 1】谈到人类学家对青春期的研究，原著为：

For the biologist who doubts an old hypothesis or wishes to test out a new one, there is the biological laboratory. ①

浙江版译文为：

对于一个怀疑原有的假说、希望提出新的假说的生物学家来说，这是一个能够大显身手的生物实验室。②

---

① Margaret Mead, *Coming of Age in Samoa: A Psychological Study of Primitive Youth for Western Civilization*, William Morrow & Company, 1972, p. 4.

② 〔美〕玛格丽特·米德:《萨摩亚人的成年——为西方文明所作的原始人类的青年心理研究》，周晓红、李姚军译，浙江人民出版社，1988，第 4 页。

商务版译文与之完全相同。①

译文所谓"这"，易与上文中讨论的社会环境混淆。

可以翻译为：生物学家怀疑旧的假说或希望验证新的假说，可利用生物实验室。

【例2】谈到萨摩亚村落下午的情形，原著为：

A second time, the sleeping people stir, roused perhaps by the cry of "a boat," resounding through the village. ②

浙江版译文为：

突然，整个村子又开始喧闹起来。从回港的"渔船"上传来一阵阵呼唤声。熟睡的人们第二次被惊醒了，又开始了忙碌。③

商务版译文与之完全相同。④

"the cry of 'a boat'"意为"有人喊'一条船'"。原文意为：村里有人望见出海的船只归来而发出喊声。

可以翻译为：一声"一条船"的呼喊响遍全村，正在睡午觉的人也许是被这一呼喊声唤醒了，又一次活动起来。

【例3】谈到萨摩亚人晚上的活动，原著为：

If it is moonlight, groups of young men, women by twos and threes, wander through the village, and crowds of children hunt for land crabs or chase each other among the breadfruit trees. ⑤

---

① 〔美〕玛格丽特·米德：《萨摩亚人的成年——为西方文明所作的原始人类的青年心理研究》，周晓虹、李姚军、刘婧译，商务印书馆，2008，第21页。

② Margaret Mead, *Coming of Age in Samoa*：*A Psychological Study of Primitive Youth for Western Civilization*, William Morrow & Company, 1972, p. 13.

③ 〔美〕玛格丽特·米德：《萨摩亚人的成年——为西方文明所作的原始人类的青年心理研究》，周晓红、李姚军译，浙江人民出版社，1988，第13页。

④ 〔美〕玛格丽特·米德：《萨摩亚人的成年——为西方文明所作的原始人类的青年心理研究》，周晓虹、李姚军、刘婧译，商务印书馆，2008，第28页。

⑤ Margaret Mead, *Coming of Age in Samoa*：*A Psychological Study of Primitive Youth for Western Civilization*, William Morrow & Company, 1972, p. 14.

浙江版译文为：

> 如果是月光如洗的夜晚，你能见到成群的年轻人，三三两两的妇女，在村子里漫步。孩子们四处捉着地蟹，或者在面包果树丛中捉迷藏。①

商务版译文与之完全相同。②

"young" 与 "men，women" 构成词组，意为 "年轻男女"。"chase" 意为 "追逐"。"among the breadfruit trees"（在面包果树林里）是整个第 2 句的状语。

可以翻译为：如有月光，年轻男女三三两两结伴在村里漫步，一群群小孩在面包果树林里寻找地蟹或彼此追逐。

【例 4】 谈到萨摩亚人的儿童的生日，原著为：

> Birthdays are of little account in Samoa. But for the birth itself of the baby of high rank，a great feast will be held，and much property given away. ③

浙江版译文为：

> 萨摩亚普通人家对孩子的生日并不过于重视。但是，等级较高的人家对出生这件事本身却极为看重，家长会为孩子的出生举行盛大的聚会，并且划分给他许多财产。④

商务版译文与之完全相同。⑤

"much property given away" 意为 "把财产赠送出去"，是送给客人而不是送给新生的婴儿。

---

① 〔美〕玛格丽特·米德：《萨摩亚人的成年——为西方文明所作的原始人类的青年心理研究》，周晓红、李姚军译，浙江人民出版社，1988，第 15 页。
② 〔美〕玛格丽特·米德：《萨摩亚人的成年——为西方文明所作的原始人类的青年心理研究》，周晓虹、李姚军、刘婧译，商务印书馆，2008，第 29 页。
③ Margaret Mead, *Coming of Age in Samoa：A Psychological Study of Primitive Youth for Western Civilization*，William Morrow & Company，1972，p. 16.
④ 〔美〕玛格丽特·米德：《萨摩亚人的成年——为西方文明所作的原始人类的青年心理研究》，周晓红、李姚军译，浙江人民出版社，1988，第 16 页。
⑤ 〔美〕玛格丽特·米德：《萨摩亚人的成年——为西方文明所作的原始人类的青年心理研究》，周晓虹、李姚军、刘婧译，商务印书馆，2008，第 31 页。

可以翻译为：在萨摩亚，生日不大重要。但高等人家要为婴儿的出生举行盛大宴会，还要送出许多财产。

【例5】谈到男子向女子求爱，原著为：

> Fishing prowess means immediate rewards in the shape of food gifts to offer to his sweetheart; without such gifts his advances will be scorned. ①

浙江版译文为：

> 善于捕鱼在献给情人的馈赠中意味着直接的酬赏；缺少这种馈赠，他的进攻就很难打动对方。②

商务版译文与之完全相同。③

"rewards in the shape of food gifts" 意为 "以食物礼品的形式而得到的奖赏"。"advances" 意为 "求爱"。

可以翻译为：捕鱼能力的直接奖赏就是获得食品当礼物送给心上人；如无此类礼物，他求爱就会受奚落。

【例6】谈到青年男女的分工与合作，原著为：

> When the girls have a paper mulberry plantation, the *Aumaga* occasionally help them in the work, the girls in turn making a feast for the boys, turning the whole affair into an industrious picnic. ④

浙江版译文为：

---

① Margaret Mead, *Coming of Age in Samoa: A Psychological Study of Primitive Youth for Western Civilization*, William Morrow & Company, 1972, p. 27.
② 〔美〕玛格丽特·米德：《萨摩亚人的成年——为西方文明所作的原始人类的青年心理研究》，周晓红、李姚军译，浙江人民出版社，1988，第 28 页。
③ 〔美〕玛格丽特·米德：《萨摩亚人的成年——为西方文明所作的原始人类的青年心理研究》，周晓虹、李姚军、刘婧译，商务印书馆，2008，第 39 页。
④ Margaret Mead, *Coming of Age in Samoa: A Psychological Study of Primitive Youth for Western Civilization*, William Morrow & Company, 1972, p. 63.

姑娘们种植构树时，奥玛珈的小伙子们会帮帮忙，姑娘们也会为他们准备一顿便餐。①

商务版译文与之完全相同。②

"a feast"是"一场宴会"而非"便餐"。浙江版和商务版译文均漏译"turning the whole affair into an industrious picnic"。

可以翻译为：姑娘们如有构树园，奥玛珈偶尔来帮她们干活，姑娘们就做饭招待小伙子们，这样一来，整个事情就变成了一次工作野餐。

【例7】谈到萨摩亚人中反常的性行为，原著为：

The moetotolo is the only sex activity which presents a definitely abnormal picture. ③

浙江版译文为：

莫托托洛仅仅是一种非正常状态的性活动。④

商务版译文与之完全相同。⑤

"the only"意为"唯一的，仅有的"。

可以翻译为：潜入偷睡是唯一一种确属反常的性活动。

【例8】谈到萨摩亚男人的花心，原著为：

…although having many mistresses is never out of harmony with a declaration of affection for each. ⑥

---

① 〔美〕玛格丽特·米德：《萨摩亚人的成年——为西方文明所作的原始人类的青年心理研究》，周晓红、李姚军译，浙江人民出版社，1988，第67页。

② 〔美〕玛格丽特·米德：《萨摩亚人的成年——为西方文明所作的原始人类的青年心理研究》，周晓虹、李姚军、刘婧译，商务印书馆，2008，第68页。

③ Margaret Mead, *Coming of Age in Samoa: A Psychological Study of Primitive Youth for Western Civilization*, William Morrow & Company, 1972, p. 70.

④ 〔美〕玛格丽特·米德：《萨摩亚人的成年——为西方文明所作的原始人类的青年心理研究》，周晓红、李姚军译，浙江人民出版社，1988，第75页。

⑤ 〔美〕玛格丽特·米德：《萨摩亚人的成年——为西方文明所作的原始人类的青年心理研究》，周晓虹、李姚军、刘婧译，商务印书馆，2008，第73页。

⑥ Margaret Mead, *Coming of Age in Samoa: A Psychological Study of Primitive Youth for Western Civilization*, William Morrow & Company, 1972, p. 78.

浙江版译文为：

虽然男子往往都有许多情妇，但绝不意味着对每一位都情深意笃。①

商务版译文与之完全相同。②

"never out of harmony with" 意为 "与……并不矛盾"。

可以翻译为：男子有多个情人，却又对每个情人都表白很爱她，这二者并不矛盾。

【例9】谈到萨摩亚人中偶然的性关系，原著为：

All of this means that casual sex relations carry no onus of strong attachment. ③

浙江版译文为：

这一切都意味着性关系是很随便的，并不带有深厚的感情。④

商务版译文与之完全相同。⑤

"onus" 意为 "责任，义务"。

可以翻译为：这一切都表明，偶然的性关系中并不存在炽烈爱情具有的那种责任和义务。

其二，改犹不改。商务版译文虽然对浙江版译文进行了改动，但并没有改善译文质量。

【例1】谈到人类学家对研究对象的选择，原著为：

① 〔美〕玛格丽特·米德：《萨摩亚人的成年——为西方文明所作的原始人类的青年心理研究》，周晓红、李姚军译，浙江人民出版社，1988，第84页。
② 〔美〕玛格丽特·米德：《萨摩亚人的成年——为西方文明所作的原始人类的青年心理研究》，周晓虹、李姚军、刘婧译，商务印书馆，2008，第79页。
③ Margaret Mead, *Coming of Age in Samoa: A Psychological Study of Primitive Youth for Western Civilization*, William Morrow & Company, 1972, p. 157.
④ 〔美〕玛格丽特·米德：《萨摩亚人的成年——为西方文明所作的原始人类的青年心理研究》，周晓红、李姚军译，浙江人民出版社，1988，第166页。
⑤ 〔美〕玛格丽特·米德：《萨摩亚人的成年——为西方文明所作的原始人类的青年心理研究》，周晓虹、李姚军、刘婧译，商务印书馆，2008，第142页。

In this choice of primitive peoples like the Eskimo, the Australian, the South Sea Islander, or the Pueblo Indian, the anthropologist is guided by the knowledge that the analysis of a simpler civilization is more possible of attainment. ①

浙江版译文为：

> 在选择爱斯基摩（Eskimo）、澳大利亚（Australian）、南太平洋诸岛（South Sea Islander）、普韦布洛印第安（Pueblo Indian）等地的原始民族为研究对象时，人类学家始终受着这样一种信念的支配，即对一个初级文明的研究更容易获得成功。②

商务版译文为：

> 在选择爱斯基摩、澳大利亚、南太平洋诸岛、普韦布洛印第安等地的原始民族为研究对象时，人类学家始终受着这样一种信念的支配，即对一个初级文明的研究更易获得成功。③

商务版译文仅仅把浙江版译文中括注的英文去掉了，其余一仍其旧。"primitive peoples like…"（像……之类民族）已经表明后面所列举的是民族名称，而非地名。"爱斯基摩"、"普韦布洛印第安"都不是地名而是民族名。浙江版将民族名误译为地名，于是有了"普韦布洛印第安等地"这个古怪说法。"the analysis"是"分析"而非"成功"，商务版未对之加以改正。

可以翻译为：人类学家认识到，更有可能对简单文明做出分析。在此认识指导下，他们选择爱斯基摩人、澳大利亚土著、南太平洋岛民或者普

---

① Margaret Mead, *Coming of Age in Samoa: A Psychological Study of Primitive Youth for Western Civilization*, William Morrow & Company, 1972, p.6.

② 〔美〕玛格丽特·米德：《萨摩亚人的成年——为西方文明所作的原始人类的青年心理研究》，周晓红、李姚军译，浙江人民出版社，1988，第6页。

③ 〔美〕玛格丽特·米德：《萨摩亚人的成年——为西方文明所作的原始人类的青年心理研究》，周晓虹、李姚军、刘婧译，商务印书馆，2008，第205页。

韦布洛印第安人等原始民族作为研究对象。

【例2】谈到小姑娘逃避别人差遣，原著为：

Thus a little girl may escape alone down to the beach to bathe only to be met by an older cousin who sets her washing or caring for a baby or to fetch some coconut to scrub the clothes. [1]

浙江版译文为：

因此，一经碰上年龄比自己大的堂（表）哥的小姑娘会独自躲到海滩上去洗澡，否则他会差遣她给他的孩子洗澡，照看孩子，或找些椰子果来搓洗衣服。[2]

商务版译文为：

因此，一经碰上年龄比自己大的堂（表）哥，小姑娘就会独自躲到海滩上去洗澡，否则他会差遣她给他的孩子洗澡、照看孩子，或找些椰子果来搓洗衣服。[3]

商务版改浙江版第二个"的"为"，"，改第一个"会"为"就会"，改第三个"，"为"、"。

"only to"意为"结果却……，不料竟然会……"。"washing"意为"洗涮"。

可以翻译为：于是，本想独自躲到海滩洗澡的小姑娘结果却碰上一位同辈而年长的表（堂）亲，这位表（堂）亲安排她去洗洗涮涮，或照看婴儿，或弄些椰子果来擦洗衣服。

[1] Margaret Mead, *Coming of Age in Samoa: A Psychological Study of Primitive Youth for Western Civilization*, William Morrow & Company, 1972, p. 31.
[2] 〔美〕玛格丽特·米德：《萨摩亚人的成年——为西方文明所作的原始人类的青年心理研究》，周晓红、李姚军译，浙江人民出版社，1988，第33页。
[3] 〔美〕玛格丽特·米德：《萨摩亚人的成年——为西方文明所作的原始人类的青年心理研究》，周晓虹、李姚军、刘婧译，商务印书馆，2008，第43页。

【例3】谈到萨摩亚儿童对生与死的了解跟文明社会不同，原著为：

They were in a position which would be paralleled in our culture if a child had seen birth and death before she was taught not to pass a knife blade first or how to make change for a quarter. ①

浙江版译文为：

这种情况同我们文明社会中的情形迥然不同，因为我们在教小孩不要碰刀刃或怎样把整钱找成二角五分银币之前，孩子们很少见到过生与死的情形。②

商务版译文为：

这种情况同我们文明社会中的情形迥然不同，因为我们在教小孩不要碰刀刃或怎样把整钱兑换成二角五分硬币之前，孩子们很少见到过生与死的情形。③

前文说萨摩亚女孩对生死的了解超过她们对社会组织等知识的了解。"They"即指萨摩亚女孩。"in a position"意为"处于某种状态"。"to pass a knife blade first"意为"将一把刀递给别人时刀刃朝前"。"to make change for a quarter"意为"将25分硬币兑换成零钱"。

商务版仅将浙江版"找成"改为"兑换成"，将"银币"改为"硬币"。

可以翻译为：她们所处的状态就好比我们社会中的如下情形，即还没教一个孩子别把小刀刀刃朝前递给别人，还没教她如何把一枚25分硬币换

---

① Margaret Mead, *Coming of Age in Samoa: A Psychological Study of Primitive Youth for Western Civilization*, William Morrow & Company, 1972, p.99.
② 〔美〕玛格丽特·米德：《萨摩亚人的成年——为西方文明所作的原始人类的青年心理研究》，周晓红、李姚军译，浙江人民出版社，1988，第105页。
③ 〔美〕玛格丽特·米德：《萨摩亚人的成年——为西方文明所作的原始人类的青年心理研究》，周晓虹、李姚军、刘婧译，商务印书馆，2008，第96页。

成零钱,她就已经见过生育和死亡了。

【例4】谈到萨摩亚人的性关系,原著为:

Where heterosexual relationships were so casual, so shallowly channeled, there was no pattern into which homosexual relationships could fall. ①

浙江版译文为:

在那种异性关系如此随便,几乎毫不加以输导的情况下,对同性关系是没有任何制约可言的。②

商务版译文为:

在那种异性关系如此随便,几乎不加以规范的情况下,对同性关系是没有任何制约可言的。③

商务版仅将浙江版"毫不加以输导"改为"不加以规范"。

"pattern"意为"模式"。"to fall into a pattern"意为"形成模式"。

可以翻译为:在异性恋关系如此随便、管束如此松懈的地方,同性恋关系就形不成什么模式。

【例5】谈到萨摩亚儿童结交朋友的原则,原著为:

And the substitution of relationship for preference in forming friendships completes the work. ④

浙江版译文为:

---

① Margaret Mead, *Coming of Age in Samoa: A Psychological Study of Primitive Youth for Western Civilization*, William Morrow & Company, 1972, p. 111.
② 〔美〕玛格丽特·米德:《萨摩亚人的成年——为西方文明所作的原始人类的青年心理研究》,周晓红、李姚军译,浙江人民出版社,1988,第117页。
③ 〔美〕玛格丽特·米德:《萨摩亚人的成年——为西方文明所作的原始人类的青年心理研究》,周晓红、李姚军、刘婧译,商务印书馆,2008,第105页。
④ Margaret Mead, *Coming of Age in Samoa: A Psychological Study of Primitive Youth for Western Civilization*, William Morrow & Company, 1972, p. 157.

在交结朋友时，孩子们往往根据对方与自己的性别异同，而不是根据双方是否情投意合，这就使童年男女格格不入。①

商务版译文为：

在交结朋友时，孩子们往往根据的是对方与自己的性别异同，而不是根据双方是否情投意合，这就使童年男女格格不入。②

商务版仅在浙江版基础上增加了"的是"二字。

"the work"（这件工作），指前文所说孩子将异性同龄人或视为须遵守禁忌的亲属，或视为目前的敌人和未来的情人。"relationship"意为"亲属关系"。

可以翻译为：在发展友谊关系时用亲属关系取代个人喜好，就处理好了这件事情。

其三，漏译与补译。商务版重复了浙江版绝大多数的漏译。

例如，谈到对资料的处理，原著为：

All of these routine facts are summarised in a table in the appendix. ③

浙江版漏译此句。④
商务版同样漏译此句。⑤
关于商务版重复浙江版的漏译，限于篇幅，不多举例。

不过，商务版也补译了浙江版中的个别漏译。

例如，谈到此书弃而不论的内容，原著为：

① 〔美〕玛格丽特·米德：《萨摩亚人的成年——为西方文明所作的原始人类的青年心理研究》，周晓红、李姚军译，浙江人民出版社，1988，第166页。
② 〔美〕玛格丽特·米德：《萨摩亚人的成年——为西方文明所作的原始人类的青年心理研究》，周晓虹、李姚军、刘婧译，商务印书馆，2008，第142页。
③ Margaret Mead, *Coming of Age in Samoa: A Psychological Study of Primitive Youth for Western Civilization*, William Morrow & Company, 1972, p.7.
④ 〔美〕玛格丽特·米德：《萨摩亚人的成年——为西方文明所作的原始人类的青年心理研究》，周晓红、李姚军译，浙江人民出版社，1988，第8页。
⑤ 〔美〕玛格丽特·米德：《萨摩亚人的成年——为西方文明所作的原始人类的青年心理研究》，周晓红、李姚军、刘婧译，商务印书馆，2008，第24页。

Matters of political organization which neither interest nor influence the young girls are not included. Minutia of relationship systems or ancestor cults, genealogies and mythology, which are of interest only to the specialist, will be published in another place. ①

这两句话被浙江版漏译②，商务版补译出来：

我没有描述那些年轻姑娘不感兴趣、对她们也没什么影响的政治组织事务；而那些只有专家们才感兴趣的关系系统和祖先崇拜的细节，以及家谱和神话，我将在别的出版物上发表。③

但是，略一对照，就知道上述译文中的第二句存在误译。"Minutia"指的是其后所有项目的细节，也就是说，是"relationship systems or ancestor cults, genealogies and mythology"的细节。另外，"relationship systems"指"亲属制度"。

第二句话可以翻译为：亲属制度或祖先崇拜、家谱和神话等方面的细节，只有专家才感兴趣，所以将在别处发表。

其四，新误译。商务版中甚至出现了个别新误译。

例如，谈到美国教育的缺陷，原著为：

… shielding school children from a knowledge of controversies, like evolution versus fundamentalism, …④

浙江版译文为：

不让学生了解任何带有争议的问题（诸如进化论与原教旨主义之

---

① Margaret Mead, *Coming of Age in Samoa: A Psychological Study of Primitive Youth for Western Civilization*, William Morrow & Company, 1972, p. 9.

② 〔美〕玛格丽特·米德：《萨摩亚人的成年——为西方文明所作的原始人类的青年心理研究》，周晓红、李姚军译，浙江人民出版社，1988，第9页。

③ 〔美〕玛格丽特·米德：《萨摩亚人的成年——为西方文明所作的原始人类的青年心理研究》，周晓虹、李姚军、刘婧译，商务印书馆，2008，第25页。

④ Margaret Mead, *Coming of Age in Samoa: A Psychological Study of Primitive Youth for Western Civilization*, William Morrow & Company, 1972, p. 183.

间的各种争议）、……①

商务版译文为：

> 不让学生了解任何带有争议的问题（诸如退化论与原教旨主义之间的各种争议）、……②

商务版将浙江版本来正确的译文"进化"错误地改为"退化"。

可以翻译为：不让上学的孩子知道诸如进化论跟原教旨主义之间的争论，……。

《萨摩亚人的成年》首次出版于20世纪80年代。那时中国刚刚开放不久，国外人类学、民族学、社会学理论很受重视。各种译本蜂拥而出，丛书更受青睐。许多学生也加入了译者的行列。这个译本就是那个时代的产物。当年的译本中如果出现较多错误，应属情有可原。

然而，时隔整整20年后，由教授完成的修订本，不仅重复旧的误译和漏译，而且产生新的误译，对于学术翻译事业来说不是好现象。

# 四　如何解决学术著作重译中的问题

当今中国学术著作重译本的主要问题是质量不高。解决这个问题就要求译者遵循学术规范，秉持科学诚实的态度，把重译当作学术活动来进行。学术著作的翻译和重译既然是中国学术事业和文化产业的重要组成部分，就需要学术界共同努力，需要译本生产者和读者、批评者各尽其能，培养出良好的翻译道德，促进翻译水平的提高。学术著作的重译要真正提高质量，就得采取切实可行的有效措施。

## 1. 认真评估重译的必要性和超越的可能性

重译的必要性的评估应由出版社把握。重译者须向出版社提供报告，

---

① 〔美〕玛格丽特·米德：《萨摩亚人的成年——为西方文明所作的原始人类的青年心理研究》，周晓红、李姚军译，浙江人民出版社，1988，第193页。

② 〔美〕玛格丽特·米德：《萨摩亚人的成年——为西方文明所作的原始人类的青年心理研究》，周晓虹、李姚军、刘婧译，商务印书馆，2008，第25页。

分析旧译中存在的问题，证明旧译确有比较大的改善空间。

对超越的可能性的评估同样应由出版社组织。重译者应该提供旧译分析报告，同时提供重译者已有的翻译作品、翻译研究论著。重译者的语言能力（外语和汉语能力）、专业素养和学术道德应是评估关键点。

即使为出版社自身的经济利益和社会形象着想，在任何一次重译计划开始之前，这两项评估也都是必要的。

### 2. 摆正与原著和旧译的关系

为了学术翻译的健康发展，重译活动除了必须服从必要性和超越性原则之外，还要求重译者必须摆正与原著和旧译的关系，即重译者在重译过程中只能以原著为依据、以旧译为参考。以原著为依据，是翻译的本分，自不待言；以旧译为参考，是服从学术累积规律，即任何一项学术成果（包括首译本、重译本）均需尽量吸取现有成果并有所进步。重译者对旧译不闻不问，貌似可免抄袭，实则是妄自尊大。

即使是译者本人对自己的旧译进行重译，也应该以原著为依据、以旧译为参考。否则，如果以旧译为依据、以原著为参考，就难以发现旧译中的错误，重译对旧译的改进就会大打折扣。重译者对别人翻译过的原著进行重译，更要以原著为依据、以旧译为参考。取旧译之所长，不仅可以避免重复误译，而且可尽量避免出现新的误译。

### 3. 培养学术翻译的批评者队伍

在我国，文学翻译批评的传统早已建立起来，但学术翻译批评的风气尚未形成。于是，在文学翻译领域已在讨论神似、神韵、化境等高质量追求时，学术翻译的批评者还不得不纠缠于译文的误与不误之类低级问题。虽然文学翻译与文学创作都以求美为目标，学术翻译与科学研究都以求真为目标，但学术翻译终究也将摆脱误与不误的低级问题，而主要关心表意准确、行文流畅等问题。在现阶段，学术翻译的批评者应该直言不讳、理直气壮地指出译本中的种种误译，督促译本生产者（译者和出版社）为读者提供高质量的产品。批评者还应该进一步对译本生产者的社会责任感和学术道德做出客观评价。良好的学术翻译批评氛围能够有助于淘汰劣质译本，并触动其生产者，从而形成合格译本和销售市场之间的良性循环，加速译者队伍的建设。

# 五　如何解决学术著作译本修订中的问题

学术著作译本的修订与重译工作量不一样，但暴露出来的问题大致相同，解决办法也大致相同。

与重译者相同，修订者也应该在道德修养、语言能力、专业知识三个方面胜过旧译本的译者，否则，修订本的质量就难以在旧译本的基础上有所改善。

与重译相同，修订也应该以原著为依据、以旧译为参考。如果修订时不看原著，仅读旧译，那么，除了改正个别常识性错误和错别字之外，修订本注定不可能成为高质量的译本。

事实证明，即使是旧译本的译者自己进行修订工作，也必须以原著为基础，以旧译为参考。例如，《努尔人——对尼罗河畔一个人群的生活方式和政治制度的描述》的修订本经过修订者"对原书逐字逐句重新翻译"①，吸收了旧译的长处，也改正了旧译中的误译，甚至虚心而谨慎地考虑到了读者的意见。这样的修订本必定会受到学术界的欢迎。

---

① 〔英〕E. E. 埃文思 - 普里查德：《努尔人——对一个尼罗特人群生活方式和政治制度的描述》（修订译本），褚建芳译，商务印书馆，2014，第 311 页。

# 第七章　学术翻译与文化产业

我国已经进入社会主义市场经济时代，文化产业成为经济活动的一部分。学术著作译本作为文化产业的产品，其商品性质得到确认。质量合格，是商品的合法性的唯一保证。学术翻译的质量已经从道德问题上升为法律问题。质量不合格的学术著作译本，在市场上不具备合法地位。学术著作译本的生产者（译者和出版社）应该遵循学术规律，遵守学术道德，生产出符合产品质量法的合格译本。

学术翻译产品今天已经是文化产业的有机组成部分。译本从一般的文化产品演变为商品，经历了漫长的时期。

文字自从被发明以来，其功用发生了很大变化。最初的文字或用于世俗生活，如日常的计数、重要事件的提示等；或用于宗教，如占卜结果的记录等。随着人类思维能力的发展，文字体系不断完善，其表意功能趋于完善，于是出现系统表达作者思想和审美爱好的各类创作。它们不仅内容多样，体裁也逐渐丰富。书写者的书写动机和受众的阅读动机都日益多样化。获取知识、获得审美享受等，成为一般读者的共同需求。书籍、报纸等文字媒体就这样得以产生和普及。

对于文字媒体的普及，书写工具和印刷技术的改良固然重要，但更重要的是人类阅读的普遍化和市民化。

古代中国，官办教育从帝京到远乡不断推进。周秦以来，私立教育一直是官办教育的重要补充。不过，"五四"以前，教育普及化程度不高，受教育并未成为国民的平等权利。从"五四"到今天，特别是中华人民共和国成立以后，义务教育渐行渐广，程度越来越高，国民中的文盲比例越来越小。阅读日益成为大众生活方式的组成部分。

在过去的一个世纪中，书报的主要属性从教化工具向一般商品转化。20 世纪 80 年代开始，书报逐渐以商品形式呈现在读者面前。

就译本而言，译者、出版社是生产者，读者是消费者。在商品经济时代，读者、译者和出版者的关系发生了重大变化。这主要表现在两个方面。

首先是译本生产者和译本消费者地位的变化。以前，译本生产者对译本的生产起主导作用，即译者和出版者可以代替读者进行阅读选择。换句话说，生产者生产什么，消费者就消费什么。现在，消费者对译本的生产发挥着越来越重要的作用，即消费者的消费需求形成市场，从而决定生产者的生产行为。当然，生产者也可进行市场营销，培育和刺激读者的消费需求，但生产者的这种努力最终只有转化为读者的实际购买活动，才能实现其经济效益。

其次是译本生产者和译本消费者权利和义务的变化。以前，译本生产者把译本作为信息传播手段介绍给读者。因为没有条件阅读原著，读者只能通过译本去理解原著。在这个意义上，译本生产者应该对读者多有同情，要正确传达原著内容而不要误导他们。那时，译本的质量问题首先是一个良心问题。现在，译本是商品，作为消费者，读者通过购买行为实现译本的商品属性。因此，译本生产者对译本这种商品的质量承担法律责任，而读者也享有使用质量合格的译本的权利。译本质量已经由良心问题上升为法律问题。

应该顺便提及的是，译本生产者还须尊重原著作者的权利。与一般创作相比较，译本质量低劣不仅损害读者的消费权利，还可能损害作者的名誉权。

在商品经济时代，译本生产者不论出于何种动机，都不能否定译本的商品属性，并且必须满足国家对商品质量的一般要求。

2000 年 7 月 8 日，第九届全国人民代表大会常务委员会第十六次会议修正的《中华人民共和国产品质量法》有如下条款：

> 第二十七条　产品或者其包装上的标识必须真实，并符合下列要求：（一）有产品质量检验合格证明；……
>
> 第三十二条　生产者生产产品，不得掺杂、掺假，不得以假充真、以次充好，不得以不合格产品冒充合格产品。

遗憾的是，作为精神产品的译本，由出版社（生产者之一）来决定其是否合格，而不是像物质产品那样，由生产者和消费者之外的第三方来决定其是否合格。我国的宣传部门、文化部门、新闻出版管理部门主要监管译本的政治内容及译本的外在形态（如编排规范），而对其翻译质量的合格与否，似未具体关注。

例如，2007 年下达的中华人民共和国新闻出版总署令（第 36 号）《图书出版管理规定》第三章第二十五条规定：

> 图书出版质量符合国家标准、行业标准和新闻出版总署关于图书出版质量的管理规定。[①]

中国关于图书出版质量的标准又是什么呢？

2004 年通过的新闻出版总署令（第 26 号令）《图书质量管理规定》第三条规定：

> 图书质量包括内容、编校、设计、印制四项，分为合格、不合格两个等级。
>
> 内容、编校、设计、印制四项均合格的图书，其质量属合格。内容、编校、设计、印制四项中有一项不合格的图书，其质量属不合格。

关于"内容质量合格"的要求，《图书质量管理规定》第四条规定：

---

① 《中国出版年鉴 2009》，中国出版年鉴社，2009，第 385 页。

　　符合《出版管理条例》第二十六条、二十七条规定的图书，其内容质量属合格。

　　《出版管理条例》第二十六条是禁止出版物中含有十种内容，如"反对宪法确定的基本原则"、"危害国家统一、主权和领土完整"等，第二十七条是对"以未成年人为对象的出版物"的特别要求。[①] 我们可以概括地称这两条为"政治合格"的要求。

　　毋庸多言，学术翻译出版物首先应该符合上述两条要求。

　　此外，因为学术翻译的目的是要忠实传达作者的思想，所以在判定学术翻译出版物"内容质量合格"时，除了要求它"政治合格"之外，还应该要求它"学术合格"，即传达无误。绝对无误是不可能的。我们只能按照实际情况要求学术翻译出版物中的"错误"被控制在某个限度之内。"错误"不超出这个限度，属"学术合格"；相反，则属"学术不合格"。遗憾的是，我国并不存在学术翻译出版物"学术合格"的规定。

　　于是，学术意义上的译本质量仍旧是一个"良心问题"而非"法律问题"。也就是说，对于译本的质量，我们还没有从法律的高度去认识，而仅仅从译本生产者的良心这个角度去认识。对于包括译本在内的文化产品，我们并没有可以依据的质量标准。

　　1993 年 10 月 31 日，第八届全国人民代表大会常务委员会第四次会议通过的《中华人民共和国消费者权益保护法》有如下条款：

　　第八条　……消费者有权根据商品或者服务的不同情况，要求经营者提供商品的价格、产地、生产者、用途、性能、规格、等级、主要成份、生产日期、有效期限、检验合格证明、使用方法说明书、售后服务，或者服务的内容、规格、费用等有关情况。

　　第十条　消费者享有公平交易的权利。消费者在购买商品或者接受服务时，有权获得质量保障、价格合理、计量正确等公平交易条件，有权拒绝经营者的强制交易行为。

---

　　① 参见 http://www.china.com.cn/policy/txt/2001 - 12/31/content_ 5092863.htm。

就译本而言，并不存在作为商品质量根本标志的"检验合格证明"。

作为物质产品的商品，如果消费者怀疑它不合格，可以依法申请对其质量进行检验；如果检验结果为不合格，则可依法采取进一步的维权行动。这样的案例极多。

作为精神产品的译本，如果消费者怀疑它不合格，固然也可以向有关部门投诉，受理的部门却没有可以使用的检验标准。所以，全国至今似乎还没有消费者投诉译本质量问题的案例，虽然我们见到过因为把"Chiang Kai-shek"（蒋介石）译为"常凯申"而召回译本的报道。

实际情形是，就学术著作汉译本的质量而言，众多译本是否可以当作合格产品，其实是一个尚待确定的问题。

但是，迄今为止，众多译本（无论翻译质量高低）都作为合格商品在图书市场上流通。像前述"常凯申"那样，在出版之后才由读者对出版物质量提出质疑，毕竟不是译本质量检验的最好办法。且不说劣质译本浪费的人力和物力，单是它对学术活动的严肃性所造成的负面影响，短时间内就很难消除。

可见，由相关机构而非译本生产者对译本翻译质量进行鉴定，应该是译本进入流通环节之前的一个必要程序。因为，在商品经济时代，只有这个独立于译本生产者之外的机构才会把翻译质量作为评价译本的首要标准，而译本生产者为了追求经济效益往往会把市场需求作为是否生产译本的首要标准。在生产译本的过程中，以低投入实现高产出是译本生产行业的现实选择。在没有译本生产者和译本消费者之外的第三方对译本质量先行评估的情况下，如果出版机构能够用低报酬请人翻译，就不会用高报酬请人翻译。译者队伍庞大、译本数量众多而质量低下就是这种生产模式的必然结果。

改革开放以来，我国翻译产品的数量呈不断增长的趋势：

> 1979 年以来，我国翻译出版外国图书数量有很大增长。1978 年以前，我国翻译出版国外社会科学著作，平均每年只有 250 种，八十年代起逐年增加，1988 年一年就达 900 多种。外国文学作品，"文革"以前

17 年，平均每年翻译出版不足 200 种，而 1988 年一年就达 1000 多种。①

20 世纪 90 年代呈现的这个趋势一直持续到现在。

国家支持文化产业的发展。我国学术翻译作为文化产业的一部分，近几十年来发展迅速，但翻译质量确实存在很大的改善空间。一方面，译本生产者在实现社会效益的同时追求经济效益，合理合法；另一方面，由政府部门组织成立相关机构，对译本翻译质量进行检验，势在必行。

---

① 《中国出版年鉴（1990~1991）》，中国书籍出版社，1993，第 41 页。

# 第八章　学术翻译与学术翻译批评

　　学术翻译质量的提高，需要译本生产者和读者、批评者的共同努力。劣质译本大行其道，其中一个原因就是没有批评者及时揭示真相。学术翻译批评者应该以学术为目的，客观、全面地评价译本质量，帮助文化市场促进合格译本的流通并消除不合格译本的生存空间。学术翻译批评应该作为与学术翻译相伴随的日常活动发挥功能。在学术追求的旗帜下，译者与批评者可以互相学习、共同进步。

　　鲁迅曾将有缺陷的翻译比喻为烂苹果。① 但是，柯柏年认为这个比喻不能成立：

　　　　有人说不好的翻译好像烂了的苹果。但烂苹果跟译文译错了是不同的。我们可以把苹果烂了的部分削掉，把好的拿来吃就是了；可是不好的译文，可能使读者错把好的削掉而吃了坏的了（笑声）。因为译者并没有指出哪一句是错的。②

① 鲁迅：《关于翻译》（下），见罗新璋、陈应年编《翻译论集》（修订本），商务印书馆，2009，第 367 页。
② 柯柏年：《马克思主义经典著作翻译问题》，见罗新璋、陈应年编《翻译论集》（修订本），商务印书馆，2009，第 628 页。

此外，烂苹果的消费者是明知其为烂苹果而购买的，图的是价廉，但有缺陷的翻译产品是当作合格产品出售的，购买者在价格上也没有占到便宜。

有缺陷的翻译固然不像烂苹果，但是当年鲁迅对翻译批评的呼吁在今天仍然有效：

> 翻译的不行，大半的责任固然该在翻译家，但读书界和出版界，尤其是批评家，也应该分负若干的责任。要救治这颓运，必须有正确的批评，指出坏的，奖励好的，倘没有，则较好的也可以。①

# 一　学术翻译批评的任务

## （一）指出误译

译本越来越多，翻译容易出错，这些都是事实。翻译批评最基本的任务就是向读者指出哪些部分译对了，哪些部分译错了。这样做不仅可以帮助读者，还可以促使译者再版时做出必要修订。

学术著作是作者思想的表达，学术著作的译文是译者对作者思想的再现。正确的译文中，译者是隐身的。读者所见的是作者（而非译者）的思想。在含有误译的译文中，我们可以看到译者的形象，因为误译的本质是译者用自己的思想代替了作者的思想。译者思想突破作者思想的约束而突显出来，由此导致误译。

一般来说，译文要经译者多次修改之后才会出版，所以，不能说误译是粗心的产物，而只能说译者在阅读自己的错误译文时并不认为其中有误译。译者认为译文就该如此。如果译者明确认识到误译的存在，那么他会加以改正。他没改正误译，是因为他没发现误译。他没发现误译，是因为他不认为那是误译。所以，从根本上说，误译是译者的思想的表现。现略

---

① 鲁迅：《为翻译辩护》，见罗新璋、陈应年编《翻译论集》（修订本），商务印书馆，2009，第364页。

举数例，对这个论断加以说明。

【例 1】谈到萨摩亚小姑娘的日常劳动，原著为：

All the irritating, detailed routine of housekeeping, while in our civilization is accused of warping the souls and scouring the tempers of grown women, is here performed by children under fourteen years of age. [1]

浙江版《萨摩亚人的成年》译文为：

所有琐碎的、使人烦躁的日常家务（在我们的文明中，家务被认为是扭曲妇女的灵魂、残害她们的性情的根由）现在开始由 14 岁以下的小姑娘们来承担了。[2]

商务版译文与之完全相同。[3]

"here"指萨摩亚人生活的地方，而不是指"现在"。原文将萨摩亚人与美国人比较，而不是将萨摩亚人的现在与过去比较，也不是将年纪小的萨摩亚姑娘与年纪大的萨摩亚姑娘比较。

可以翻译为：烦人而琐碎的日常家务在萨摩亚全都由 14 岁以下的孩子们完成，而在我们的文明中，这些事情被说成扭曲成年女性的灵魂并消磨其耐心的祸根。

【例 2】《写文化》引用雷蒙德·弗思《我们，蒂科皮亚人》这本书中的一段话，描述他第一次与某个波利尼西亚民族的人见面的情景。原著为：

and (we) were led to an old chief clad with great dignity in a white coat and a loin-cloth, who awaited us on his stool under a large shady tree.

---

[1] Margaret Mead, *Coming of Age in Samoa: A Psychological Study of Primitive Youth for Western Civilization*, William Morrow & Company, 1972, p. 22.

[2] 〔美〕玛格丽特·米德:《萨摩亚人的成年——为西方文明所作的原始人类的青年心理研究》，周晓红、李姚军译，浙江人民出版社，1988，第 22~23 页。

[3] 〔美〕玛格丽特·米德:《萨摩亚人的成年——为西方文明所作的原始人类的青年心理研究》，周晓虹、李姚军、刘婧译，商务印书馆，2008，第 36 页。

译文为：

> 我们被引到一位年长的、着装尊贵的头领那里，他身穿白色的外衣并披块狮子皮，正坐在浓荫下的椅子上等候我们。①

所谓"狮子皮"，原文为"a loin-cloth"②，是"一块腰布，兜裆布"，俗称遮羞布。"狮子皮"与"腰布"在形制与功能上相差很大，二者描述出来的土著头领形象完全不同。

【例3】巴厘人在斗鸡时使用的报时工具"slit gong"③ 被译为"一个破裂的锣"、"破锣"④。

实际上，"slit gong"也叫"slit drum"，汉译为"开口木鼓"、"木鱼"，或"梆子"。这种响器在亚洲、非洲、美洲、大洋洲都可以见到。在我国，僧人敲打的木鱼、佤族使用的木鼓、小贩叫卖所用的梆子，均属此类。这类响器是在或长或短、或大或小的树干或木头上打开一条或纵或横的口子（有的甚至将树干或木头内部掏空）做成的，但有意制成的开口与"破……"没有关系。

我曾经在一篇文章中说过：

> 立名草率，表面看是因为译者粗心大意、马虎了事，但实质上或许是因为一些译者为"译者"这一身份过多赋予了处置原著的权力：译者希望借助种种修辞手段表达他认为合理的文本内容。同一误译多次出现而未引起译者注意，从根本上说大概还是因为译者认为原著所描写的群体生活中就该具有那样的内容。⑤

---

① 〔美〕詹姆斯·克利福德、乔治·E. 马库斯编《写文化——民族志的诗学与政治学》，高丙中、吴晓黎、李霞等译，商务印书馆，2006，第66页。
② James Clifford and George E. Marcus (eds.), *Writing Culture：The Poetics and Politics of Ethnography*, University of California Press, 1986, p.36.
③ Clifford Geertz, *The Interpretation of Cultures*, Basic Books, 1973, pp.422, 429.
④ 〔美〕克利福德·格尔茨：《文化的解释》，韩莉译，译林出版社，1999，第496、504页。
⑤ 谢国先：《民族学和人类学翻译中的译名问题与译者修辞权力》，见谭志松、黄忠彩主编《学科、学术、学人的薪火相传：首届中国人类学民族学中青年学者高级研修班文集》，民族出版社，2012，第282页。

早在 20 世纪 50 年代，董秋斯建议由中央人民政府有关翻译的领导机关组织专家从事六项工作，其中第四项为：

> 加强翻译批评工作，提供时间和力量，广泛地寻找典型，优良的加以推荐，粗滥的加以批评，这样，不但提高翻译工作者的积极性，也给翻译理论的建设提供丰富的实例。①

可惜，翻译批评并未如董秋斯建议的那样全面而长期地进行。

一些译者时隔多年之后勇于对自己的译作进行批评。柯柏年在 20 世纪 50 年代初说：

> 我自己从事翻译时只是一个二十岁的娃娃，懂得一点英文，但并不好，也不懂马列主义，对于经济学也不了解，只凭自己一点热情，就翻译了英文本的列宁底《帝国主义论》，在《民国日报》副刊上发表，书店改为《帝国主义浅说》出版。这本书后来在延安看到，里面有许多错误，看了非常难过。自从一九二四年到一九四四年为止，我作过二十年的翻译工作。到现在回头来看看过去译的书，发现许多错误。②

如果《帝国主义浅说》发表之后即有人指出其中的误译，并且让柯柏年看到对这些误译的批评意见，那么，1924 年到 1944 年间柯柏年所译的书中当不至于有"许多错误"。

同样是 20 世纪 50 年代，李健吾的感叹与柯柏年类似：

> 回想往日，少年气盛，提起翻译，多少有些自负，可是年齿加长，越来我越心虚。创作诚难，翻译何尝容易！某些译文，自己校勘出来的错误，远在热诚的读者指出来的数倍以上。③

---

① 董秋斯：《论翻译理论的建设》，见罗新璋、陈应年编《翻译论集》（修订本），商务印书馆，2009，第 608 页。

② 柯柏年：《马克思主义经典著作翻译问题》，见罗新璋、陈应年编《翻译论集》（修订本），商务印书馆，2009，第 626 页。

③ 李健吾：《翻译笔谈》，见罗新璋、陈应年编《翻译论集》（修订本），商务印书馆，2009，第 619～620 页。

译作出版之前，译者应该对之进行修改；译作出版之后，译者仍会发现其中存在的问题。柯柏年和李健吾如此，傅雷也如此。[①]

我自己翻译的文章，曾经也出现低级误译，如将"Orpheus story"（俄耳甫斯故事）误译为"俄狄浦斯故事"，将"androgynous deities"（雌雄同体神）误译为"男性神灵"。[②]

从古至今，我国一直都有学者在从事学术翻译批评工作。但是，对我国已经产业化的翻译事业来说，这样的翻译批评远远不能满足我国翻译事业长期健康发展的需要。我国的学术翻译事业应进行系统的、全面的、与翻译活动相伴随的翻译批评。

因为翻译正确是翻译活动理所当然要达到的目标，所以，对于正确的译文，我们不必多加评论，肯定其价值即可。事实上，对于一个公开出版的译本，读者和批评者首先已经默认了它是合格产品。读者和批评者在阅读过程中如果发现了误译，就会把这些误译当作影响译本质量的因素。这样的因素如果达到一定数量，译本作为合格产品的定性就会发生改变。

## （二）总结误译规律

学术翻译批评还可以总结误译规律，对当前和未来的翻译提供一些借鉴。

本书在上述两方面都做了一些工作，是否有益，尚待学界评判。

总体而言，本书中引用的大量误译实例证明译者的翻译道德和翻译能力决定翻译质量。本书对翻译过程、名著修订与重译等都提出了一些具体的原则和方法。

此外，我们还发现了一些很特殊的案例，它们对于今后的翻译实践或有启示。

---

① 傅雷：《〈高老头〉重译本序》，见罗新璋、陈应年编《翻译论集》（修订本），商务印书馆，2009，第624页。
② 〔美〕克莱德·克拉克洪：《神话及神话创作中经常出现的主题》，谢国先译，王稼苾校，《云南教育学院学报》1988年第2期。

【例1】谈到对辟尔特唐一号颅骨化石碎片的研究，原著为：

The parts of the jaw which would give it away as surely that of an ape were missing. ①

《当代人类学》译文为：

颌骨碎片泄露了秘密，因为有一猿骨上正缺少这颌骨碎片。颌骨上能确实指出它是否属于猿的一些部分却不见了。②

此处出现了同一句原文的两种译文，但两种译文的含义并不相同。第二句译文如将"是否"去掉，应该更接近原文含义。

"give it away"意为"泄露真相"。

可以翻译为：颌骨上能够证明其确属猿颌的那些部分遗失了。

无独有偶，在《文化的解释》中，也出现了同一句原文的两种中文翻译赫然并列的情况。

【例2】谈到巴厘人死后其名字随之消亡，原著为：

And with it are muted the more idiosyncratic, merely biographical, and, consequently, transient aspects of his existence as a human being (what, in our more egoistic framework, we call his 'personality') in favor of some rather more typical, highly conventionalized, and, consequently, enduring ones. ③

《文化的解释》译文为：

随着个人名字而成为无声的，是他作为人类而存在的更具特质的、仅仅是生物学上的，而且最终是短暂的方面（在我们自己更自我的框架中，即我们所谓的"个性"），随着个人名字的沉寂，更具个性

---

① William A. Haviland, *Anthropology*, CBS Colege Publishing, 1982, p.19.
② 〔美〕威廉·A. 哈维兰：《当代人类学》，王铭铭等译，上海人民出版社，1987，第19页。
③ Clifford Geertz, *The Interpretation of Cultures*, Basic Books, 1973, p.370.

的、仅属个人的，因而也是作为人存在的瞬间（在我们更加个人主义的框架中称之为"人格"）也受到抑制，让位于某些更典型的、高度传统化的从而是持久的方面。[①]

"in favor"之前的原文被翻译了两遍。"his existence as a human being"（他作为人而存在）被误译。

可以翻译为：随着纯属个人的部分被淡化，一个人作为人而存在所表现出来的特有的、仅与其生平相关并因此而转瞬即逝的方面（在我们更加强调自我的框架内，我们称之为这个人的"人格"）也被淡化，而某些更加典型的、主要出自习俗并因此而持久存续的方面则得到强化。

从这两个比较罕见的个案中，我们不能总结出什么规律，但下面这个例子也许别有启示，因为两个译本都将其中的一个单词原文录出而未加翻译。

【例3】谈到腔肠动物的生物特征，原著为：

> Though they lack a central nervous concentration—a brain—and therefore the various parts of the animal operate in relative independence, each possessing its own set of sensory, neural and motor elements, these humble jellyfish, sea anemones, and the like nevertheless show a surprising degree of intrinsic modulation of nervous activity: a strong stimulus received in the daytime may be followed by locomotion during the following night; certain corals experimentally subjected to excessive stimulation luminesce for several minutes afterward with a spontaneous frenzy which suggests 'beserking'; …. [②]

上海本《文化的解释》译文为：

> 虽然它们缺乏集中的中枢神经——大脑——从而动物的相对独立

---

① 〔美〕克利福德·格尔茨：《文化的解释》，韩莉译，译林出版社，1999，第435～436页。

② Clifford Geertz, *The Interpretation of Cultures*, Basic Books, 1973, p.72.

运作的各种器官，但各个都拥有自己一套感应器、神经器和冲动器。这些低卑的章鱼、海葵等，不管怎样表现出来惊人程度的内在调节的神经活动：白天接收的强大刺激，可能导致第二天夜里的运动；某些受到极强刺激的珊瑚，在随后几分钟保持发冷光，同时表现非常激动，这表明了"beserking"；……①

译林本《文化的解释》译文为：

> 虽然它们缺少集中的中枢神经——大脑——因而也缺乏能够相对独立运作的不同的动物器官，但每一个都有自己一套感应器、神经和运动器。这些低级的水母、海葵，以及一些无神经的动物显示出达到令人吃惊水平的神经行为的内部调节现象：一个在白天收到的强刺激可能会带来随后的夜间的运动；某些受到强烈刺激的珊瑚，在随后几分钟里发出荧光并有自发的颤动，这是表示"beserking"；……。②

两个译本都没有正确区分主句和从句，所以其"虽然……但……"的结构是错误的。另外，两个译本都漏译"experimentally"。

最重要的是，两个译本都不管"beserking"是什么意思，而径直录出原文就算了事，甚至不愿意给出一条译注，向读者略作说明。

"beserking"应为原文的印刷错误，正确的拼写应该是"besetting"（侵袭，围攻）。

可以翻译为：虽然这些低级的水母、海葵及同类动物缺乏中枢神经的集中物——一个大脑，于是动物各不同部分相对独立地发挥功能，每部分各有一套感觉器官、神经器官和运动器官，但是，这些动物表现出的神经活动的内在调节已达到惊人程度：白天接收到的强刺激，可能引起当晚的运动；实验中受到过度刺激的某些珊瑚随后会持续数分钟发出冷光，伴以自发的狂乱状态，这表示"受到侵袭"。

---

① 克利福德·格尔兹：《文化的解释》，纳日碧力戈等译，王铭铭校，上海人民出版社，1999，第80页。
② 〔美〕克利福德·格尔茨：《文化的解释》，韩莉译，译林出版社，1999，第89页。

## （三）探讨理想的翻译境界

我国现当代的文学翻译研究早就开始讨论神似、化境等翻译境界，但学术翻译批评还纠缠于最基本的"误与不误"的问题。不过，我相信，学术翻译批评最终也会超越"误与不误"的层次，而将翻译对精妙的追求纳入自己的讨论范围。例如，"poetics"一词，固然有"诗学"之义，但同时也有"修辞学"之义。"poetics"用以论述一般叙事（而非诗歌，特别是史诗）中的遣词用字，译为"修辞学"更好，通俗易懂。可是，译者不问语境，一见"poetics"就译为"诗学"，既不符合实际，也不负责任。

田汝康的著作 *Male Anxiety and Female Chastity*：*A Comparative Study of Chinese Ethical Values in Ming-Qing Times*，译为《男性的担忧与女性的贞操：明清时代中国伦理价值比较研究》①，固然不错，但如果将 *Male Anxiety and Female Chastity* 译为"男人的心结与女人的贞洁"，可能更符合作者追求音韵美的初衷。

学术翻译的基本要求是忠实原著。满足这个基本要求之后，译者还应该有更高的追求，那就是尽量贴近原著的风格。格尔茨的著作逻辑严谨，马林诺夫斯基写景状物细致周到，玛格丽特·米德注重概括，弗雷泽留意细节……我国译者应该多花功夫，用流畅的中文准确传达原著的内容，并尽可能地体现原著的修辞特色。

正是为了这个更高的质量追求，我们才对一些基本合格的译文提出批评。

【例1】谈到意大利阿布鲁奇的狂欢节，原著为：

Sometimes the Carnival is represented by a straw-man at the top of a pole which is borne through the town by a troop of mummers in the course of the afternoon. When evening comes on, four of the mummers hold out a quilt or sheet by the corners, and the figure of the Carnival is made to tumble

---

① 马颖生：《记蜚声中外的人类学家、历史学家田汝康教授》，见汪宁生主编《民族学报》，民族出版社，2009，第348页。

into it. ①

民间版《金枝》译文为：

> 有时候，狂欢节老人由竿顶上拴一个草人来表示，由一队化装游行的人们在下午背过城市。黄昏时分，四个化装游行的人拿着一床被子或被单，各执一角，让狂欢节的像跌进被子或被单里。②

原文说稻草人在一根杆子顶端。说"背"稻草人或"背"杆子都于理难通；除非轮流，一队人也无法共同"背"某件东西。

可以翻译为：有时，用扎在杆子顶端的稻草人来代表狂欢节，一群化妆游行的人下午举着草人穿过城镇。夜幕降临，四个化妆游行的人各自握住一条被子或床单的一角，其他人让代表狂欢节的草人跌到被子或床单上。

【例2】谈到摩拉维亚德国村子夏季的习俗，原著为：

> Decked with bright-coloured ribbons and cloths, and fastened to the top of a long pole, the effigy was then borne with singing and clamour to the nearest height, where it was stript of its gay attire and thrown or rolled down the slope. ③

民间版《金枝》译文为：

> 给偶像穿上色彩鲜明的绸条和衣服，捆在一根长杆的顶上，然后又唱又喊地把偶像背到最近的一块高地上去，在这里剥掉偶像的漂亮衣服，把它扔下坡去，或让他滚下坡去。④

---

① James George Frazer, *The Golden Bough*, China Social Sciences Publishing House, 1999, p. 303.

② 〔英〕J. G. 弗雷泽：《金枝》，徐育新、汪培基、张泽石译，汪培基校，中国民间文艺出版社，1987，第444页。

③ James George Frazer, *The Golden Bough*, China Social Sciences Publishing House, 1999, p. 313.

④ 〔英〕J. G. 弗雷泽：《金枝》，徐育新、汪培基、张泽石译，汪培基校，中国民间文艺出版社，1987，第457页。

扎在长杆顶上的偶像，宜抬，宜举，不宜"背"。

可以翻译为：偶像穿上鲜艳的衣服，缠着绚烂的条带，绑在一根长杆顶端，被人们又唱又喊地抬到最近的高坡，然后被剥去衣服，扔到坡下或滚到坡下。

上述两例中，译文处理不当的是"to bear"的被动形式"is borne"和"was then borne"。"to bear"表示运送，译为"背"、"抬"、"扛"、"拿"均可，重要的是应该符合中文的习惯用法。"to carry"也使不少译者暴露出他们在中文训练方面的欠缺。

【例3】谈到俄罗斯莫罗姆地区送春神的习俗，原著为：

> In the Murom district Kostroma was represented by a straw figure dressed in woman's clothes and flowers. This was laid in a trough and carried with songs to the bank of a lake or river. ①

民间版《金枝》译文为：

> 在莫罗姆地区，科斯特罗马由一个草人表示，穿妇女的衣服，戴着花。把它放在饲料里，唱着歌拿到湖边或河边去。②

"a trough"是"饲料槽"。稻草人放在饲料槽里，恐怕"拿"不动。"carried"应译为"抬"。

可以翻译为：在莫罗姆地区，科斯特罗玛由一个穿着女人衣服、戴着花的稻草偶像来代表。人们把稻草偶像放在一个饲料槽里，唱着歌抬到湖边或河边。

【例4】谈到德国巴伐利亚的收割习俗，原著为：

> he is tied up in straw, carried or carted about the village …③

---

① James George Frazer, *The Golden Bough*, China Social Sciences Publishing House, 1999, p. 318.
② 〔英〕J. G. 弗雷泽:《金枝》，徐育新、汪培基、张泽石译，汪培基校，中国民间文艺出版社，1987，第464页。
③ James George Frazer, *The Golden Bough*, China Social Sciences Publishing House, 1999, pp. 405 – 406.

民间版《金枝》译文为：

> 人们把他捆在谷草上，领着他或用车装着他在村里游行……①

"he"已经被困在谷草里，如何被"领着"游行？"carried"意为"抬"。可以翻译为：他被捆在谷草中，由人抬着或用车拉着在村里游行。

【例5】谈到一次库拉交易的具体情形，原著为：

> Each man carried a few pairs which he had obtained, whilst the chiefs's share was brought in on a stick, hanging down in a chaplet. ②

《西太平洋的航海者》译文为：

> 他们每人都拿着几对得来的臂镯，酋长的臂镯则由人用棍子挑进来，挂成一个花冠状。③

从《西太平洋的航海者》原文文字和图片可知，臂镯不是直接"拿"在手里，而是串在一根棍子上。棍子或由一人扛在肩上，或由二人抬在肩上。

可以翻译为：每人都挑着得到的几对臂镯，而酋长那份则悬挂在一根棍子上，呈一个项圈状，由人抬进去。

有时，尽管英文中似乎没有表示"抬"这个含义的动词，但其动作本身还是"抬"。

【例6】谈到多布人与锡纳卡塔人的库拉交易，原著为：

> He was followed again by two men, who between them had a stick resting on their shoulders, on which several pairs of mwali (armshells) were

---

① 〔英〕J. G. 弗雷泽：《金枝》，徐育新、汪培基、张泽石译，汪培基校，中国民间文艺出版社，1987，第589页。

② Bronislaw Malinowski, *Argonauts of the Western Pacific: An Account of Native Enterprise and Adventure in the Archipelagoes of Melanesian New Guinea*, China Social Sciences Publishing House, 1999, p. 471.

③ 〔英〕马凌诺斯基：《西太平洋的航海者》，梁永佳、李绍明译，高丙中校，华夏出版社，2002，第407页。

displayed. ①

《西太平洋的航海者》译文为：

再后面还有两个人挑着几条 mwali（臂镯）。②

汉语中，一人用扁担、棍棒之类在两头挂上物品，以肩膀支撑搬运，叫作"挑"；二人共用手或肩支撑一根挂有物品的棍棒，叫作"抬"。本句中二人承负一根棍棒，是"抬"而不是"挑"。"between them had a stick resting on their shoulders"意为"两人肩上抬着一根棍棒"。

可以翻译为：他后面又跟着两个男子，两个男子肩上抬着一根棍棒，棍棒上挂着几对臂镯给人看。

另一个简单的动词"throw"也在《金枝》译文中被误译。

【例7】谈到西里西亚的收割习俗，原著为：

It is not cut in the usual way, but all the reapers throw their sickles at it and try to bring it down. ③

民间版《金枝》译文为：

它不是用一般的方法割下来的，所有收庄稼的人都用镰刀去割它，想把它砍下来。④

"throw"意为"隔着一定距离扔、投、甩"。这捆谷物用来做巫术道具，所以不用平常方法割下来。

可以翻译为：它不是用平常的方法割下来的，而是全体收割者都把镰

① Bronislaw Malinowski, *Argonauts of the Western Pacific：An Account of Native Enterprise and Adventure in the Archipelagoes of Melanesian New Guinea*, China Social Sciences Publishing House, 1999, pp. 388 – 389.

② 〔英〕马凌诺斯基：《西太平洋的航海者》，梁永佳、李绍明译，高丙中校，华夏出版社，2002，第333页。

③ James George Frazer, *The Golden Bough*, China Social Sciences Publishing House, 1999, p. 401.

④ 〔英〕J. G. 弗雷泽：《金枝》，徐育新、汪培基、张泽石译，汪培基校，中国民间文艺出版社，1987，第584页。

刀扔过去割它，试图把它割倒。

【例8】谈到威尔士北彭布罗克郡的收割习俗，原著为：

Great was the excitement among the reapers when the last patch of standing corn was reached. All in turn threw their sickles at it, and the one who succeeded in cutting it received a jug of home-brewed ale. [1]

民间版《金枝》译文为：

收到最后一片谷子的时候，收庄稼的人更加激动。大家轮流向它挥镰刀，谁能把它砍掉，谁就能得到一瓶家酿的啤酒。[2]

所谓"挥"，表示被挥的工具、武器等仍在挥者手里。而"threw"意为"隔着一定距离扔、投、甩"，表示被使用的工具、武器脱离了使用者之手。

这里所谓"the last patch of standing corn"（最后一片立在地里的谷物），其实只是几株谷物形成的一片，而且这几株谷物都已经被合拢、编在一起。

可以翻译为：割到最后一片立在地里的谷物时，收割者特别激动。全体收割者轮流向它扔镰刀，割下最后这片谷物的人会赢得一壶家酿啤酒。

【例9】谈到威尔士安特里姆郡的收割习俗，原著为：

In County Antrim, down to some years ago, when the sickle was finally expelled by the reaping machine, the few stalks of corn left standing last on the field were plaited together; then the reapers, blindfolded, threw their sickles at the plaited corn, and whoever happened to cut it through took it home with him and put it over his door. [3]

---

[1] James George Frazer, *The Golden Bough*, China Social Sciences Publishing House, 1999, pp. 403 – 404.

[2] 〔英〕J. G. 弗雷泽：《金枝》，徐育新、汪培基、张泽石译，汪培基校，中国民间文艺出版社，1987，第 586 页。

[3] James George Frazer, *The Golden Bough*, China Social Sciences Publishing House, 1999, p. 404.

民间版《金枝》译文为：

> 在安特里科姆郡，不多年以前，当镰刀最后被收割机代替的时候，最后总留几根谷子在田里，把它编在一起，然后收获者蒙上眼睛，向编好的谷子挥镰割去，谁碰巧把它割下来了，谁就把它带回家去，放在门上面。①

可以翻译为：在安特里姆郡，直到一些年以前，也就是镰刀最终被收割机取代以前，地里最后剩下的几株谷物被编在一起。然后收割者蒙上眼睛，把镰刀向编在一起的谷物扔去。谁碰巧把这束谷物割下来，谁就把它带回家去，放在自家门头。

【例10】谈到英格兰什罗普郡的收割习俗，原著为：

> It was plaited together, and the reapers, standing ten or twenty paces off, threw their sickles at it. ②

民间版《金枝》译文为：

> 人们把它编在一起，收割者都站在十步、二十步以外，挥镰砍它。③

这句话交代了人们与要收割的谷物之间的距离，可以证明"threw"一词只能译为"扔、投、甩"等。

可以翻译为：剩下的几株玉米被编在一起，收割者站在一二十步远的地方把镰刀甩过去割它。

译文修辞不当也会影响原著思想的传达和再现。

【例11】谈到雌性灵长目动物的性生活，原著为：

---

① 〔英〕J. G. 弗雷泽：《金枝》，徐育新、汪培基、张泽石译，汪培基校，中国民间文艺出版社，1987，第587页。

② James George Frazer, *The Golden Bough*, China Social Sciences Publishing House, 1999, p. 446.

③ 〔英〕J. G. 弗雷泽：《金枝》，徐育新、汪培基、张泽石译，汪培基校，中国民间文艺出版社，1987，第644页。

Although frequent receptivity is characteristic of all female primates, only the human female is continually receptive. [1]

《当代人类学》译文为：

尽管经常的性接受是所有雌性灵长目动物的特点，但只有人类的女性才一直有性接受能力。[2]

"receptivity" 固然可以译为"性接受"、"有性接受能力"，但译为"发情期"更好懂。

可以翻译为：尽管所有雌性灵长目的特点就是时常处于发情期，但只有人类的女性才会一直处于发情期。

【例12】谈到男女两性身材的差异，原著为：

The males's larger size allows them to dominate females when the latter are at the height of their sexuality；…[3]

《当代人类学》译文为：

男性身材的高大使得他们有可能在女性达到性高潮时，支配女性；……[4]

"at the height of their sexuality" 意为"在性欲旺盛的那个阶段"。原著上下文讨论了男女生理差异的社会意义。

可以翻译为：男性身材较为高大，使其可以在女性性欲旺盛的那个阶段支配她们。

【例13】谈到贫困国家的绿色革命，原著为：

New high-yield strains of grains—especially wheat, rice, and corn—

① William A. Haviland, *Anthropology*, CBS College Publishing, 1982, p. 397.
② 〔美〕威廉·A. 哈维兰：《当代人类学》，王铭铭等译，上海人民出版社，1987，第 364 页。
③ William A. Haviland, *Anthropology*, CBS College Publishing, 1982, p. 398.
④ 〔美〕威廉·A. 哈维兰：《当代人类学》，王铭铭等译，上海人民出版社，1987，第 365 页。

were developed, which could under the proper conditions double the yields of native grains. ①

《当代人类学》译文为：

> 新的高产作物种系——尤其是小麦、稻米、玉米的新品种——得到了发展，这些作物在适当的环境下产量可比原来的本地作物多一倍。②

"were developed" 用于描述作物新品种，意为"被培育出来"。

可以翻译为：谷类作物的一些高产新品种——特别是小麦、稻谷、玉米——被培育出来，它们的产量在适当条件下可比原有本地谷物高一倍。

有时，译文质量的改善似乎仅需通过改正单词或词组便可实现，但要做到这点其实并不总是一件容易的事情。

【例14】谈到埃塞俄比亚达那基尔洼地的阿法尔人开采和运送盐矿的情形，原著为：

> Finally, timing is critical; a party has to get back to sources of food and water before their own supplies are too long exhausted, and before their animals are unable to continue farther. ③

《当代人类学》译文为：

> 最后，时间的选择很关键。在他们自己的供应还未枯竭之前，在牲畜不能再坚持下去之前，必须有一队人回去取食物和水。④

这段译文错误很多。"a party" 指整个一支运矿队，而不是运矿队中的一队人。"get back to sources of food and water" 意为"回到食物和水的补给

---

① William A. Haviland, *Anthropology*, CBS College Publishing, 1982, p. 630.

② 〔美〕威廉·A. 哈维兰：《当代人类学》，王铭铭等译，上海人民出版社，1987，第 594～595 页。

③ William A. Haviland, *Anthropology*, CBS College Publishing, 1982, p. 481.

④ 〔美〕威廉·A. 哈维兰：《当代人类学》，王铭铭等译，上海人民出版社，1987，第 448 页。

地"。译文说"供应还未枯竭之前",意味着他们回到供给地时仍有食物和水带在身边。这与原文说他们尽量少带补给、多运盐块的初衷不相符合。"before their own supplies are too long exhausted"意为"补给耗尽已久之前",也就是补给耗尽后还能坚持前行的那段时间。

可以翻译为:最后,计算时间很关键。运矿队在补给耗尽后不久、驮畜无法坚持前行之前,就得返回到食物和水的补给地。

【例15】谈到苏洛加过去的库拉交易,原著为:

> Hence, the big ones had still to be paid for, and hence also the generous invitation to take as many of the small ones, as they liked, an invitation of which the visitors, with corresponding delicacy, refused to avail themselves. ①

《西太平洋的航海者》译文为:

> 因此,大的 kukumali 仍需要有所偿付,但小的却可以慷慨地任人拿走,但是来访的客人还是愿意用美食交换,而不是自己去拿。②

《西太平洋上的航海者》译文为:

> 因此,大块绿石仍是需要付出报酬的,而小块绿石则被慷慨地邀请随意取用。而对于这份邀请,来访者相应地要拿出美食来回赠,不肯白拿。③

"ones"指"kukumali",是一种可做工具的绿石。前文已说大绿石块价值很高而小绿石块没有用处,故本句说,主人虚情假意,但客人并不愿要了这些无用的小绿石块而欠人情。"delicacy"是"矜持"而不是"美

---

① Bronislaw Malinowski, *Argonauts of the Western Pacific*: *An Account of Native Enterprise and Adventure in the Archipelagoes of Melanesian New Guinea*, China Social Sciences Publishing House, 1999, p. 482.

② 〔英〕马凌诺斯基:《西太平洋的航海者》,梁永佳、李绍明译,高丙中校,华夏出版社,2002,第417页。

③ 〔英〕布罗尼斯拉夫·马林诺夫斯基:《西太平洋上的航海者》,张云江译,中国社会科学出版社,2009,第396页。

食"。两个译本都误译了全句中这个关键单词。

可以翻译为：因此，大绿石块还得付价，也正因为这样，对于想拿多少小绿石块就拿多少小绿石块这一慷慨邀请，客人也摆出相应的矜持，并不贪这个无用的便宜。

【例16】谈到早期文献中缺乏对土著群体的了解，原著为：

On the other side of the coin, however, and reflected especially in the early literature of contact between Europeans with indigenous groups, is a complete lack of anthropological understanding, and often of humaneness. [1]

《当代人类学》译文为：

但是，在另一方面，尤其在有关欧洲人与土生群体接触的那些早期论著中，却完全缺乏人类学的认识，而往往是人道精神的。[2]

译文"而往往是人道精神的"与整句话联系方式不明，故含义不明。

可以翻译为：然而，另一方面的情况，而且尤其反映在关于欧洲人与土著群体接触的早期文献中的情况是，人类学理解——并且常常是对于人道精神的人类学理解——根本不存在。

除此之外，原著中使用的典故在译文中如何处理也往往成为一个问题。

【例1】谈到别人对自己可能产生的误解，原著为：

But I am too familiar with the hydra of error to expect that by lopping off one of the monster's heads I can prevent another, or even the same, from sprouting again. [3]

民间版《金枝》译文为：

[1] William A. Haviland, *Anthropology*, CBS College Publishing, 1982, p. 606.
[2] 〔美〕威廉·A. 哈维兰：《当代人类学》，王铭铭等译，上海人民出版社，1987，第571页。
[3] James George Frazer, *The Golden Bough*, China Social Sciences Publishing House, 1999, p. vii.

我深知，误解有如九头之蛇，难望一次说明便能彻底消除，或不再产生。①

"hydra"典出希腊神话，是一只长着一百头或五十头或九头的巨蛇，砍掉一个头会长出两个头。赫拉克勒斯的十二件大功之一就是在伊俄拉俄斯的帮助下杀死九头巨蛇。赫拉克勒斯每砍下一个头，伊俄拉俄斯立刻用燃烧的柴块烧灼伤口，阻止新头长出。

《金枝》译文以解释方式叙述其大意而并未翻译原文，虽有注释，但并不能代替对原文的完整翻译。

可以翻译为：我对谬误这条九头蛇再熟悉不过了，所以就算砍掉了这条怪物的一个头，也不敢指望就可以防止另一个头又长出来，甚至也不敢指望被砍掉的这个头不再重新长出来。

【例2】谈到奥西里斯形象的复合性质，原著为：

> so that it is not always easy to strip him, so to say, of his borrowed plumes and to restore them to their proper owners. ②

《金枝》译文为：

> 以致很难把他身上借来的其他神祇的金装剥掉，还其本来面目。③

"borrowed plumes"意为"借来的羽毛"，出自寒鸦向其他鸟儿借羽毛的寓言。"restore"意为"归还"。"proper owners"意为"原来的主人"。译文忽略典故，遗漏物归原主的含义。

可以翻译为：可以这么说，要把他身上借来的羽毛剥下来物归原主，并不总是容易办到。

【例3】谈到非洲瓦西喀利人说他们不愿从事农业而宁愿依赖狩猎和采

---

① 〔英〕J. G. 弗雷泽：《金枝》，徐育新、汪培基、张泽石译，汪培基校，中国民间文艺出版社，1987，第4页。

② James George Frazer, *The Golden Bough*, China Social Sciences Publishing House, 1999, p. 362.

③ 〔英〕J. G. 弗雷泽：《金枝》，徐育新、汪培基、张泽石译，汪培基校，中国民间文艺出版社，1987，第527页。

集生存，原著为：

Who is not reminded by these words of the "lilies in the field"?①

贵州版《事物的起源》译文为：

听了这番话，谁还能不恍然大悟呢?②

"lilies in the field" 是一个典故，出自《新约全书·马太福音》第6章第25～34节。其中第28～29节说：

何必为衣裳忧虑呢? 你想：野地里的百合花怎么长起来; 它也不劳苦，也不纺线; 然而我告诉你们：就是所罗门极荣华的时候，它所穿戴的还不如这花一朵呢!③

可以翻译为：听了这番话，谁不会想起"野地里的百合花"呢?

这句译文可加注释："野地里的百合花"典出《新约全书·马太福音》第6章第25～34节，意谓上帝会让天上的飞鸟有吃的，会让野地里的百合花有穿的，故天上的飞鸟和野地里的百合花都不用为生存操心。

【例4】谈到巴厘人的斗鸡活动是一项男人的活动，原著为：

To this general pattern, the cockfight, entirely of, by, and for men (women—at least *Balinese* women—do not even watch), is the most striking exception. ④

译林本《文化的解释》译文为：

相对这一普遍模式，由男人参加及为男人设置的斗鸡（女人——至少是巴厘的女人——甚至都不去观看）是极其例外的。⑤

① Julius E. Lips, *The Origin of Things*, George G. Harrap & Co. Ltd. , 1949, p. 95.
② 〔德〕J. E. 利普斯：《事物的起源：简明人类文化史》（修订本），汪宁生译，贵州教育出版社，2010，第68页。
③ 《圣经》（*Holy Bible*），中国基督教协会，2000，第11页。
④ Clifford Geertz, *The Interpretation of Cultures*, Basic Books, 1973, p. 418.
⑤ 〔美〕克利福德·格尔茨：《文化的解释》，韩莉译，译林出版社，1999，第491页。

"this general pattern"（这一普遍模式）指前文所说巴厘人男女共同参与各种活动的情形。"cockfight…of, by, and for men"系模仿林肯1863年11月19日在葛底斯堡演说中的名言"government of the people, by the people, for the people"（民有、民治、民享的政府），所以，"of"、"by"和"for"三个介词的含义都应翻译出来。

可以翻译为：纯粹由男人拥有、男人管理、男人享受的斗鸡活动（女人——至少是巴厘女人——连看都不看），是这一普遍模式的最引人注目的例外情况。

【例5】谈到格斯特的民俗定义，原著为：

…but it is distinct therefrom in that it is essentially of the people, by the people and for the people. ①

《中外民俗学词典》译文为：

但是，它又与这种文学艺术大不相同，其根本在于它属于整个民族，被整个民族所创造，并为整个民族发挥功能。②

这样翻译并没有错误，但原文照搬"of the people, by the people, for the people"（民有、民治、民享）的用意没得到体现。

可以翻译为：但是，民俗与更正式的文学艺术截然不同，因为，从根本上说，民俗乃属民有、民治、民享。

【例6】谈到一些部落社会的法律，原著为：

The law of these acquisitive tribes is, of course, not a judge-made law. It is law of the people, by the people, for the people. ③

《事物的起源》译文为：

---

① Maria Leach and Jerome Fried（eds.）, *Standard Dictionary of Folklore, Mythology and Legend*, Harper & Row, Publishers, Inc., 1984, p. 399.
② 张紫晨主编《中外民俗学词典》，浙江人民出版社，1991，第633页。
③ Julius E. Lips, *The Origin of Things*, George G. Harrap & Co. Ltd., 1949, p. 301.

　　这些攫取部落的法律当然不是由法官裁判的法律，它是人民的法律，是由人民制定并为人民服务的法律。①

这样翻译也无错误，但仍旧没有传达出原著用典的深意。

可以翻译为：这些靠攫取经济为生的部落，其法律当然不是法官制定的法律，而是民有、民治、民享的法律。

这些例子可以说明，在简单的正误判断之上，学术翻译批评还应该探讨以中文忠实、精妙地传达原著深层信息的种种可能性。

# 二　学术翻译批评的原则

## （一）客观性

学术翻译批评的客观性原则有两个含义：一是批评者立场的客观性，二是批评标准的客观性。

批评者立场的客观性，是指批评者对所有译本一视同仁。批评者当然有权选择批评对象，但他对所有批评对象都应保持客观立场，不虚美，不隐恶。

批评标准的客观性，是以译本对原著的忠实程度为标准，不因译者的身份而改变这个标准。同样的译文，不论出自教授之手还是学生之手，对就是对，错就是错。在具体分析的基础上，批评者应该就译本是否达到合格产品水平作出总体评价。

当然，学术翻译批评中的客观性原则与所谓"对事不对人"的评判策略并不相同。学术翻译批评既要针对译本，也要针对译者。针对译本，是要讨论译本质量；针对译者，是要考察其是否具备从事学术翻译的基本条件。当今时代，治病救人的医生，代人诉讼的律师，甚至饭店炒菜的厨师、景区讲解的导游，均需具备准入资格才可从业。难道生产精神产品的

---

① 〔德〕J. E. 利普斯：《事物的起源：简明人类文化史》（修订本），汪宁生译，贵州教育出版社，2010，第254页。

译者就可以不论资格？译者翻译能力的证明，不是他的学历、学位、职称、职务、年龄等，而是他的译作。劣质译本的译者并不具备翻译能力，批评者尽可理直气壮地说出这一点，指名道姓亦无不妥。倒是有些所谓译者，恐怕他们在译本上的署名都是假的。

正因为如此，从事学术翻译批评的批评者应该交代自己所批评的文本的来源，而不要像有些批评家那样，对文本来源闪烁其词，甚至讳莫如深。对于不交代文本来源的做法，《英译汉误差辨析》这样解释：

> 本书所收各例，均不注明出处，因为我们仅是探讨误差的来龙去脉及改进办法，而不是追究哪一位译者的责任。①

但是，在社会主义市场经济时代，译本作为商品如果被鉴定为不合格，那么，追究译本生产者（译者和出版社）的责任就是合理合法的事情。

再说，这种"不注明出处"的做法，可能会让读者疑心"原译"本身并不存在，而是批评者杜撰出来的。

如果被批评的文本出自学生作业，固然不必交代误译的学生名字，因为学生并没有拿自己的文本当作合格的文化商品公开出售。但是，译者身份跟学生完全不同。译者是否有资格从事翻译活动，是出钱买书的读者很关心的问题。批评者既有责任也有义务根据译本质量对译者资质做出判断。批评者做出这种判断，不是为了给他自己挣得什么好处，而是为了维护读者利益，为了促进学术事业的健康发展。

从翻译史的角度考察，学术翻译批评的客观性还有另一层需要特别说明的含义。对翻译事业的发展而言，每一个首译本都是一件创新产品，而重译和修订的创新价值相对减少。因此，学术界应该对重译本和修订本提出更高要求。重译和修订的目的是改善译本质量。如果重译本和修订本的翻译质量未能超越旧译本，就不具备真正的学术价值。举例来说，如果一

---

① 王蓝主编《英译汉误差辨析》，安徽科学技术出版社，1997，第2页。

个 300 页的首译本有 100 处误译尚算合格，重译本和修订本仍有 100 处误译就可视为不合格产品。道理很简单，重译和修订的创新价值不如首译，又未在首译基础上改善质量，当然只能被视为不合格产品。结合版本历史对首译本和重译本、修订本提出不同的评价标准，是为了鼓励创新并杜绝各种形式的抄袭，促进学术的不断进步。

## （二）公平性

学术翻译批评的公平性原则，指批评者与译者一样，同处于被批评的地位。批评者应该对自己作出的评论承担责任，并做好接受别人批评的准备。

我在批评别人译文的过程中，也曾出现错误。

例如，《西方神话学读本》中有这样一句话：

> 如果我们"科学地"重建神话，或者用浪漫主义的手法重新讲述以理解他们的反应与思想，那都是徒劳的。[1]

原文为：

> It is useless, if we want to understand his reactions and his thought, to reconstruct his myths 'scientifically' or to tell them over again in romantic attitudinizing. [2]

我曾经批评说：

> "It"是一个实际代词，指神话，而不是一个仅具语法功能的先行代词。
>
> 可以翻译为：如果我们要理解原始人的反应和思想，要"科学

---

[1] 〔美〕阿兰·邓迪斯编《西方神话学读本》，朝戈金等译，广西师范大学出版社，2006，第 285 页。

[2] Alan Dundes (ed.), *Sacred Narrative: Readings in the Theory of Myth*, University of California Press, 1984, p. 235.

地"重建他的神话，或者，要以浪漫主义腔调复述这些神话，那么，神话是无用的。①

重新研究之后，我发现，《西方神话学读本》把"It"理解为形式主语，是正确的。我把"It"理解为实际代词，是错误的。《西方神话学读本》和我的译文对"if"之后的结构理解和处理都是错误的。这句话应该翻译为：如果我们要理解原始人的反应和思想，那么，"科学地"重建他的神话，或者，以浪漫主义腔调复述这些神话，都是徒劳。

学术翻译的译者和批评者之间既是对手关系，也是盟友关系。译者固然可以不依赖于批评者而存在，但批评者的意见可以给译者重要的警醒、刺激和推动作用；批评者的存在离不开译者和他们生产的译本，但批评者的批评行为其实是翻译事业的有机组成部分。翻译活动始终伴随着翻译批评，只不过翻译批评有时由译者自己完成，有时由别人完成。当翻译批评由译者自己完成时，我们不能只看到译者和批评者的合一，也要看到二者的对立（译者改正自己的误译，是对自我的否定）；当翻译批评由译者之外的其他人完成时，我们不能只看到译者和批评者的对立，也要看到二者的联系（译者和批评者虽然各司其职，但有一个共同目标，那就是改善译文质量，推动学术进步）。

## （三）应用性

学术翻译批评需要探讨翻译技术、总结误译规律、描述译本历史，追求理想的翻译境界。然而，学术翻译批评最基础的工作还是以原著为依据，对译本进行逐字逐句的研究。批评者对译本和译者的评价，完全出自他对译本质量的具体分析。对一个译本，不进行全面而细致的中外文对照，批评者就不能作出总体评价。当然，批评者也可以仅研究一个译本的某些篇章，而对这些篇章作出判断。无论如何，批评者只能就自己所见发表看法。对于由多位译者完成的译本，批评者的概括性结论尤其要谨慎，

---

① 谢国先：《〈西方神话学读本〉汉译问题点评》，汪宁生主编《民族学报》第十一辑，云南人民出版社，2015，第390页。

切忌以偏概全。

我们所倡导的翻译批评是实事求是的，有的放矢的，评以致用的。长远而论，译者、读者都可以从翻译批评得到益处。译本受到批评，译者可以将批评者的合理意见加以吸收，制作质量更好的修订本或者重译本；读者可以因此而看到更令人放心的译本；翻译学术事业可以实现健康发展。潜在的译者群体也可以从学术翻译批评实践中体会别人的甘苦得失，获得经验教训。

# 参考文献

## 一　中文著作和论文集

[1] 〔美〕阿兰·邓迪斯编《西方神话学论文选》，朝戈金、尹伊、金泽、蒙梓译，上海文艺出版社，1994。

[2] 〔美〕阿兰·邓迪斯编《西方神话学读本》，朝戈金等译，广西师范大学出版社，2006。

[3] 〔英〕埃文思－普里查德：《努尔人——对尼罗河畔一个人群的生活方式和政治制度的描述》，褚建芳、阎书昌、赵旭东译，华夏出版社，2002。

[4] 〔英〕E.E.埃文思－普里查德：《努尔人——对一个尼罗特人群生活方式和政治制度的描述》（修订译本），褚建芳译，商务印书馆，2014。

[5] 董晓波：《翻译概论》，对外经济贸易大学出版社，2012。

[6] 〔美〕詹姆斯·克利福德、乔治·E.马库斯编《写文化——民族志的诗学与政治学》，高丙中、吴晓黎、李霞等译，商务印书馆，2006。

[7] 〔美〕克利福德·格尔茨：《文化的解释》，韩莉译，译林出版社，1999。

[8] 雷馨：《英语分类句型》，商务印书馆，1979。

[9] 〔德〕利普斯：《事物的起源》，李敏译，陕西师范大学出版社，2008。

[10] 〔英〕马凌诺斯基：《西太平洋的航海者》，梁永佳、李绍明译，高丙中校，华夏出版社，2002。

[11] 刘靖之主编《翻译论集》，生活·读书·新知三联书店，1981，香港。

[12] 刘宓庆：《文体与翻译》，中国对外翻译出版公司，1986。

[13] 刘宓庆：《翻译与语言哲学》，中国对外翻译出版公司，2001。

［14］罗新璋、陈应年编《翻译论集》（修订本），商务印书馆，2009。

［15］〔美〕克利福德·格尔兹：《文化的解释》，纳日碧力戈等译，王铭铭校，上海人民出版社，1999。

［16］〔英〕阿兰·巴纳德：《人类学历史与理论》，王建民、刘源、许丹译，华夏出版社，2006。

［17］王蓝主编《英译汉误差辨析》，安徽科学技术出版社，1997。

［18］〔美〕威廉·A. 哈维兰：《当代人类学》，王铭铭等译，上海人民出版社，1987。

［19］〔德〕J. E. 利普斯：《事物的起源》（修订本），汪宁生译，敦煌文艺出版社，2000。

［20］〔德〕J. E. 利普斯：《事物的起源：简明人类文化史》，汪宁生译，贵州教育出版社，2010。

［21］〔英〕詹·乔·弗雷泽：《金枝》，汪培基、徐育新、张泽石译，汪培基校，商务印书馆，2015。

［22］谢国先：《人类学翻译批评初编》，世界图书出版公司，2013。

［23］许钧：《翻译概论》，外语教学与研究出版社，2009。

［24］〔英〕J. G. 弗雷泽：《金枝》，徐育新、汪培基、张泽石译，汪培基校，中国民间文艺出版社，1987。

［25］〔美〕路易斯·亨利·摩尔根：《古代社会》，杨东莼、马雍、马巨译，商务印书馆，1983。

［26］杨贤玉主编《英汉翻译概论》，中国地质大学出版社，2010。

［27］余光中：《翻译乃大道》，外语教学与研究出版社，2014。

［28］〔英〕布罗尼斯拉夫·马林诺夫斯基：《西太平洋上的航海者》，张云江译，中国社会科学出版社，2009。

［29］〔英〕詹姆斯·乔治·弗雷泽：《金枝》，赵昍译，安徽人民出版社，2012。

［30］〔美〕斯蒂·汤普森：《世界民间故事分类学》，郑海等译，郑凡译校，上海文艺出版社，1991。

［31］〔德〕恩格斯：《家庭、私有制和国家的起源》，人民出版社，1999。

［32］〔美〕玛格丽特·米德：《萨摩亚人的成年——为西方文明所作的原始

人类的青年心理研究》，周晓红、李姚军译，浙江人民出版社，1988。

[33]〔美〕玛格丽特·米德：《萨摩亚人的成年——为西方文明所作的原始人类的青年心理研究》，周晓虹、李姚军、刘婧译，商务印书馆，2008。

# 二　论文

[1] 陈岗龙：《〈英雄史诗的起源〉中文译本的翻译错误》，《民俗研究》2008 年第 1 期。

[2] 何克勇、陈媛媛：《英语学术著作汉译质量调查综述（1979～2011）》，《民族教育研究》2015 年第 1 期。

[3] 谢国先：《翻译与拿来——对高校两种文化人类学教材（教参）的译文的商榷》，《云南师范大学学报》（教育科学版）2000 年第 5 期。

[4] 谢国先：《评黄淑娉、龚佩华〈文化人类学理论方法研究——关于引用和翻译原著中存在的问题〉》，《民族学报》第五辑，民族出版社，2007。

[5] 谢国先：《评陈建宪、彭海斌译〈世界民俗学〉》，《民族学报》第六辑，民族出版社，2008。

[6] 谢国先：《〈民俗解析〉误译举例》，《民俗研究》2008 年第 2 期。

[7] 谢国先：《民俗学翻译期待学术批评》，《学术界》2008 年第 5 期。

[8] 谢国先：《〈写文化——民族志的诗学与政治学〉汉译问题讨论》，《民族学报》第七辑，民族出版社，2009。

[9] 谢国先：《〈世界民俗学〉误译举例》，《民俗研究》2009 年第 3 期。

[10] 谢国先：《〈写文化——民族志的诗学与政治学〉误译举例》，《民俗研究》2010 年第 1 期。

[11] 谢国先：《民族文化视野中的翻译批评——以〈人类学历史与理论〉和〈文化的解释〉为例》，《民族翻译》2010 年第 4 期。

[12] 谢国先：《论中国人类学的后翻译时代》，《韶关学院学报》2010 年第 10 期。

[13] 谢国先：《谈〈写文化——民族志的诗学与政治学〉汉译中存在的问

题（二）》，《民族学报》第八辑，云南人民出版社，2011。

［14］谢国先：《略谈汉译〈人类学历史与理论〉对多位人类学家的误解》，《三峡论坛》2011年第1期。

［15］谢国先：《文化理解与话语翻译——对〈西方神话学读本〉中部分误译的分析》，《韶关学院学报》2011年第9期。

［16］谢国先：《略谈民族志翻译中名词"单数"与"复数"的意义》，《怀化学院学报》2011年第10期。

［17］谢国先：《〈文化的解释〉汉译问题讨论（一）》，《民族学报》第九辑，云南人民出版社，2012。

［18］谢国先：《民族学和人类学翻译中的译名问题与译者修辞权力》，《学科、学术、学人的薪火相传——首届中国人类学民族学中青年学者高级研修班文集》，民族出版社，2012。

［19］谢国先：《〈西太平洋的航海者〉误译举例》，《民俗研究》2012年第2期。

［20］谢国先：《略谈学术翻译中主题与细节的关系——以人类学译著中数则误译为例》，《三峡大学学报》2012年第2期。

［21］谢国先：《〈努尔人〉误译举例》，《三峡论坛》2012年第2期。

［22］谢国先：《〈西方神话学读本〉误译举例》，《三峡论坛》2012年第5期。

［23］谢国先：《跨文化理解中的名称系统——谈〈西太平洋上的航海者〉的译名问题》，《铜仁学院学报》2012年第6期。

［24］谢国先：《评〈西太平洋（上）的航海者〉翻译质量——兼谈学术名著重译的基本原则》，《民族论坛》2012年第9期。

［25］谢国先：《谈一本民族学名著两个汉译本中的一些相似误译》，《韶关学院学报》2012年第11期。

［26］谢国先：《〈文化的解释〉汉译问题讨论（二）》，《民族学报》第十辑，云南人民出版社，2013。

［27］谢国先：《文化的理解与误解：谈两种汉译〈文化的解释〉中的一些类似误译》，《铜仁学院学报》2013年第5期。

［28］谢国先:《〈世界民间故事分类学〉误译举例》,《三峡论坛》2013 年第 6 期。

［29］谢国先:《〈西方神话学〉汉译问题点评》,《民族学报》第十一辑,云南人民出版社,2015。

［30］谢国先:《学术名著重译的原则、问题与对策》,《三峡论坛》2016 年第 2 期。

［31］谢国先、谭肃然:《评〈金枝〉两个中文版本的翻译质量》,《民族论坛》2016 年第 3 期。

［32］谢国先:《"伪译"指证:安徽版〈金枝〉译本对民间版〈金枝〉译本的抄袭式改写》,《外国语文研究》2017 年第 2 期。

［33］谢国先:《座位、礼品与花环——从〈萨摩亚人的成年〉中的部分误译看学术翻译中的整体观》,《铜仁学院学报》2017 年第 10 期。

## 三 英文文献

［1］Alan Barnard, *History and Theory in Anthropology*, Cambridge University Press, 2000.

［2］Alan Dundes (ed.), *Sacred Narrative: Readings in the Theory of Myth*, University of California Press, 1984.

［3］Bronislaw Malinowski, *Argonauts of the Western Pacific: An Account of Native Enterprise and Adventure in the Archipelagoes of Melanesian New Guinea*, China Social Sciences Publishing House, 1999.

［4］Clifford Geertz, *The Interpretation of Cultures*, Basic Books, 1973.

［5］E. E. Evans-Prichard, *The Nuer: A Description of the Modes of Livelihood and Political Institutions of a Nilotic People*, Oxford University Press, 1969.

［6］Frederick Engels, *The Origin of the Family, Private Property and the State*, Foreign Languages Press, 1978.

［7］James Clifford and George E. Marcus (eds.), *Writing Culture: The Poetics and Politics of Ethnography*, University of California Press, 1986.

［8］James George Frazer, *The Golden Bough*, China Social Sciences Publishing House, 1999.

［9］Julius E. Lips, *The Origin of Things*, George G. Harrap & Co. Ltd. , 1949.

［10］Margaret Mead, *Coming of Age in Samoa: A Psychological Study of Primitive Youth for Western Civilization*, William Morrow & Company, 1972.

［11］Stith Thompson, *The Folktale*, Holt, Rhinehart and Winston, 1947.

［12］William A. Haviland, *Anthropology*, CBS College Publishing, 1982.

# 后　记

从 2000 年发表第一篇学术翻译批评的文章起，近 20 年来，我一直在做民俗学、民族学、人类学的英汉翻译批评，只不过每年投入的时间有所不同而已。

我要感谢汪宁生先生。没有汪先生当年对我的这个"业余爱好"的认可，我未必有信心将它坚持下来。汪先生去世前编辑其个人文集，曾要我把他的译作《事物的起源》对照原文读一遍。我提出一些修订意见后，汪先生特别打电话给我，要我将这些修订意见整理成文，在他主编的《民族学报》上发表。汪先生以学术为追求，不忌讳别人公开讨论自己译本中存在的问题。这种纯粹的学术精神是汪先生留给学术界的一项遗产。

感谢周星教授再次为我的翻译批评文字作序。我虽然没资格接受他对我个人的赞许，但十分认同他对学术翻译批评的重要性的肯定。

本书中的一部分内容，曾在杂志或文集中公开出版，因此我要感谢发表我的 30 余篇学术翻译批评文章的各位编辑。没有他们的支持，我的翻译批评工作必定难以为继。

我要感谢作者和译者。他们生产的原著和译本，是学术翻译批评与研究的必备资料。

我要感谢朋友向我赠送资料。他们是加拿大里贾纳大学人类学系弗农·艾科恩（Vernon Eichhorn）教授，该校宗教学系列奥娜·安德森（Leona Anderson）教授、任远博士，中央民族大学潘蛟教授，三峡大学吴正彪教授、曹大明博士，赣南师范大学王天鹏博士，华东师范大学博士研究生冷雪梅，还有我以前的学生李力路。

我要感谢海南热带海洋学院为本书出版提供经费。

我要感谢谭肃然和杨韵菲。她们分别帮我录入《金枝》和《当代人类学》的有关资料，为我分担了繁重而琐屑的劳动。

我要感谢社会科学文献出版社刘荣副编审。她不仅一再宽容我的拖延，而且耐心地扮演本书的"美容师"。

感谢我的妻子丁晓辉。她虽认为学术翻译批评费时费力、于事无补，但还是精心通读了初稿并提出了许多修改意见。

最近几十年，我国民俗学、民族学、人类学等领域英文学术论著汉译质量普遍较低，所以我希望进行一些有的放矢、实事求是的讨论。具体而言，我是在进行学术翻译批评；宽泛而言，我是在提醒学术著作译本的生产者（译者和出版社）切实尊重消费者使用合格文化产品的基本权利。

我对误译的改正，也可能存在"改而不正"的地方。我真诚期待读者对我的"学术翻译批评"提出批评。

谢国先

2018 年 2 月 1 日

三亚霞晖山居

图书在版编目（CIP）数据

学术翻译批评 / 谢国先著 . -- 北京：社会科学文
献出版社，2018.10
ISBN 978 - 7 - 5201 - 2683 - 0

Ⅰ . ①学… Ⅱ . ①谢… Ⅲ . ①学术 - 英语 - 翻译 - 研
究 Ⅳ . ①H315.9

中国版本图书馆 CIP 数据核字（2018）第 092151 号

学术翻译批评

著 者 / 谢国先

出 版 人 / 谢寿光
项目统筹 / 刘 荣
责任编辑 / 谢 炜 胡雪儿 韩晓婵

出 版 / 社会科学文献出版社·独立编辑工作室（010）59367011
地址：北京市北三环中路甲 29 号院华龙大厦 邮编：100029
网址：www. ssap. com. cn
发 行 / 市场营销中心（010）59367081 59367018
印 装 / 三河市尚艺印装有限公司

规 格 / 开 本：787mm × 1092mm 1/16
印 张：17.25 字 数：264 千字
版 次 / 2018 年 10 月第 1 版 2018 年 10 月第 1 次印刷
书 号 / ISBN 978 - 7 - 5201 - 2683 - 0
定 价 / 98.00 元

本书如有印装质量问题，请与读者服务中心（010 - 59367028）联系

版权所有 翻印必究